DENGKOU YEARBOOK 2020

磴口年鉴

（2020）

磴口年鉴编纂委员会　编

方志出版社
Publishing House of Local Records

图书在版编目（CIP）数据

磴口年鉴．2020 / 磴口年鉴编纂委员会编．-- 北京：方志出版社，2020.12

ISBN 978-7-5144-4660-9

Ⅰ．①磴… Ⅱ．①磴… Ⅲ．①磴口县—2020—年鉴 Ⅳ．① Z522.64

中国版本图书馆 CIP 数据核字（2021）第 011116 号

磴口年鉴（2020）

编　　者：磴口年鉴编纂委员会
责任编辑：梅中英

出 版 者：方志出版社
地址　北京市朝阳区潘家园东里 9 号（国家方志馆 4 层）
邮编　100021
网址　http://www.zgfzcb.cn
发　　行：方志出版社图书经销中心
电话　（010）67110500
经　　销：各地新华书店
排　　版：北京纺印图文设计制作有限公司
印　　刷：北京中科印刷有限公司

开　　本：889mm × 1194mm　1/16
印　　张：14.75
字　　数：420 千字
版　　次：2020 年 12 月第 1 版　2020 年 12 月第 1 次印刷

ISBN 978-7-5144-4660-9　**定价：**185.00 元

序

贫困问题一直是困扰人类社会发展的重大问题。中国作为世界上最大的发展中国家，为解决贫困问题进行了长期不懈的努力。改革开放以来，特别是党的十八大以来，以习近平同志为核心的党中央把脱贫攻坚作为全面建成小康社会的底线任务和标志性指标，纳入“五位一体”总体布局和“四个全面”战略布局，以前所未有的力度推进精准扶贫、精准脱贫，扶贫开发成就举世瞩目，显著改善了贫困地区和贫困群众生产生活条件，具有重大的现实意义和深远的历史意义。身处中华民族几千年发展历史上将首次整体消除绝对贫困现象的伟大时代，如何更好地发挥地方志的存史、育人、资政的作用，是新时代全国地方志系统必须深入研究和着力解决的重大课题。

党的十八大以来，在党中央国务院的正确领导下，全国地方志系统深入学习贯彻习近平新时代中国特色社会主义思想，紧紧围绕党和国家事业发展需要，深入推进地方志改革创新发展，凝心聚力，稳扎稳打，勇于担当，主动作为，全国地方志形势和地方志工作者的精神面貌发生了深刻变化，取得了优异成绩。其中，为贯彻落实《全国地方志事业发展规划纲要（2015—2020年）》，经中国地方志指导小组领导批准，中国地方志指导小组办公室于2015年、2017年先后启动民族地区与贫困地区志书、年鉴出版资助工程（以下简称“志鉴出版资助工程”），对国家级贫困县（区、旗、县级市），中西部地区、少数民族边疆地区面临出版经费困难的志书和综合年鉴给予出版资助。实施志鉴出版资助工程是紧扣时代脉搏、坚持创新发展、传承弘扬中华优秀传统文化的一项创举，不仅有力推动了“两全目标”的实现，而且数十部资助出版的志书、年鉴及时记述了民族地区与贫困地区在全面建成小康社会伟大征程中取得的新成绩和新经验、出现的新情况和新问题、涌现的优秀人物和典型事迹，留住地方文化的“根”和“魂”，为这些地区的经济社会发展、地域文化传播、爱国主义教育、精神文明建设等提供了历史借鉴和智力支持，对全面提升民族地区与贫困地区文化建设水平、确保民族地区与贫困地区和全国其他地区同步全面建成小康社会具有重要意义。

尤为可喜的是，志鉴出版资助工程促成了一批扶贫志书的编纂出版，在文化脱贫攻坚中发挥了独特的作用。例如，《贵州省减贫志》全面系统客观记述了从1978

年至 2015 年贵州省扶贫、减贫工作的历程及取得的经验，为贵州省实施大扶贫战略提供了有力的资政辅治参考，集中体现了地方志工作因时而动、顺势而为的新作为。前不久，由福建省地方志编委会和人民网共同编纂的《闽宁扶贫协作图志》，是全国首部扶贫协作图志，图文并茂、直观立体、全方位地展现闽宁扶贫协作波澜壮阔的历程，弘扬“闽宁一家亲”“携手奔小康”的深厚情谊和滴水穿石、久久为功的精神，是贯彻落实习近平总书记扶贫工作重要论述精神，服务国家精准扶贫、精准脱贫战略的有力举措。希望各地以此为鉴，编纂出版更多、更好的扶贫志书、年鉴，助力国家精准扶贫、精准脱贫战略的实施，充分展现地方志的独特价值和作用。

当前，我国脱贫攻坚已进入全面决战决胜的关键时期，尚未脱贫的贫困地区集中分布在中西部深山区、极端干旱山区、高寒阴湿地区等，文化建设还比较薄弱，文化产品还不够丰富，文化精品更是少之甚少。同时，这些地区往往是民族文化、历史文化、红色文化、生态文化富集区，具有发展文化旅游、推进文化扶贫的巨大潜在优势，也是繁荣发展地方志事业的巨大文化宝库。要发挥好文化扶贫凝聚人心的优势，善于利用方志文化优势为贫困地区“赋能”，在脱贫攻坚中做出方志人应有的贡献。要发挥好中国名镇志文化工程、中国名村志文化工程的引领作用，大力加强乡镇村志编纂，让百姓记得起乡情、记得住乡愁，凝聚贫困乡镇村庄的强大民心，补齐贫困乡镇村庄的文化短板，以“扶智”的方式“扶志”，践行习近平总书记强调的“扶贫先扶志，扶贫必扶智”的重要理念。

求木之长者，必固其根本；欲流之远者，必浚其泉源。扶贫扶起的是志气骨气，传承的是家国情怀，守护的是绿水青山。扶贫既要富口袋，也要富脑袋。必须坚持文化脱贫和物质脱贫两手抓，筑牢贫困地区文化之基，补足信仰精神之钙，引领脱贫发展之舵。全国地方志系统要围绕中心、服务大局，坚决投入脱贫攻坚这场必须打赢的硬仗，积极参与脱贫攻坚战，发挥优势和特长，深入挖掘文化资源，着力补齐文化短板，努力帮助民族地区与贫困地区的文化建设实现较大的发展提升，在全面建成小康社会、实现中华民族伟大复兴中国梦的征程中贡献方志人的力量。

是为序。

中 国 社 会 科 学 院 院 长
中 国 地 方 志 指 导 小 组 组 长　谢伏瞻

民族地区与贫困地区年鉴出版资助工程领导小组

组　　　长：高　翔

常务副组长：冀祥德

副　组　长：高京斋　邱新立

民族地区与贫困地区年鉴出版资助工程领导小组办公室

主　　　任：冀祥德

副　主　任：邱新立

成　　　员：于伟平　刘永强　冷晓玲　李　静

《磴口年鉴（2020）》编纂委员会

主　　任：李建军
副 主 任：樊　文　赵峻岭　弓建刚　韩志业　陶奋山
委　　员：吕红兵　李玉梅　吴战义　郭　华　李　军　汪俐坪
　　　　　张忠朝　孟巴特尔　崔耀忠　刘海军　信宝成

编纂委员会办公室

主　　任：韩志业　陶奋山
副 主 任：李玉梅

《磴口年鉴（2020）》编纂人员

主　　编：李玉梅
副 主 编：王　虹
审　　校：李玉梅　王　虹
编　　校：王　虹　朝　鲁

编 辑 说 明

一、《磴口年鉴（2020）》以马克思列宁主义、毛泽东思想、邓小平理论、“三个代表”重要思想、科学发展观、习近平新时代中国特色社会主义思想为指导，坚持辩证唯物主义和历史唯物主义的立场、观点和方法，注重突出时代特点、地区特点和民族特点，为全县经济社会各项事业发展服务。

二、《磴口年鉴（2020）》记载磴口县2019年各方面取得的成就，为各级各部门查阅资料、以史为鉴，提供参考依据。

三、《磴口年鉴（2020）》记述的时限为2019年1月1日至12月31日，为保持事物的完整性、连续性和可比较性，部分内容、数据作上溯处理。

四、《磴口年鉴（2020）》采用分类编纂法，以类目为单元，下设分目、条目，条目为实写单元。

五、《磴口年鉴（2020）》资料、数据由全县各入编单位提供，图片由县委宣传部和县文体旅游广电局提供，由于统计的来源、口径、方式、时间不同，数据可能有差异，请读者以统计局提供的统计资料为准。

磴口县地图

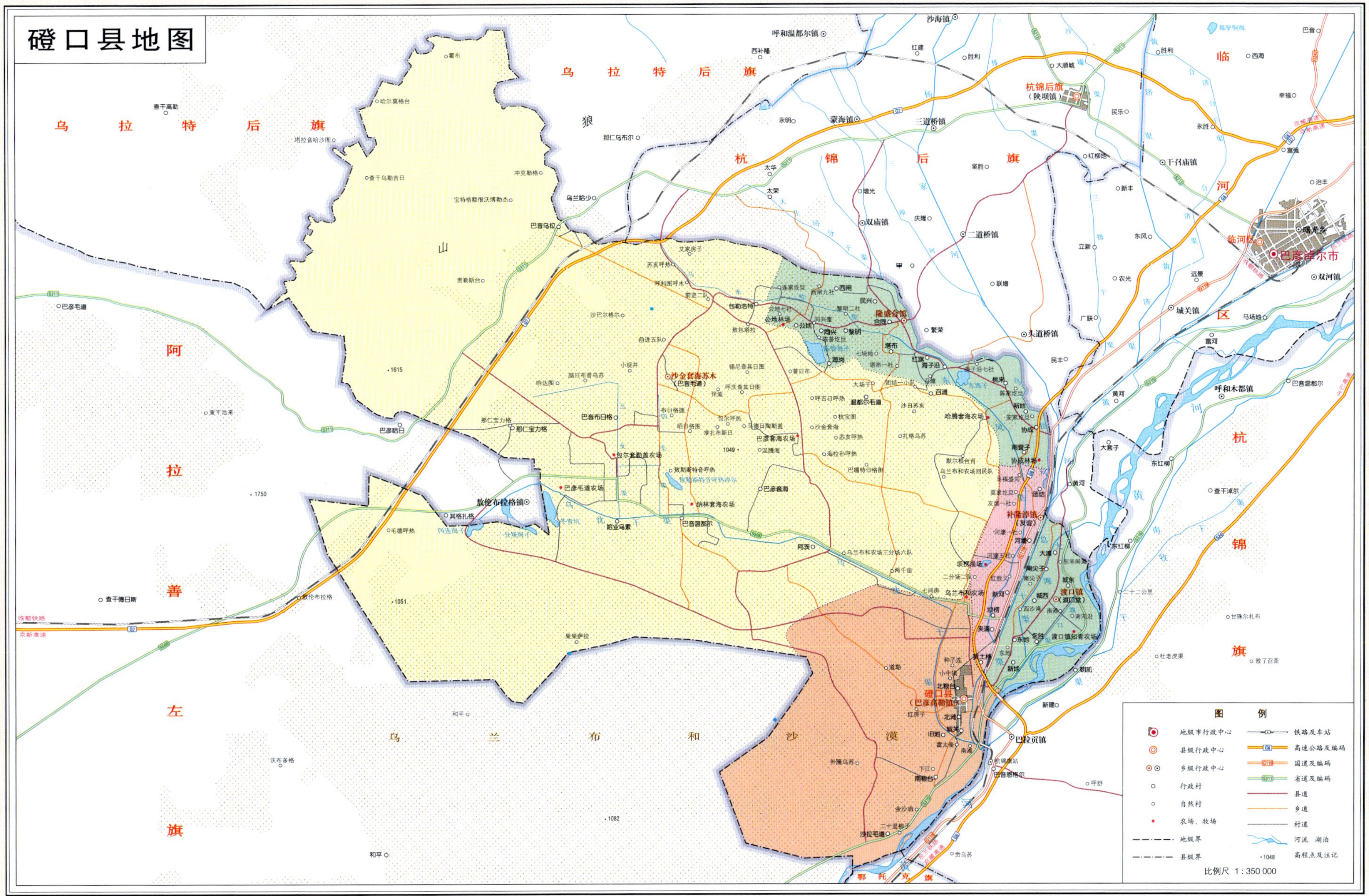

审图号：蒙S（2019）02号 内蒙古自治区地图院编制 二〇一九年一月

重要会议

2019 年 1 月 2—3 日，政协磴口县第十届委员会第三次会议召开

杨　博　摄

2019 年 1 月 3—4 日，磴口县第十七届人民代表大会第三次会议召开

赵　刚　摄

2019 年 12 月 22 日，中国共产党磴口县第十五届委员会第六次全体（扩大）会议召开

赵　刚　摄

1 月 23 日，磴口县“强党建、促振兴、惠三农”百日行动暨隆盛合镇 2019 年春节美食文化活动举行。图为群众制作民勤拉面

2 月 19 日，元宵节二人台演出在富源广场举行。图为二人台《压糕面》

3 月 1 日，磴口县第五届黄河三盛公流凌旅游文体活动启动仪式在黄河三盛公同心锁广场举行

4 月 18 日上午，全国关心下一代党史国史教育基地挂牌仪式在内蒙古兵团博物馆举行

7 月 18 日晚，庆祝中华人民共和国成立 70 周年暨磴口县第 27 届华莱士节原创民族歌舞晚会《绿色的风》在富源广场举行。图为大合唱《不忘初心》

12 月 1 日，磴口县第四届廉政文化主题宣传日活动在渡口镇举行

2019 年 1 月 2 日，磴口县举办“情暖童心　奉献爱心”捐赠仪式

兵团老战士、共青团员及少先队员代表诗朗诵《兵团精神代代传》

科技文化节活动现场

乌兰牧骑下乡演出

采挖山药

规模化种植长柄扁桃

高粱种植

喷灌

收割沙漠水稻

小麦收割作业

小麦套种玉米

收甘草

挖苁蓉

水田插秧

磴口生态治理光伏电站

巴彦淖尔市鑫盛太阳能科技有限公司

磴口县工业园区百万级光伏生态治理项目

第 31 个爱国卫生月全民健步行活动现场

人民公园广场舞队

赛骆驼

摔跤

游客在乌兰布和沙漠进行探险活动

越野爱好者在沙漠中驰骋

邢　皓　摄

磴口风光

黄河三盛公水利枢纽

乌兰布和分洪区

三盛公上游全景

航拍黄河三盛公流凌　　刘 旭 摄

拦河闸

黄河泊舟湾　　李庆光 摄

绿满磴口　　邢　皓　摄

穿沙公路

沙漠变绿洲

沙漠湖泊

沙漠中的湖泊纳林湖

防风林带

治理中的乌兰布和沙漠

治理后的乌兰布和沙漠

邢　皓　摄

沙漠湿地

浩瀚沙漠　　　邢　皓　摄

沙漠里的梭梭林

绿化后的穿沙公路　　苏虎娃　摄

南湖湿地公园

北海湿地公园

奈伦湖　　　　邢　皓　摄

河套源头

高速公路大桥

目　录

特　载

大事记

县情概览

中国共产党磴口县委员会

纪律监察

综 述

主要工作

社会团体

磴口县总工会

共青团磴口县委员会

磴口县妇联

磴口县科学技术协会

磴口县工商联

法 院

司法行政

军 事

人民武装

武 警

社会生活

民 政

人力资源和社会保障

经济管理与监督

发展和改革

工业和信息化

自然资源

市场监督管理

财 政

国有资产监督管理

税 务

审　计

统　计

农　业

农牧和科技

防沙治沙

广播电视服务

广电网络

报　纸

新华书店

工　业

工业园区

黄河工程管理局

机电工程处

企业选介

特　载

在中共磴口县第十五届委员会第六次全体（扩大）会议上的讲话

（2019 年 12 月 22 日）

中共磴口县委书记　李建军

一、2019 年工作回顾

2019 年是新中国成立 70 周年，县委常委会以习近平新时代中国特色社会主义思想为指导，深入贯彻习近平总书记考察内蒙古重要讲话精神，围绕“争当四个先锋、实施六大行动”的安排部署，团结全县各族干部群众，攻坚克难、真抓实干，经济社会各项事业和党的建设取得新成就。预计地区生产总值完成 54.09 亿元，同比增长 6.4%；城乡常住居民人均可支配收入分别达到 31992 元和 19125 元，增长 7.6% 和 8.1%。

——坚持稳中求进工作总基调，综合实力在三产融合中实现新提升。一年来，我们以新发展理念为引领，以供给侧结构性改革为主线，综合实力不断提升。农牧业健康发展。全县总播面积达到 120.7 万亩，设施农业面积达到 3.1 万亩，新增节水灌溉 2.3 万亩，改造高标准农田 4.5 万亩、盐碱地 2 万亩。牲畜饲养总量 150 万头（只），累计建成规模化肉羊养殖场 99 个，奶牛养殖场 38 个，生猪养殖场 4 个。圣牧高科、王爷地 2 家企业的 4 个产品获批使用“天赋河套”品牌。蒙牛圣牧产品荣获中国国际有机食品博览会金奖，漠北金爵葡萄酒荣获世界沙漠葡萄酒大赛金奖。全县 19.5 万亩牧草，11 家企业的 93 个产品通过有机认证，有机产品认证数量位居全区旗县首位。工业经济稳中有升。规模以上工业增加值完成13.5亿元，增长 15%。泰顺公司完成技改搬迁。金牛电厂、利川化工、华盛绿能等企业稳定运营。蒙牛、圣牧日加工鲜奶 2000 吨，年产值超过 40 亿元，沙漠有机奶的知名度日益提高。积极与北京同仁堂合作，带动蒙中药材种植面积达到 12 万亩，实现产值 3 亿元。服务业势头良好。大力推进全域旅游、四季旅游，黄河流凌观光、沙漠越野、百湖垂钓、兵团艺术节、华莱士节等贯穿全年的文体活动，带动旅游市场持续火爆，预计接待游客 143 万人次，增长 10.2%，实现旅游综合收入 10.4 亿元，增长 6%。电商交易额达到 1.2 亿元，增长 41%，好产品逐步卖上了好价钱。

——坚持精准要义靶向施策，“三大攻坚战”在持续发力中赢得新成果。一年来，我们坚持底线思维、增强忧患意识，坚决打赢打好“三大攻坚战”。坚决防范化解重大风险。全年化解政府债务 2.7 亿元。深入推进扫黑除恶专项斗争，打掉涉恶团伙 2 个，涉恶犯罪集团 1 个。加大矛盾纠纷排查和信访积案化解力度，圆满完成庆祝新中国成立70周年安保任务。认真做好非洲猪瘟和鼠疫防控工作，集中开展安全生产“百日攻坚”行动，社会保持和谐稳定。全力打好脱贫攻坚战。实施扶贫产业项目14个，建设扶贫产业园区8个，政策落实和基础提升“清零达标”专项行动全部完成，提拔重用了12名脱贫攻坚领域干部。在自治区驻县脱贫攻坚工作总队的精心指导下，在全县干部群众的艰辛努力下，我们摘掉了贫困县帽子，17个贫困村全部出列，4398户8987名建档立卡贫困人口全部脱贫。深入开展污染防治工作。完成金牛电厂超低排放改造工程。再生水回用二期工程投入运行，回用率达到100%，实现点源污染“零入海”。严格落实“河湖长”制，清淤疏浚河道96公里，排干沟水质明显改善。大力推进“四控”行动，建成万亩“四控”示范园3个、智能配肥站4个，推广国标地膜50万亩。开工建设投资6.4亿元的乌兰布和沙漠防沙治沙和生态修复示范工程，完成林业生态建设15万亩，森林覆盖率达到20.56%。

——坚持做美城镇扮靓乡村，城乡面貌在统筹推进中展现新形象。一年来，我们全力推进现代生态田园城市建设和乡村振兴战略，把家乡建设得更加美丽宜人。完成城建投资4亿元。建成全民健身中心、综合档案馆、西区广场。实施了卫干校二期等5个老旧平房区改造工程，完成棚户区改造327套，改造各类管网23公里，完成供热主管网改建工程，消除了城区供热隐患。新增城镇绿化3.6万平方米，打造了百亩“花海”景观。加快建设美丽乡村，新改建农牧区公路22公里，巴镇城郊污水处理站投入运行，新建改造农牧区水冲式厕所2925户，累计建成36个村级垃圾收集点、27个转运站，完成22个村3920亩村屯绿化工作，人居环境整治行动成效明显。

——坚持深化改革扩大开放，发展质量在创业创新中增添新动能。一年来，我们坚持问题导向，进一步激发改革活力，深化开放合作。优化党政机构设置，改革后共设置党委机构10个，政府机构26个，机关职能更加清晰。密切农企利益联结机制，全县213家专业合作社，通过订单合同型、流转聘用型、股份合作型、资产收益型等模式，带动4095户农牧民增收致富。继续推进“放管服”改革，工程建设审批事项从22项优化为18项。积极推进农场改革，成立了兴垦集团公司，并与山东水控集团联合组建了现代农牧业发展有限公司。扎实推进民生实事项目人大代表票决制试点工作，主动接受人民群众监督。打开大门广交朋友，引进县外资金6.7亿元，策划并洽谈了国电投、大唐光伏发电，九方万极科技大数据，甘肃航天新能源机器人组装，瞻望世纪航空通用机场等一批大项目，为今后的发展蓄积了新动能。

——坚持以人民为中心的发展思想，民生福祉在共建共享中取得新成效。一年来，我们始终把人民对美好生活的向往作为奋斗目标，努力为人民群众解难事、办好事。优先发展教育事业，进一步完善城乡学校基础设施，小学、初中、高中班主任津贴由每月100元分别提高到600元（20人以上班容量700元）、800元和1000元，公开选聘了中小学（幼儿园）校长（园长），招聘了90名中小学教师，高考成绩创近年来最好水平。加快发展卫生健康事业，公开招聘了县直医院院长、副院长，蒙中医医院门诊综合楼建成投运。与中国针灸学会合作成立了专家工作站、世界针灸协会联合会教育基地，成功创建自治区健康促进县。广泛开展体育运动，承办了全市统战系统运动会、西部区球类竞赛等活动，体育锻炼蔚然成风。积极回应群众呼声，依法为6个小区791户居民办理了不动产权登记。加强技能培训，新增城镇就业750人，转移农牧区劳动力7059人。稳步提高城乡低保补贴标准，认真做好社会保障工作。关心老年人、残疾人、特困人员生活，让更多需要帮助的人感受到温暖。

——坚持新时代党的建设总要求，全面从严治党在强基固本中开创新局面。一年来，我们始终把政治建设摆在首位，全面加强党的建设。创新宣传思想工作，深入学习贯彻十九届四中全会、习近平总书记考察内蒙古重要讲话精神。坚持守土有责、守土负责、守土尽责，切实加强党对意识形态工作的领导。深入开展“不忘初心、牢记使命”主题教育，举办读书班305期、书记讲党课370余次，在全县365个党组织、7187名党员中掀起大学习、大讨论热潮。通过“开门纳谏”等多种方式检视问题，共查找问题383条，整改完成349条。严格“三会一课”、主题党日、民主评议党员等制度和程序，从严从实抓好党内政治生活。围绕乡村振兴、脱贫攻坚等重点工作，积极开展“比武争星”活动，整顿软弱涣散党组织。坚持“好干部”标准，全年调整干部4次243人，树立了重实干、重实绩的选人用人导向。接受了十届自治区党委第五轮巡视、自治区审计委员会党政领导任期内经济责任和自然资源审计，并认真做好整改工作。加强民族宗教工作，召开民族团结进步表彰大会，高质量完成中央宗教工作检查。深入推进党风廉政建设，严查各类违纪违法问题，共问责党组3个，受理各类问题线索446件，其中立案70件，处分76人次，诫勉48人次，提醒76人次，通报批评11人。向5个苏木镇派出监察办公室，聘任了53名监察联络员，监督体系更加健全。支持人大、政府、政协、监委和法检两院依法履职，持续深化民兵改革，征兵工作名列全市前茅，巩固和发展爱国统一战线，深入推进群团组织改革，汇聚了加快发展、赶超升位的强大合力。

回顾一年的工作，成绩来之不易。这是我们坚持以习近平新时代中国特色社会主义思想为指导的结果，是市委、市政府正确领导的结果，是四大班子精诚合作的结果，是全县干部群众守望相助、团结奋斗的结果。在此，我代表县委，向全县各族人民，向所有为磴口发展做出贡献的各界人士，表示衷心的感谢！

看到成绩的同时，我们也要清醒地认识到存在的问题。一是财政收入和固定资产投资下滑，保民生、保运转的压力很大。二是重大项目特别是工业项目储备不足，缺乏投资规模大、财政贡献率高的大项目、好项目。三是对水资源、林地、草原保护监管不严、制度不完善，生态环境保护任重道远。四是民生领域还存在许多短板，群众的一些新期待还没有得到满足。五是有的干部“朝气”不足，“暮气”沉沉，面对新形势新任务担当意识不足。对于这些问题，我们将采取更加有力的措施，切实加以解决。

二、全面建成小康社会，向着决胜第一个百年目标奋进

小康社会是中华民族追求社会进步和美好梦想的生动体现。2020年全面建成小康社会，是实现中华民族伟大复兴中国梦的关键一步。在以习近平同志为核心的党中央领导下，我们即将实现第一个百年奋斗目标，做好2020年工作意义重大。

全面建成小康社会，我们机遇连连、信心满满。从中央决策看，党的十九届四中全会提出了“建设中国特色社会主义法治体系，建设社会主义法治国家”的总目标。中央经济工作会议提出，财政政策要提质增效，支持基层保工资、保运转、保基本民生；货币政策要灵活适度，更好地缓解民营和中小微企业融资难融资贵问题。习近平总书记强调，“黄河流域生态保护和高质量发展，同京津冀协同发展、长江经济带发展一样，是重大国家战略”，并指示河套灌区要发展现代农业，把农产品质量提上去。磴口县作为黄河流域和河套灌区的重要节点，必将迎来新的发展机遇。从自治区政策看，自治区党委、政府提出，要建设沿黄生态走廊，引导资源要素向沿黄工业园区集聚。建立粮食主产区利益补偿机制，加强粮食生产功能区和重要农产品生产保护区建设。根据旗县（市、区）间财力差异状况，加大均衡性转移支付力度。这些政策及补贴资金在2020年将陆续落实。从市委重点工作看，包银高铁、110国道改线、河湖连通、中以沙漠综合治理示范区等重大项目将相继开工，磴口是主要项目建设区。这些利好因素必将为我们创造更多机遇。

2020年全县经济社会发展的总体要求是：坚持以习近平新时代中国特色社会主义思想为指导，认真贯彻党的十九大，十九届二中、三中、四中全会、中央经济工作会议精神，全面落实习近平总书记考察内蒙古重要讲话精神，坚持稳中求进工作总基调，坚持新发展理念，强化“六稳”举措，推进治理体系和治理能力现代化，继续做好“四篇文章”，做优“四大产业”，统筹推进经济、政治、文化、社会、生态建设和全面从严治党各项工作，全面建成小康社会。

预期目标是：主要经济指标不低于全市平均水平，全面完成节能减排任务。

2020年要重点抓好以下工作：

（一）铆足干劲，尽锐出战，奋力夺取“三大攻坚战”新胜利

打赢打好“三大攻坚战”是全面建成小康社会的头等大事，务必一鼓作气、顽强作战，不获全胜、决不收兵。

一是坚决守住不发生重大风险的底线。坚持政府债务只减不增的总原则，继续化解政府债务和民营企业欠款。积极争取地方债券和专项债券，缓解化债压力。加强政府投资项目和购买服务的审核把关，最大限度压缩行政支出，加大政府出借资金、担保债务和土地出让金追缴力度，提升偿债能力。贯彻总体国家安全观，及时处理影响社会稳定和国家安全的矛盾和问题，深入推进扫黑除恶专项斗争，建立健全长效机制，增强人民群众安全感。严把矛盾风险源头关，做到防范在先、发现在早、处置在小。坚决根治拖欠农民工工资问题，切实保障农民工权益。坚持党政同责，落实安全生产责任制，加强防灾减灾能力建设，严防重特大事故和重大群体性事件发生。

二是巩固提升脱贫攻坚成效。2020年是脱贫攻坚战的收官之年。要坚持“政策不变、力度不减、机构不散、干部不撤”，落实“四不摘”要求，紧盯“提高脱贫质量、巩固脱贫成果、防止返贫”三项重点工作，健全解决相对贫困的机制和措施。突出产业扶贫，加大扶贫产业项目和扶贫产业园建设力度，确保每个苏木镇、农场都有带动贫困人口持续增收的主导产业。推广股份合作、订单帮扶、生产托管、劳务合作等模式，进一步完善龙头企业与贫困户联动发展的利益联结机制。注重扶贫与扶志、扶智相结合，采取有力措施，做到“四手”（政府有形之手、市场无形之手、社会援助之手、贫困群众勤劳之手）发力，以优异的成绩迎接国家脱贫攻坚成效普查。

三是全力守护绿水青山。打好污染防治攻坚战，必须保持生态环境保护的战略定力，以治理整顿的“伤筋动骨”实现生态环境的“脱胎换骨”。要突出精准治污、科学治污、依法治污，统筹山水林田湖草一体化保护和修复。强力推进“河湖长”制，力争开工建设河湖连通工程，坚决落实最严格的水资源管理制度，防止地表水和地下水受到污染。深入开展污水处理提质、工业固废整治、面源污染防治、散乱污企业整治、畜禽粪污资源化利用等专项行动，打好“蓝天碧水净土保卫战”。完成林业疑似图斑、矿产资源领域突出问题、自然保护区工矿企业退出整改任务，弥补生态“创伤”，恢复美丽“容颜”。加大《中华人民共和国森林法》《中华人民共和国草原法》《中华人民共和国环境保护法》《中华人民共和国自然保护区条例》等法律法规的宣传力度，集中开展打击私开乱垦、私挖盗采行动，查处一批破坏林地草原案件，依法依规严肃追究失职渎职责任。积极推进乌兰布和沙漠综合治理、中以沙漠综合治理示范区、“生态文明”院士工作站、国家级沙漠植物博物馆等项目，完成林业生态建设15万亩，努力打造全国防沙治沙示范区。倡导简约适度、绿色低碳的生活方式，让“绿满磴口”理念深入人心，让群众在蓝天白云、绿水青山、鸟语花香的家园中幸福生活。

（二）坚定不移走生态优先、绿色发展为导向的高质量发展新路子

磴口县是山、水、林、田、湖、草全要素集聚，农、林、牧、副、渔全领域发展的综合性农牧区，贯彻落实习近平总书记考察内蒙古重要讲话精神，必须探索生态优先、绿色发展为导向的高质量发展新路子，把农牧业做精、工业做强、服务业做活。

一是高标准建设绿色有机高端农畜产品生产加工服务输出基地。乌兰布和沙漠是发展高端有机农牧业的天然宝地。要利用好得天独厚的宝贵资源，围绕国家有机产品认证示范县创建工作，打造全国第一个有机食品保护区。

坚持绿色有机。大力推进“四控两化”行动，进一步降低化肥、农药使用率，新增节水灌溉2.5万亩、膜下滴灌水肥一体化2.5万亩，地膜当季回收率达到78%。进一步钻研提纯复壮技术，为全市华莱士、白莲脆香瓜树立品质标准，新增有机认证产品5个，力争更多产品获批使用“天赋河套”品牌。狠抓可追溯体系建设，每个苏木镇、农场都要建成一个快检中心，严厉打击使用速生、催熟农药等行为，保障农产品质量和标准，把粮油、乳肉、果蔬、林沙草等特色优势产品打造成全国知名品牌。

优化产业布局。落实藏粮于地、藏粮于技战略，总播面积保持在120万亩，粮食产量稳定在5亿斤，牲畜饲养总量达到155万头只。要坚持“多个渠道进水、一个龙头放水”，整合涉农涉牧资金，完成4万亩千亿斤粮食增产和5万亩高标准农田建设项目，集中力量打造万亩集中连片产业园区。落实市委、市政府提出的“亩均效益论英雄”计划（用3年时间，使全市三分之一的优质耕地亩均综合产值达到2万元），重点建设隆盛合镇万亩香瓜和华莱士、沙金苏木万亩蒙中药材、乌兰布和农场万亩草业、纳林套海农场万亩蜜瓜、包尔盖农场万亩有机苜蓿、巴彦套海和哈腾套海农场万亩订单农业示范园区。因地制宜打造千亩水稻、甘草、番茄等种植基地，发挥集中规模效益，解决农畜产品价低、卖难问题。

发展特色产业。做大做强有机奶产业。力争三年时间，有机奶牛存栏达到15万头，产值超过100亿元，打造全球最大的有机奶生产加工基地。培育蒙中药材生产加工业。坚持生态产业化、产业生态化，新栽种肉苁蓉、枸杞、甘草等6万亩，努力打造自治区西部蒙中药材集散地。加快发展果蔬业。依托中粮、泰顺发展番茄订单1.5万亩，出口创收超过1亿元。积极栽培欧李、长柄扁桃等新品种，鼓励农牧民在房前屋后发展林果经济。扶持壮大生态渔业。推进大水面养殖、池塘精养、高密度循环水养殖结合的多元发展模式，渔业产值达到2亿元。

二是推动工业经济扩张总量提升质量。工业经济是磴口县稳增长、保民生的主要支撑。要坚持做大总量和做优质量双管齐下，稳步提升工业生产能力。加强市场研判和服务保障，确保金牛电厂、华盛绿能、蒙牛、圣牧、中粮、泰顺等规模企业稳定运行。扶持鼓励民营企业健康发展，积极帮助企业争取技改项目，推动传统产业工艺升级、产品升级。开工建设投资24亿元的国电投、大唐600兆瓦光伏发电，投资2.3亿元的阳泰50兆瓦光伏治沙项目。进一步完善工业园区基础设施，依法清退“僵尸”企业，收回闲置工业用地，把优质资源让给优质企业，打造产业集聚、土地集约、科技创新、生态绿色的一流沿黄工业园区。

三是培育壮大现代服务业。围绕创建自治区全域旅游示范县，完善旅游交通体系和配套设施，河套特色风情小镇具备接待能力。大力推介集黄河、湖泊、沙漠、阴山和文化体验、工业观光、休闲农业为一体的精品旅游线路，力争接待游客155万人次，实现旅游综合收入11亿元。坚持以文促旅、以旅彰文，讲好磴口故事，创作出更多像《我在纳林湖等着你》一样的文艺作品，把“百湖之乡 · 魅力磴口”这张名片打造得更加亮丽。依托金牛电厂、中粮、蒙牛等龙头企业，加快发展仓储、货代、联运和冷链物流产业。稳步扩大电子商务，升级优化53个镇村级电商服务站，力争交易额增长30%，让优质农畜产品走向全国，卖上好价钱。

四是强力推进项目建设。没有项目就没有经济增长、没有转型升级、没有民生保障。要把项目作为高质量发展的“生命线”，在全县形成“一切围绕项目转、一切为了项目干”的浓厚氛围。

要推进重点项目。确保包银高铁、110国道改线、通用机场、河湖连通、中以沙漠综合治理示范区、宇乐自备电厂、甘肃航天新能源机器人组装、中商国能食用菌、九方万极科技大数据等项目取得实质性进展。

要包装策划项目。2020年要启动“十四五”规划编制工作，这是关乎磴口县未来发展的大事，必须保持对项目的敏锐嗅觉，把握国家、区、市项目投资动向，突出黄河流域环境保护和防凌防汛、沿黄能源经济带、国家光伏基地及外送电力输出、乌兰布和沙漠生态治理、石油勘探开采、奶业振兴、乡村振兴、城乡基础设施和民生事业等领域，按照产业项目注重“强链”、基础设施项目注重“成网”、生态环保项目注重“扩面”、社会项目注重“补短板”的要求，充实重点项目五年储备库、三年滚动库、年度实施库，形成“策划、储备、申报、建设”的梯次推进格局，争取更多的项目进入国家、自治区和市里的项目“盘子”。

要强化要素保障。要素资源是项目建设的“粮草”，必须优先保障。加大闲置土地清理和用地报批力度，适当增加储备用地，为项目建设留足空间。在不增加政府债务的原则上，坚持“争、贷、融”有机结合，以多元化投融资模式筹集项目资金，推进立项、环评、用水、用电等前期工作。严格执行处级领导包联项目制度，确保重点项目顺利推进。要把项目建设纳入干部实绩考核，以项目看担当、论能力，优先提拔使用项目争取中表现突出的优秀干部。

（三）统筹城乡发展，推进乡村振兴，建设生态宜居宜业新家园

深入实施四项工程，促进城乡要素配置、产业布局、公共服务、生态保护相互融合。

一是实施城镇功能完善工程。加强基础设施建设，开工建设奈伦湖水源地项目，改造老旧小区2.3万平方米、平房区3万平方米，新建旱改水厕10座、各类管网27.4公里。启动停工的棚户区改造项目，保障回迁户权益。清理“烂尾楼”工程，促进房地产市场健康发展。进一步提升园艺水平，新增城市绿化2万平方米，让城市的每个角落都绿起来。

二是实施精细管理工程。推行“街长制”，重拳治理私搭乱建、乱涂乱画行为，规范公园广场早市、夜市摊点，整治娱乐场所噪声扰民。推进生活垃圾分类管理和处置工作，引导群众形成良好习惯。规范物业服务，有序解决住宅小区绿化率低、停车难、拖欠物业费等问题，让居民出门放心、工作安心、回家温馨。

三是实施农牧业产业提升工程。深入实施乡村振兴战略，健全完善农田水利基础设施，新改建农牧区公路50公里，争取实施20平方公里京津风沙源水利水保、15万亩农业水价改革工程。成立奶业、蒙中药材、草业、渔业协会并设立发展基金，通过协会加强对专业合作社、家庭农牧场等运营情况的监督管理。探索资产租赁、合资合作、股份经营等多种形式发展村集体经济，努力做到乡乡有主导产业、村村有特色园区、户户有增收项目、人人有就业门路，让农业增效、农民增收。

四是实施人居环境整治工程。深入开展“十县百乡千村”示范行动，建成巴镇污泥无害化处理，渡口南滩村、补隆淖友谊村和纳林套海农场污水处理站，改造农牧区水冲式厕所5292户。坚持建管并重，从乡风文明抓起、从群众习惯改起，发动农牧民自己动手开展人畜分离、圈舍改造、庭院美化、栽植果树等活动，着力打造“产业集聚型、生态旅游型、美丽宜居型、自然山水型”等不同风格的美丽乡村，把农牧区建设成为“绿树村边合、青山郭外斜”的诗意家园。

（四）持续深化改革开放，激发全面发展新活力

面对经济下行压力，财政收支矛盾，群众美好生活的新期待，必须发扬敢闯敢试、敢为人先的勇气和魄力，在高质量发展中争排头、闯新路。

全面深化重点领域改革。加大“放管服”改革力度，扩大“互联网+政务服务”平台覆盖面，在更大范围内实现“一网通办”，让办事群众“最多跑一次”。加快编制国土空间规划，落实主体功能区制度，统筹划定生态红线、基本农田、城镇开发等空间管控界限。完成第三次国土调查，推进自然资源统一确权登记工作。加强兴垦集团公司与山东水控集团的深度合作，争当全市土地规模经营的示范。深化苏木镇机构设置和农牧区综合行政执法改革，将基层行政审批服务事项纳入党群服务中心集中办理。着眼于建立长效机制，进一步健全完善各领域制度体系，将改革实践转化为可推广的制度成果。

大力开展招商引资。今年，以色列、奥地利、蒙古的领导和企业家先后到磴口县考察，对我们的资源赞赏有加。各级领导干部要广开思路、广交朋友，围绕旅游、农畜产品加工、蒙中药材生产加工、电力新能源四大主导产业，大力开展补链、强链、延链招商。更新全县招商项目目录，重点引进新能源新材料、节能环保、大数据等产业项目。盯紧洽谈和签约项目，加强部门合作，脚踏实地一个一个攻关。优化发展环境，坚持“两个毫不动摇”，促进“两个健康”发展，落实鼓励民营经济发展的各项政策，把审批环节减到最少、过程压到最短、收费降到最低，让投资商满意，让企业家安心。

（五）加强和改善民生工作，努力满足人民群众对美好生活的新期待

人民对美好生活的向往就是我们的奋斗目标。无论财政怎么困难，也要保证民生投入不减、群众收入不降，努力提高群众生活幸福感。

稳步发展社会事业。深化教育教学改革，设立教育质量提升奖，认真落实教师待遇政策，积极解决绩效分配不合理、职称评定名额少等问题，推动学前教育普惠优质、义务教育均衡发展、高中教育品质升级。加快教育信息化建设，逐步提高“互联网+教育”应用水平。贯彻落实“健康中国”战略，关注生命全周期、健康全过程，加强医疗基础设施、医疗信息化和全科医生队伍建设，做好重大疾病防控，普及健康生活，发展健康产业，切实保障好每一个人的生命安全和千家万户的幸福安康。

扎实推进创业就业。顺应创业创新大众化趋势，在电商产业园、河套大市场等平台打造创业孵化基地、创客空间、创新工场，为创业者提供低成本、开放式的良好条件。根据市场需求，精准开展技能培训、创业培训，提升就业创业能力。加大就业困难人员托底帮扶力度，确保“零就业家庭”动态消零。全年新增城镇就业700人，农牧民转移就业6500人。

提升社会保障水平。落实全民参保计划，促进社会保障由“制度全覆盖”实现“人群全覆盖”，稳步提高医保、低保、五保标准，扩大工伤、失业等保险覆盖面。加强退役军人服务保障，推进新时代双拥工作。促进医养结合，让老年人安享晚年。关注特殊群体，建成残疾人康复服务中心，广泛开展扶贫济困和志愿服务活动，使需要帮助的困难人群生活得到改善。

繁荣发展文化体育事业。依托兵团博物馆、地质博物馆、三盛公水利博物馆等文化场所，加强社会主义核心价值观教育。加快发展乌兰牧骑事业，永做新时代的“红色文艺轻骑兵”。围绕乡村振兴、脱贫攻坚、民族团结等题材，推出更多本土文艺精品。做好文物保护和非物质文化遗产传承工作，实施好阴山岩刻保护、鸡鹿塞修缮二期工程。健全完善城乡公共文化体育设施，办好华莱士节、垂钓比赛、全民健身等文体活动，丰富群众精神文化生活。

三、坚守初心使命，推进新时代党的建设伟大工程

党的领导是我们全部事业的最本质特征和最大优势，必须始终坚持党总揽全局、协调各方的领导核心地位，加强党对各项事业的全面领导。

（一）强化思想引领，坚定政治方向。政治方向是第一位的。各级党组织和广大党员干部要把落实“两个维护”作为最高政治原则，把“不忘初心、牢记使命”作为加强党的建设的永恒课题和全体党员干部的终生课题，深入开展党的十九届四中全会学习宣讲，切实增强“四个意识”、坚定“四个自信”、做到“两个维护”。贯彻落实《中国共产党宣传工作条例》，全面落实意识形态工作责任制，建成县级融媒体和新时代文明实践中心，提高对互联网、新媒体的管理水平。各级领导干部要养成看《新闻联播》、读党报党刊、用“学习强国”的习惯，线上线下同步学习，确保党中央的决策部署第一时间学习领会、贯彻落实。构建大统战工作格局，坚持宗教中国化方向，贯彻执行新修订的《宗教事务条例》，依法管理宗教事务。坚持各民族平等，促进各民族像石榴籽一样紧紧抱在一起，铸牢中华民族共同体意识。

（二）强化组织建设，筑牢基层堡垒。基层组织是党的基本细胞，细胞充满活力身体才能健康强壮。各级党组织要突出政治功能，严格规范“三会一课”，从严落实民主集中制、民主评议党员等制度，严肃党内政治生活。注重从致富能人、退伍军人、产业工人和非公经济、社会组织中发展党员，改善党员结构、提高党员质量。稳步提高嘎查村“两委”待遇，鼓励“两委”成员带头领办集体经济，让“两委”钱袋鼓、腰杆直、底气硬。进一步加大抓党建促脱贫工作力度，深化“强党建、促振兴、惠三农”行动，保障困难群众、困难党员基本生活。各级党委（党组）书记要带头建立党支部联系点，认真开展“评星定级”活动，持续整顿软弱涣散党组织，确保基层组织有坚强的力量抓党建、足够的经费保运作、规范的阵地干工作。

（三）强化实干担当，淬炼精兵强将。实干担当是领导干部的从政准则。要坚持党管干部原则，落实“好干部”标准，把制度执行力和治理能力作为干部选拔任用的重要依据，对执行中央决策部署，自治区党委和市委工作安排打折扣、搞变通，只想当官不干事、只想出彩不担责的干部，坚决调整撤换，确保政令畅通、令行禁止。要根据结构比例、专业能力等因素，统筹制定干部和人才工作计划，加大年轻干部、女干部、少数民族干部、非党干部的培养选拔任用力度，对看准的“好苗子”，有针对性地采取挂职锻炼、定向培训、交叉任职等方式蹲苗壮骨，防止干部调整时出现青黄不接、“矮子里面拔大个儿”的问题。坚持严管厚爱结合、激励约束并重，建立健全鼓励创新、容错免责等机制，捆住乱作为的手脚，放开担当作为、干事创业的手脚。对受到问责但过后表现突出、符合条件的干部该使用就继续使用，让奋斗者无憾、担当者无忧、奉献者无悔。引导干部加强体育锻炼，保持身心健康。关心老干部的生活，定期向老干部通报经济社会发展情况。强化斗争意识，提升斗争本领，在各种风险挑战面前敢于出手、在各种矛盾问题面前敢于扛事、在各种歪风邪气面前敢于亮剑，形成建功新时代、争创新业绩的生动局面。

（四）强化正风肃纪，响鼓也要重锤。监督是最好的信任。各级领导干部要主动接受监督，坚决维护制度权威，让手中的权力用之有法、用之有规、用之有据、用之有律。持之以恒贯彻中央“八项规定”及其实施细则精神，改进工作作风，进一步精简文件、会议、督查考核，切实为基层减负。加强行政事业单位财务人员培训，严肃财经纪律。从严开展对干部的日常监督，运用“四种形态”提高源头预防腐败能力，把违纪苗头扼杀在萌芽状态。巩固发展反腐败压倒性态势，强化对权力集中、资金密集、资源富集部门的监管，坚决查处违法乱纪行为。加强政治巡察，实行“一案双查”，对廉政风险防控不力、责任落实不到位、发生严重违纪违法问题的，既追究当事人责任，又追究领导责任，既倒查党组织的主体责任，又倒查纪检监察机构的监督责任，实现党风廉政建设责任追究的规范化、制度化、常态化。着力整治群众身边的腐败问题，严查优亲厚友、懒政怠政等作风问题和吃拿卡要等违纪问题，营造风清气正的政治环境。

同志们，全面建成小康社会，需要凝聚各方面的磅礴力量。县委常委会将以直面问题、刀刃向内的自我革命精神，增强自我净化、自我完善、自我革新、自我提高的能力。全力支持和保证人大及其常委会依法行使职权，认真开展好政府民生实事项目人大代表票决制工作，坚持政治协商制度，加强党对机构编制的集中统一领导，扎实做好党管武装工作，支持群团组织创新地开展工作，充分发挥“五老队伍”作用，做好关心下一代工作，调动全社会力量五指成拳，共同奋斗。

名词解释

1.**“放管服”**：“放”，即简政放权，降低准入门槛；“管”，即公正监管，促进公平竞争；“服”，即高效服务，营造便利环境。

2.**“比武争星”**：围绕基层党建、脱贫攻坚、产业富民、生态宜居、乡风文明、乡村治理六个方面内容，在嘎查村中举行优秀党支部和支部书记大比武活动。

3.**“好干部”标准**：信念坚定、为民服务、勤政务实、敢于担当、清正廉洁。

4.**“六稳”**：稳就业、稳金融、稳外贸、稳外资、稳投资、稳预期。

5.**“四篇文章”**：水、绿、沙、文化四篇文章。

6.**“四大产业”**：旅游、农畜产品加工、蒙中药材生产加工、电力新能源四大产业。

7.**“四不摘”**：摘帽不摘责任、不摘政策、不摘帮扶、不摘监管。

8.**“四控两化”**：控肥、控药、控水、控膜，粪污和秸秆资源化利用。

9.**“僵尸”企业**：指已停产、半停产、连年亏损、资不抵债，主要靠政府补贴和银行续贷维持经营的企业。

10.**“两个毫不动摇”**：毫不动摇巩固和发展公有制经济，毫不动摇鼓励、支持、引导非公有制经济发展。

11.**“两个健康”发展**：非公有制经济健康发展和非公有制经济人士健康成长。

12.**“四个意识”**：政治意识、大局意识、核心意识、看齐意识。

13.**“四个自信”**：道路自信、理论自信、制度自信、文化自信。

14.**“两个维护”**：坚决维护习近平总书记党中央的核心、全党的核心地位，坚决维护党中央权威和集中统一领导。

15.**“四种形态”**：让“红红脸、出出汗”成为常态，党纪轻处分、组织调整成为违纪处理的大多数，党纪重处分、重大职务调整成为少数，严重违纪涉嫌违法立案审查的成为极少数。

16.“五老”：老干部、老战士、老专家、老教师、老模范。

政府工作报告

——在磴口县第十七届人民代表大会第三次会议上

（2020 年 1 月 3 日）

磴口县人民政府县长　樊　文

一、2019 年工作回顾

2019 年，县政府坚持以习近平新时代中国特色社会主义思想为指导，深入贯彻落实习近平总书记考察内蒙古重要讲话精神，坚持稳中求进工作总基调，守望相助，团结拼搏，奋力推动绿色高质量发展，经济社会发展态势总体平稳、稳中向好。2019 年，预计地区生产总值完成 54.09 亿元，同比增长 6.4%；城乡常住居民人均可支配收入分别达到 31992 元和 19125 元，同比增长 7.6% 和 8.1%。

（一）三大攻坚战成效明显。聚焦“精准”二字，下足“绣花”功夫，强弱项、补短板，全力筑牢发展底线。严格规范投融资行为，清理整顿违法违规金融行为，金融风险平稳可控。从严审核政府投资项目，全年化解政府债务 2.7 亿元。中央脱贫攻坚专项巡视、扶贫开发成效考核反馈问题整改工作全力推进，自治区驻县脱贫攻坚工作总队指导有力。实施扶贫产业项目 14 个，建设扶贫产业园区 8 个，政策落实和基础提升“清零达标”专项行动全部完成。贫困群众“内生动力”显著增强，现有建档立卡人口全部脱贫。山水林田湖草生命共同体加快构建，乌梁素海综合治理工程有力推进。再生水回用二期工程建成投运，污水收集率提高到 85%，污水处理率和再生水回用率均达到100%，实现点源污染“零入海”。农村牧区“四控两化”面源污染综合治理成效显著。乌兰布和沙漠防沙治沙和生态修复示范工程启动实施。保护母亲河、河湖清四乱专项行动扎实开展，河湖连通及生态补水工程、乌兰布和分洪区扩容工程前期工作扎实开展。金牛电厂超低排放改造项目投入运行，节能减排完成年度目标任务，空气质量优良率达到 80% 以上。完成林业生态建设 15 万亩，森林覆盖率达到 20.56%。

（二）产业升级加快推进。农牧业做优做精。新增设施农业 2540 亩、经济林 6400 亩，优质牧草、蒙中药材种植面积分别达到 19.5 万亩和 12 万亩，建成 8 个科技示范园区。华莱士瓜提纯复壮成效明显。国家有机产品认证示范县创建工作有力推进，2 家企业、4 个产品获批使用“天赋河套”品牌，蒙牛圣牧产品、漠北金爵葡萄酒分别荣获中国国际有机食品博览会金奖、世界沙漠葡萄酒大赛金奖。全县牲畜饲养总量 150 万头（只）。新增特色水产养殖基地 5000 亩。非洲猪瘟和鼠疫防控落实有力。耕地地力保护补贴和玉米、大豆生产者补贴全部兑现。工业经济稳中有进。规模以上工业增加值达到 13.5 亿元，同比增长 15%。金牛电厂、国电等企业年发电量达到 40 亿度，同比增长 8.6%。泰顺实现技改搬迁，蒙牛、圣牧高科完成技改升级。佳格植物油、中粮番茄产销两旺。利川化工硫化碱循环经济、昴日新材料二期项目基本建成。工业园区基础设施日益完善，承载能力显著增强。服务业提质升级。

纳林湖、三盛公、北海湿地等景区基础设施不断提升。中蒙建交70周年主题采访组、2019年世界旅游小姐中国年度冠军总决赛走进磴口。“磴口故事”专栏深受大众喜爱。“祖国万岁”百亩主题创意花海释放独特魅力。水、绿、沙、文化互融共进，餐饮住宿、电子商务、现代物流等服务业配套发展，电商交易额达到1.2亿元，同比增长41%。预计接待游客143万人次，旅游综合收入实现10.4亿元，分别增长10.2%和6%。

（三）城乡建设全面提速。城镇建设投资完成4亿元。改造供热主管网6.5公里，新增集中供热面积23万平方米，城区居民供热质量大幅提升。新改建各类管网23公里，完成天然气入户377户。510套非成套住宅改造工程及卫干校二期平房区综合改造工程启动实施，完成棚户区改造327套。西区广场投入使用。维修改造路灯1200盏。新增园林绿化3.6万平方米，绿化覆盖率达到35.6%。街头摊点实现划行归市，环卫园林装备水平明显提高，机械化清扫率达到70%以上，市容市貌实现净化升级，国家卫生县城顺利通过评估验收。乡村振兴初显成效。巴镇城郊污水处理站投入运行，建成垃圾转运站27个、水冲式厕所2925户，打造美丽庭院100户，农村牧区面貌焕然一新。“大棚房”和违建别墅问题专项清理整治工作扎实推进。新改建农村牧区公路22公里，“四好农村路”完成年度建设任务。包银高铁征拆工作全力推进。投资1.15亿元，实施机井通电、农网改造等工程，供电质量大幅提升。完成高标准农田4.5万亩、节水灌溉2.3万亩。

（四）发展活力不断释放。供给侧结构性改革不断深化，行政机构改革全面完成。“放管服”改革成效明显，“双随机一公开”市场监管机制进一步健全。深入实施证照分离改革，涉企证照事项实现三十二证合一，企业开办时间压缩到3个工作日。“12345”政府服务热线开通运行。商事制度改革稳步推进，登记信用承诺制度和全程电子化登记全面实施。工程建设项目审批改革成效显著。营商环境不断优化，民营企业快速发展。综合执法改革纵深推进。预算绩效管理改革效果明显，财政资金使用效果不断提高。第四次全国经济普查全面完成。国土空间规划启动编制，第三次全国国土调查工作顺利开展。积极推进农场改革，成立了兴垦集团公司，与山东水控集团联合组建了现代农牧业发展有限公司。集体产权制度改革基本完成。生态文明制度改革有力推进。农业水价综合改革、自然资源确权试点和水权制度改革持续推进，“河湖长制”落实有力。教育卫生、社会保障、科技文化、食药监管等领域改革取得新进展。对外开放水平全面提升，预计进出口总额达到1390万美元，同比增长3%，引进国内到位资金6.7亿元。

（五）人民生活持续改善。财政直接用于民生的投入占公共财政预算支出的比重达到70%以上。转移农村牧区劳动力7059人，新增城镇就业750人，发放创业担保贷款220万元。社会保险参保扩面97249人，参保率稳定在98%以上。发放低保、残疾人等各类兜底保障资金7334万元。成立退役军人事务管理局。义务教育均衡发展有力推进，一中幼儿园主体工程完工，班主任津贴大幅提高，高考成绩创近年来最好水平，实施新一轮校园长聘任工作，招聘教师90名。卫生健康事业加快发展，公开选聘3家县直医院院长、副院长，蒙中医医院门诊综合楼建成投运，自治区健康促进县成功创建。养生养老产业园、妇幼保健计划生育服务中心综合楼、看守所、拘留所等民生工程加快建设，综合档案馆、全民健身中心、检察院办案和技术用房投入使用。公共卫生和文化服务水平显著提升，精神文明创建和全民健身活动广泛开展，成功举办庆祝中华人民共和国成立70周年系列活动。科技服务能力明显加强。“扫黑除恶”专项斗争取得阶段性成果，打掉涉恶犯罪集团1个，涉恶团伙2个，破获涉恶刑事案件22起，治安案件查处率达到100%。安全生产监管更加牢固，超限超载治理、信访矛盾化解、拖欠农民工工资治理百日攻坚等专项行动深入实施，社会大局和谐稳定。全面落实党的民族宗教政策，民族团结、宗教和顺的大好局面更加稳固。国防和后备力量建设、老龄慈善、妇女儿童、残疾人以及应急管理、防汛抗旱、人防地震等各项工作都取得了新进步。

（六）自身建设切实加强。“不忘初心、牢记使命”主题教育成果丰硕，梳理汇总42项突出问题有力整改。民生实事项目人大代表票决制试点工作启动实施，主动接受人大法律监督和政协民主监督，人大代表议案、建议和政协委员提案办复率均达到100%。十届自治区党委第五轮巡视、自治区审计委员会党政领导任期内经济责任和自然资源审计整改工作全力落实。“七五”普法深入开展。严守政治纪律和政治规矩，公职人员学法用法持续推进，规范性文件、重大行政决策合法性审查机制不断完善。全力加强执行力和廉政建设，坚决执行中央八项规定及其实施细则，强化审计监督，持之以恒正风肃纪，政府治理能力和治理水平大幅提升。

各位代表，过去的一年，我们在充满机遇与挑战的历程中，笃实创新、迎难而进，在县委的坚强领导下，在县人大、县政协和社会各界的大力支持下，我们谋的坚实、干的坚决、走的坚定，“百湖之乡 · 魅力磴口”愈发靓丽多彩、充满活力。在此，我代表县人民政府，向全县各族人民，向各位人大代表、政协委员和社会各界人士，致以衷心的感谢！向所有为磴口建设和发展作出贡献的同志们、朋友们，致以崇高的敬意！

看到成绩的同时，我们也要清醒地认识到存在的问题。一是财政收入和固定资产投资下滑，保民生、保运转的压力很大。二是重大项目特别是工业项目储备不足，缺乏投资规模大、财政贡献率高的大项目、好项目。三是对水资源、林地、草原保护监管不严、制度不完善，生态环境保护任重道远。四是民生领域还存在许多短板，群众的一些新期待还没有得到满足。五是有的干部“朝气”不足，“暮气”沉沉，面对新形势新任务担当意识不足。对于这些问题，我们将采取更加有力的措施，切实加以解决。

二、2020年工作安排

2020年，是全面建成小康社会和“十三五”规划收官之年，我们即将实现第一个百年奋斗目标，做好2020年的各项工作，责任重大，意义深远。

2020年政府工作的总体要求是：坚持以习近平新时代中国特色社会主义思想为指导，认真贯彻党的十九大，十九届二中、三中、四中全会、中央经济工作会议精神，全面落实习近平总书记考察内蒙古重要讲话精神，坚持稳中求进工作总基调，坚持新发展理念，强化“六稳”措施，推进治理体系和治理能力现代化，继续做好“四篇文章”，做优“四大产业”，统筹推进经济、政治、文化、社会、生态建设各项工作，全面建成小康社会。

主要预期目标是：主要经济指标不低于全市平均水平，全面完成节能减排任务。

围绕以上目标，政府将重点做好以下八方面工作。

（一）聚焦打赢三大攻坚战，奋力拼出高质量发展坚实基础

打赢精准脱贫攻坚战。坚持现行标准，聚焦“提高脱贫质量、巩固脱贫成果、防止返贫”三项重点工作，切实解决影响“两不愁三保障”突出问题，严把贫困人口退出关。加强产业扶持，推动电商扶贫，注重易地搬迁后续帮扶。认真对照“四不摘”要求，突出精准识别，落实精准帮扶，扎实做好城镇困难职工脱贫解困工作，不让一个贫困群众在全面小康路上掉队。积极探索消除相对贫困体制机制建设，健全完善贫困人口监

测预警和动态管理机制，有效防止返贫现象。

打赢污染防治攻坚战。以黄河流域生态保护与高质量发展为主线，持续巩固中央和自治区环保督察反馈问题整改成果，坚决防止问题反弹。深入推进城市扬尘整治和工业废气污染治理工作，确保 $PM_{2.5}$ 平均浓度控制在每立方米 35 微克以下。建成金牛电厂煤棚全封闭项目。加大乌梁素海综合治理力度，完成第二次全国污染源普查，持续抓好农村牧区“四控两化”行动。加快推进乌兰布和沙漠综合治理、中以沙漠治理示范区等重大生态工程。强化生态综合执法，严厉打击破坏生态环境行为。纵深推进“河湖长制”。严格落实“林长制”，加强林地用途管制和林木采伐审核审批管理，完成林业生态建设 15 万亩，森林覆盖达到 21%。

打赢防范化解重大风险攻坚战。优化财政支出结构，严格压缩一般性支出，采取处置国有资产、预算安排、土地出让收益等有力措施，积极化解政府债务，切实增强财政运行的稳定性和风险防控的有效性。加强政府投资项目管理，规范政府融资举债行为。优化债务结构，积极引导社会资本参与公共服务、基础设施等领域的建设运营。加强金融领域薄弱环节监管，坚决打击非法集资等违法违规金融活动，严防金融风险。

（二）聚焦乡村振兴战略，奋力拼出高质量发展崭新面貌

做优现代农牧业。成功创建国家有机产品认证示范县。完成 4 万亩千亿斤粮食增产和 5 万亩高标准农田建设项目，全县总播面积达到 120 万亩，新增设施农业 2000 亩。大力发展沙产业，新增酿酒葡萄 1500 亩、优质牧草 5 万亩，打造 1 个自治区级农业科技园区。全面实施“天赋河套”区域公用品牌培育工程，加强原产地商标注册，确保华莱士瓜和白莲脆甜瓜纳入“天赋河套”品牌，树立品质标准，高标准建成 4 个千亩优质种植示范产业园区，新增有机产品认证 5 个，力争每个苏木镇、农场主导产业相对集中连片，以规模效益解决农畜产品价低、卖难问题。新改建规模化养殖小区 5 个，牲畜饲养总量达到 155 万头（只）。打响农业部渔业健康养殖示范县品牌，打造 1 个水产健康养殖示范基地，新增特色渔业生产面积 3000 亩，渔业产值达到 2 亿元。

强化农牧业保障能力。大力培育新型职业农牧民，培养用好农村牧区“土专家”“田秀才”“农创客”，开展农业科技培训 2.4 万人次，培育新型职业农牧民 300 人以上。大力推进“互联网 + 现代农牧业”，提高农牧业信息化覆盖率。发展壮大村集体经济，全面消灭空白村，提升一批薄弱村、培育一批示范村。深入实施农村牧区人居环境整治三年行动。新建小型污水处理站 3 个，改造水冲式厕所 5292 户。加强农牧业保险、疫病防控、良种繁育、科技服务、防灾减灾体系建设，增强抵御自然和市场风险能力。完成土地深耕深松 16 万亩、节水灌溉 2.5 万亩、膜下滴灌水肥一体化 2.5 万亩。加快推进包银高铁、110 国道磴口段改线前期工作，别磴线改造、沙拉毛道至鸡鹿塞公路、省道 311 磴口段公路竣工通车，新改建农村牧区公路 50 公里，全面完成“四好农村路”建设任务，促进“交通 +”融合发展。加强水利基础设施建设，疏浚排干沟道 62 公里。巩固提升城乡电网质量，投资 1.4 亿元，实施电网改造升级工程，促进配电网从“温饱型”向“小康型”升级。

（三）聚焦项目建设，奋力拼出高质量发展强劲动力

深入推进重点项目建设。规模以上工业增加值完成 13.8 亿元，同比增长 4%。做精农畜产品加工产业。实施蒙牛乳业技改升级和提质增效工程，投资 3000 万元，新增 1 条特仑苏和花酸奶生产线。佳格、泰顺和中粮番茄实现满负荷生产。实施山东水控集团现代农业项目，重点建设隆盛合镇万亩香瓜和华莱士瓜、沙金苏木万亩蒙中药材、乌兰布和农场万亩草业、纳林套海农场万亩蜜瓜、包尔盖农场万亩有机苜蓿、巴彦套海和哈腾套海农场万亩订单农业示范园区。投资3亿元，力争建成益群20万头生猪养殖项目。提升诺民酿酒葡萄生态产业基地品味，不断完善酒庄及附属设施。做大蒙中药材生产加工产业。新增肉苁蓉、枸杞、长柄扁桃、甘草等6万亩。全力推进中商国能食用菌和中草药材种植项目。积极引进蒙中药材种养加一体化企业，按照“企业＋合作社＋基地＋农户”模式，加快建设蒙中药材标准化基地，争取高校重点中医药科研成果转化项目优先落户磴口，为产业发展提供全方位保障。做强电力新能源产业。启动林光互补沿黄沿沙光伏基地项目。投资24亿元，争取国家电投和中国大唐600兆瓦平价上网项目落地实施。投资2.3亿元，建设阳泰能源50兆瓦光伏治沙项目。昴日新材料500吨高效硅芯二期工程、浩达绝缘制品年产8000吨绝缘板项目达产达效。力争甘肃航天新能源机器人组装项目启动实施。利川化工硫化碱循环经济项目建成投产。加大园区基础设施建设力度，扩大绿化、亮化、美化、保洁覆盖面，铺设排污管网10公里。完成500千伏变电站外送电力通道规划和220千伏变电站设计工作。

加大招商引资力度。健全招商机制、提升招商技巧，算好产业、税收、就业三笔账，做到精准招商。围绕“四大产业”，依托现有资源和产业优势，瞄准京津冀、长三角等发达地区，积极“走出去”，全力“引进来”。探索特色产业集群化招商新模式，逐步实现专业化招商。积极招大引强，推动集群式引进和产业链条式转移，不断提高招商质量。力争新签约超亿元项目3个以上、千万元项目5个以上。

全力发展民营经济。坚持“两个毫不动摇”，认真贯彻中央支持民营经济和中小微企业发展的决策部署，促进民营经济和中小微企业发展。大力推进市场准入负面清单制度，取消歧视性附加条件和隐性条款，营造公平开放的市场准入环境。加强政金企对接，完善融资担保体系，加大信贷投放力度，破解民营企业和中小微企业融资难、融资贵问题。强化服务保障，开展结队帮扶服务行动，为民营和中小微企业提供“管家式”“保姆式”“贴近式”跟踪服务。

（四）聚焦全域旅游，奋力拼出高质量发展靓丽名片

加速“引爆”旅游产业。深入实施“旅游强县”发展战略，推动旅游业高质量发展，奋力舞动“百湖之乡 · 魅力磴口”主题名片，着力打造“全县大花园、乡镇小景区、村庄微景点”的全域旅游新格局，全年接待游客155万人次，旅游综合收入达到11亿元。黄河三盛公国家水利风景区、纳林湖等重点景区游乐设施提档升级。不断提升内蒙古兵团博物馆、冯玉祥西北军粮仓博物馆、牧民新村、金马渔村接待能力。田园综合体建设取得重大突破，河套特色风情小镇具备接待能力。加大旅游品牌创建力度，健全完善智慧旅游、旅游标志系统、景区停车场等配套设施。深入挖掘文化内涵，搜集编撰具有“磴口特色”的历史人文故事，高质量建设一批农家乐渔家乐示范村、星级乡村旅游接待户和休闲农业示范点，打造多条乡村旅游精品线路，发展美丽乡村特色游。积极办好全国中老年海峡两岸篮球赛、全国沙漠越野汽车挑战赛和华莱士节等赛事活动，增强旅游文化品牌效应。邀请知名作家、画家、摄影家和主流媒体写磴口、画磴口、唱磴口，让磴口好人、美景、盛事成为“网红”，力争创建成为自治区全域旅游示范县，推动旅游资源大县向旅游经济强县转变。

繁荣发展现代服务业。大力实施旅游“后备厢”工程，深度研发一批农特产品、民间工艺品、文物纪念品，让物产变商品、商品变品牌，拉长旅游消费产业链。提升电商进农村服务能力，支持磴口“名品”依托电商“走出去”，让更多人品尝“磴口味道”、感悟“磴口传奇”，努力在互联网领域打出“磴口品牌”组合拳。加快发展连锁经营、直营配送、电子商务等现代流通方式，让农企对接、农超对接激活城乡市场活力。强化网络市场监管，依法规范市场秩序，实现服务业发展提速、比重提高、水平提升，预计外贸进出口总额达到1430万美元，同比增长3%。

（五）聚焦功能升级，奋力拼出高质量发展秀美城市

提升城镇功能。加快编制国土空间规划，落实主体功能区制度，统筹划定生态红线、基本农田、城镇开发等空间管控界限。完成第三次国土调查，初步实现国土空间开发保护“一张图”，建立统一衔接、功能互补、相互协调的城市规划体系，加快实现“多规合一”。城镇建设计划完成投资3亿元，加大基础设施补短板力度，完善城市功能。投资1.5亿元，实施新水源地迁址新建及给水主管网改扩建工程。积极筹集资金，解决棚改尾留工程，妥善安置回迁户。加快完善公租房项目。改造老旧住宅小区2.3万平方米、平房区3万平方米。新增园林绿化2万平方米。继续实施城区排污、供热等管网改造工程，铺设各类管网27.4公里。新增天然气入户400户，新改建小区燃气管道实现全覆盖。新建旱改水厕10座，硬化居民巷道1.2万平方米，安装改造路灯650盏，让群众共享美丽宜居城镇建设成果。

推进精细管理。积极探索实施“执法+网格、执法+服务、执法+联动、执法+志愿者”的文明执法常态机制，逐步构建全域覆盖、全网共享、全程可控的智慧城管新体系。坚持精准服务，推动城管执法向源头化解、前端管理和事前防范转变。强化属地和网格管理责任，实现全域保洁。始终保持防违控违高压态势，确保违建零增长。大力开展文明商户、道德模范、最美人物、文明市民等评选活动，培育新时代文明之风。

（六）聚焦重点改革，奋力拼出高质量发展一流环境

深化放管服改革。持续加大简政放权力度，推进商事制度改革，着力“减证照、压许可”，深化“证照联办”“多证合一”改革，激发市场主体活力，全年新增市场主体1089户。扎实推进营商环境突出问题专项整治，持续开展减证便民行动，简化办事流程，明确办结时限，做到“一次告知”。加快“四办”改革，大力推行“互联网+政务服务”，优化提升政务大厅“一站式”功能，完善“前台综合受理、后台分类审批、综合窗口出件”政务服务模式，实现72%以上事项网上可办。坚持举报必查，查实必究，让设置障碍的人“挨板子”“丢帽子”，努力把磴口建设成为投资兴业的热土、创新创业的沃土、成就梦想的乐土。

推进重点领域改革。全面完成事业单位改革。坚持以“改”破题，因村制宜开展农村牧区改革创新，全面激发、释放农村牧区发展的潜能和活力。深化农村集体产权制度改革，巩固集体林权制度改革成果。大力推广农村“三变”改革，量化各类产权，盘活农村牧区资源。深入推进农业水价综合改革，促进水资源优化配置。深化财税改革，严格落实预算管理改革政策，全面实施预算绩效管理，完成社会保险、基本医疗保险费和非税收入征管职责划转。深化县域综合改革，加大对特色产业、骨干企业和重点项目支持力度，推动县域经济健康发展。

（七）聚焦民生改善，奋力拼出高质量发展殷实保障

提高社会保障水平。稳定就业总量，改善就业结构，提升就业质量，突出抓好重点群体就业工作，确保零就业家庭动态清零，全年新增城镇就业700人，城镇登记失业率控制在4%以内。全面提高城乡低保、特困人员供养标准，推进社会保险扩面提标，织密扎牢社会保障网。严格落实“两金三制”制度，严厉打击恶意欠薪行为，构建和谐劳动关系。加大社会救助力度，大力发展慈善事业。全面落实残疾儿童康复救助制度。重视解决好“一老一小”问题，加快建设养老服务体系，养老产业园投入使用，支持社会力量发展普惠托育服务。

努力提升教育质量。强化教育经费保障，持续实施教育教学质量提升行动计划，建立健全教学质量监测、分析、评价和奖励制度，出台《磴口县中小学教育教学质量奖励办法》，以激励机制提升教学质量；深入推进“对口帮扶”行动，借助外力提升教学质量；实施“互联网＋教育”工程，以加快推进教育信息化提升教学质量。推动学前教育普及普惠优质发展，一中幼儿园投入使用。贯彻落实立德树人根本任务，深入实施德育工程，防治校园欺凌和暴力，保障青少年儿童健康成长。

深化“健康磴口”建设。深入贯彻落实“健康中国”战略，加快发展“互联网＋医疗健康”，建立远程诊疗中心，全面推广使用电子健康卡就诊，实现实名制就医和就诊信息互联互通，让老百姓享受更高水平的医疗服务。加强妇幼健康服务保障能力，建立高危孕产妇和新生儿救治中心，妇幼保健计划生育服务中心综合楼投入使用，晋级为二级医院。强化重大疾病、传染病预防控制。加快蒙中医医院特色专科建设，争取完成2个自治区级特色专科。

加快文化繁荣发展。积极践行社会主义核心价值观，深化群众性精神文明创建，争创自治区文明县城。始终把意识形态工作摆在重要位置，牢牢把握意识形态主导权，树立磴口好形象。严格落实《内蒙古自治区乌兰牧骑条例》，促进乌兰牧骑事业健康发展，全年送文化送戏达到100场以上。深化公共文化服务体系建设，举办一批群众文体活动、组织一批全民健身运动、创作一批文艺精品，为群众提供更加丰富的“精神食粮”。启动阴山岩刻安防保护和鸡鹿塞遗址修缮保护二期工程。文化馆进入国家三级馆行列。建成新时代文明实践中心和融媒体中心。

促进社会和谐稳定。深入学习借鉴“枫桥经验”，加快推进“平安磴口”，努力建设人人有责、人人尽责、人人享有的社会治理共同体。巩固扫黑除恶专项斗争成果，建立长效机制。完善社会治安防控体系，严厉打击黄赌毒、电信网络诈骗等违法犯罪活动，大力推行信访“五心”工作法，健全公共安全体制机制，构建基层社会治理新格局。加强退役军人服务管理。深入开展民族团结进步创建活动，加强宗教活动场所管理，维护民族宗教和睦与社会和谐。严格落实“四个最严”和“党政同责”要求，加强食品药品和网络市场监管，确保人民群众吃得安全、用得放心。完善应急管理和防灾救灾体制机制，切实保障人民群众生命财产安全。

（八）聚焦依法治县，奋力拼出高质量发展全新作为

政治过硬施政。始终把讲政治放在首位，增强“四个意识”，坚定“四个自信”，践行“两个维护”，始终同以习近平同志为核心的党中央保持高度一致。始终牢记政令之中有政治、业务之中有政治、落实之中有政治，坚决贯彻执行中央各项决策部署，做到坚定坚决、不折不扣、落实落细。进一步强化政治纪律、政治责任、政治担当，着力营造风清气正的政治生态。

依法依规行政。依法接受人大及其常委会的法律监督，自觉接受政协民主监督，主动接受社会和舆论监督，认真听取人大代表、政协委员意见。加快转变政府职能，在权力上做“减法”，在服务上做“加法”。大力弘扬法治精神，带头提高法治素养，自觉运用法治思维和法治方式深化改革、推动发展，让遵纪守法者扬眉吐气，让违法失德者寸步难行。

担当作为理政。始终把担当负责作为干事创

业的衡量标尺，自觉担当旗帜鲜明讲政治的主责，抓好攻坚克难促发展的主业，当好以身作则抓落实的主角。自觉把使命放在心上、把责任扛在肩上，带头履职尽责，勇于开拓创新，敢于动真碰硬，做到矛盾面前不回避，困难面前不退缩，责任面前不推诿。鼓励改革创新，激励干事创业，全面提高政府执行力和公信力。

为民务实勤政。巩固“不忘初心、牢记使命”主题教育成果，始终把造福人民作为最大政绩，全力推进政府民生实事项目人大代表票决制试点工作，及时解决群众最关心最直接最现实的民生问题，真正与人民群众想在一起、站在一起、干在一起，一起做新时代的追梦人。坚决反对形式主义、官僚主义，安排的任务、部署的工作、确定的事项，真抓实抓持久抓、实干苦干加油干、求实务实抓落实。

廉洁自律从政。始终把廉政建设作为工作的底线要求，严格履行全面从严治党主体责任和“一岗双责”，全面加强政府系统党风廉政建设。锲而不舍贯彻中央八项规定及其实施细则，牢固树立过紧日子的思想，严肃财经纪律，强化预算绩效管理，切实加强审计监督，加快实现审计全覆盖，以廉洁高效的形象，让人民群众感受到清正干部、清廉政府、清明政治就在身边。

大事记

1月

8日　县委中心组（扩大）学习会在会展中心召开。

13日　磴口县举办第四届冰雪民俗活动。

16日　磴口县召开传达贯彻自治区扫黑除恶专项斗争专题会议精神暨全县扫黑除恶专项斗争领导小组工作调度会。

19日　浙江大学中国西部发展研究院区域经济规划研究所所长汪建坤、浙江大学区域与城市发展研究中心副主任许庆明到磴口县考察调研。

23日　全县干部大会召开，县四大班子领导、全县副科级以上实职干部参加会议。

24日　市人大常委会副主任、县委书记李建军看望慰问驻县部队、老干部、困难党员、残疾人等群体。

同日　全市“强党建、促振兴、惠三农”百日行动暨2019年文化科技卫生“三下乡”集中服务示范活动在渡口镇新地村启动。

25日　内蒙古漠北金爵葡萄酒庄赤霞珠酿酒葡萄顺利通过市县专家组气候品质认证。

28日　磴口县“强党建　促振兴　惠三农”百日行动暨沙金套海苏木2019年“祭火神”活动开幕。

30日　中国共产党磴口县第十五届委员会第五次全体会议在巴彦高勒镇举行。

2月

2日　县委副书记、县长樊文看望慰问广电中心坚守工作一线的干部职工和离退休老干部、老党员和困难党员。

12日　2019年第二次扶贫开发领导小组暨驻县工作总队联席会议在会议中心召开。

同日　县委中心组（扩大）学习会召开。

同日　自治区卫生健康委相关专家组成第九验收组对磴口县自治区级健康促进县整体创建工作及相关场所进行评估验收。

28日　县委议军会议召开。

3月

1日　市人大常委会副主任、县委书记李建军检查黄河磴口段开河防凌准备工作。

4日　应急管理部防汛抗旱司副司长徐宪彪和自治区应急管理厅副厅长巴利平一行，对磴口县黄河防凌工作进行检查。

8日　全县党建工作会议召开。

同日　中共磴口县第十五届纪律检查委员会第四次全体会议召开。

同日　磴口县举办“三八”国际妇女节109年纪念大会暨“巾帼建功新时代　奋斗创造新生活”文艺演出。

11 日　县十七届人大常委会召开第六次会议。

15 日　磴口县开展“3・15”国际消费者权益日系列宣传活动。

19 日　磴口县隆盛合镇海子沿村金马湖迁徙来 12 只疣鼻天鹅。

21 日　磴口县十七届人大常委会召开第七次全体会议。

同日　磴口县退役军人事务局、卫生健康委员会、水利局、防沙治沙局、农牧和科技局、应急管理局、文体旅游广电局、医疗保障局、政务服务局、知识产权局、自然资源局举行成立揭牌仪式。

25 日　磴口县三合一“三下乡”开启服务三农新模式活动在补隆淖镇新河村文化广场开幕。

26 日　磴口县召开新任职领导干部集体廉政谈话会议。

4月

3 日　内蒙古自治区“草原学习轻骑兵”宣讲小分队成员、内蒙古发展研究中心主任杨臣华到补隆淖镇调研。

4 日　县委组织召开中心组（扩大）学习会。会议传达学习习近平、赵乐际在第十九届中央纪律检查委员会第三次全体会议上的讲话和报告，习近平在中央政治局第十二次集体学习时的讲话精神和中央、自治区党委政法工作会议精神。会上，自治区“两会”宣讲团成员、巴彦淖尔市委党校政治学教研室主任、副教授陈海燕作了题为《保持加强生态文明建设的战略定力 守护好北疆亮丽风景线——深入学习贯彻习近平总书记全国两会重要讲话精神》的讲座。

8 日　自治区党委第十五巡视组巡视乌拉特前旗、乌拉特中旗和磴口县工作动员会议在磴口县召开。

9 日　自治区党委第十五巡视组巡视巡察磴口县扶贫办和财政局工作动员会议召开。

10 日　市委巡察四组巡察磴口工业园区工作动员会召开。

13 日　市委副书记、市长张晓兵深入磴口县，调研生态环境治理、产业发展等工作情况。

18 日　全国关心下一代党史国史教育基地挂牌仪式在内蒙古兵团博物馆举行。

19 日　县委中心组（扩大）学习会召开。会上，内蒙古科技大学经管学院讲师吕跃聪作了题为《防范与化解金融风险》的讲座。

5月

6 日　县委中心组（扩大）学习会召开。会上，内蒙古党校哲学教研部主任、教授马桂英作了题为《努力增强马克思主义哲学看家本领——学习习近平总书记治国理政的哲学智慧》的讲座。会议传达学习《中国共产党党组工作条例》、中共中央印发《关于加强和改进中央和国家机关党的建设意见》、中共中央办公厅印发《党政领导干部考核工作条例》和习近平总书记在重庆主持召开解决“两不愁三保障”突出问题座谈会上发表的重要讲话精神。

8 日　自治区政协主席李秀领到磴口县调研。

22 日　磴口县召开贯彻落实习近平总书记参加十三届全国人大二次会议内蒙古代表团审议重要讲话精神　坚持生态优先绿色发展专题研讨会。

25 日　“见证 70 年”中蒙媒体联合采访团到磴口县，就乌兰布和沙漠生态治理、沙产业发展等情况进行采访。

30 日　全县扫黑除恶专项斗争调度会暨领导小组会议召开。

同日　自治区农牧厅副巡视员吴忠岩率自治区督查组到磴口县督查调研乡村振兴战略实施、

农村牧区人居环境整治等情况。

6月

6日　自治区团委书记陈晓东一行到磴口县调研团的基层建设工作情况。

14日　磴口县举行第18个“安全生产月”咨询日活动。

20日　由水利部规划计划司副司长谢义彬率领的十三届全国人大二次会议重点督办建议专题调研组到磴口县调研。

同日　上海交通大学中国企业发展研究所所长，教授、博士生导师余明阳率考察组在市领导郭占江、杨振刚及相关部门领导的陪同下，考察磴口县“天赋河套”品牌产业发展情况。

25日　全县重点工作、重点项目推进会召开。

27日　第十七届人大常委会第八次会议召开。

7月

1日　磴口县举办纪念建党98周年暨“不忘初心、牢记使命”做新时代的奋斗者主题党日活动。

同日　市人大常委会副主任、县委书记李建军走访慰问磴口县部分老党员。

2日　中国针灸学会专家磴口工作站、世界针联磴口教育基地、精准帮扶实践基地揭牌仪式在磴口县蒙中医医院新址举行。

3日　县委中心组（扩大）学习会召开。

7日　新华社内蒙古分社社长于长洪一行到磴口县调研采访。

10日　全国政协委员、自治区政协副主席、民进内蒙古区委主委郑福田带领自治区政协督导调研组到磴口县调研。

16日　县委网络安全和信息化委员会第一次会议召开。

同日　中共磴口县委全面依法治县委员会第一次会议召开。

同日　市人大常委会副主任、县委书记李建军主持召开县委财经委员会第一次会议。

18日　以“以节为媒扩大开放新常态，以瓜会友繁荣经济新旅游”为主题的第27届华莱士节在北海湿地公园开幕。

20日　“新时代·幸福美丽新边疆”主题活动走进磴口县。

23日　自治区党委宣传部常务副部长周纯杰到磴口县调研融媒体中心建设情况。

8月

14日　河南省政协副主席周春艳一行调研磴口县黄河生态保护与建设和湿地环境综合治理工作。

17日　磴口县沙金套海苏木牧民新村第二届那达慕大会开幕。

20日　以色列农业与农村发展部部长乌里·阿里埃勒一行到磴口县考察，国家林业和草原局局长张建龙等市县领导陪同。

26日　市人大常委会副主任、县委书记李建军带队赴五原、临河就农牧业产业发展和乡村振兴进行实地考察。

9月

17日　巴彦淖尔市党史系统业务培训班在磴口县举办，自治区党委党史研究室副主任姜爱军等区市县领导参加开班仪式。

19日　磴口县“不忘初心、牢记使命”主题教育工作会议召开。

同日　磴口县举行“不忘初心、牢记使命”主题教育读书班开班仪式。

20日　磴口县全面推进全县“不忘初心、牢记使命”主题教育。

24日 以“不忘初心、牢记使命，攻坚克难、砥砺前行，奋力谱写磴口绿色高质量发展华彩篇章”为主题的庆祝中华人民共和国成立70周年巴彦淖尔市系列新闻发布会磴口县专场举行。

25日 “壮丽70年 奋斗新时代”庆祝中华人民共和国成立70周年文艺演出在会展中心举行。

同日 巴彦淖尔市首届篮球赛在磴口县全民健身中心举行。

26日 磴口县委“不忘初心、牢记使命”主题教育读书班开展分组讨论。

27日 县委召开“不忘初心、牢记使命”主题教育读书班集中研讨会议。

30日 “2019黄河内蒙古巴彦淖尔市磴口段水生生物资源增殖放流行动”在黄河三盛公水利枢纽处举行。

10月

15日 磴口县举行“不忘初心、牢记使命”主题教育会。

11月

5日 全市“不忘初心、牢记使命”宝音德力格尔先进事迹巡回报告会在磴口县举行。

12日 县委“不忘初心、牢记使命”主题教育专题党课暨中心组（扩大）学习会召开。

同日 县委常委会召开“不忘初心、牢记使命”主题教育调研成果交流会和集中研讨会。

同日 磴口县召开百万千瓦光伏治黄治沙基地项目启动规划启动会议。

15日 磴口县第十七届人大常委会第九次会议召开。

20日 县委常委会召开“不忘初心、牢记使命”主题教育对照党章党规找差距专题会议。

22日 自治区党委第七巡回指导组调研指导磴口县主题教育工作座谈会召开。

26日 巴彦淖尔市防沙治沙综合示范区项目合作会议在磴口县召开。

28日 磴口县召开县委中心组（扩大）学习会暨学习贯彻中共十九届四中全会精神市宣讲团报告会。

29日 县委中心组学习会暨中共十九届四中全会精神研讨会在会展中心召开。

12月

5日 全县扶贫开发领导小组会议暨脱贫攻坚成效考核动员会召开。

10日 县委常委班子召开“不忘初心、牢记使命”专题民主生活会。

22日 中国共产党磴口县第十五届委员会第六次全体（扩大）会议在巴彦高勒镇召开。

县情概览

自然地理

【概　况】 地理位置。磴口县位于内蒙古自治区西部，隶属于巴彦淖尔市；地处河套平原与乌兰布和沙漠衔接带，在北纬 40° 9′～40° 57′，东经 106° 9′～107° 10′；东南隔黄河与鄂尔多斯市杭锦旗、鄂托克旗相望，北及东北与巴彦淖尔市乌拉特后旗、杭锦后旗搭界，西南与阿拉善盟阿拉善左旗为邻。

自然环境。县境地形地貌复杂，大体可分为山地、沙漠、平原、河流四种类型。境内海拔最高 2046 米，最低 1030 米。磴口县属温带大陆性季风气候，其特征是冬季寒冷漫长，春秋短暂，夏季炎热，降雨量少，日照充足，热量丰富，昼夜温差大，积温高，无霜期短。

行政区划。辖 1 个苏木、4 个镇、5 个国有农场。

面积。总面积 4166.67 平方千米，约占内蒙古自治区总面积的 0.31%，占巴彦淖尔市总面积的 5.57%。

人口。年末全县总人口 11.31 万人（户籍人口），比上年末减少 581 人。城镇人口 5.61 万人，乡村人口 5.70 万人，城乡人口比例为 49.6 : 50.4。全年出生人口 633 人，出生率 6.12‰；死亡人口 417 人，死亡率 4.03‰；自然增长率 2.09‰。

民族构成。全县有汉族及蒙古族、回族、满族、朝鲜族、达斡尔族、鄂温克族、鄂伦春族、壮族、藏族、锡伯族、苗族、土家族、彝族、维吾尔族等少数民族，少数民族 11175 人（蒙古族 5138 人，回族 5332 人）。

性别比例。男性 57609 人，女性 55480 人，男女比例为 51.00 : 49.00。

经济综述。全县生产总值 54.09 亿元，按可比价格计算，同比增长 6.4%。其中，第一产业增加值 12.10 亿元，增长 4.1%；第二产业增加值 21.97 亿元，增长 12.4%；第三产业增加值 20.83 亿元，增长 2.1%。一、二、三产业结构由上年的 22.5 : 37.8 : 39.7 调整为 22.0 : 40.0 : 38.0。人均生产总值 46803 元，按年平均汇率折算 6784 美元。

财政收入。全年一般公共财政预算收入累计完成 20552 万元，同比减收 3508 万元，下降 14.6%。

城镇居民消费水平。城镇常住居民人均消费支出 17753 元，同比增长 4.0%。

【自然资源】 全年全县国有建设用地供应总量 15.64 公顷，比上年下降 80.3%。其中，商服用地 1.37 公顷，同比下降 89.8%；工业用地 11.54 公顷，同比下降 52.4%；住宅用地 0.58 公顷，同比下降 22.7%；公共管理与公共设施用地 0.69 公顷，同比下降 94%；其他用地 1.46 公顷。全年降水总量 87.9 毫米。全年总用水量 5.44 亿立方米，同比增长 3.7%。其中，居民生活用水 0.05 亿立方米，同比增长 31.9%；工业用水 0.05 亿立方米，同比增长 1.1%，农业用水 5.34 亿立方米，同比增长 3.4%。乌兰布和沙漠在磴口县境内面积为 425 万亩。全县年平均气温 10.1℃，比上年平均气温高 0.1℃。年末拥有国家级自然保护区（哈腾套海自然保护区）1 个，面积 123.6 平方千米。年末城市污水处理厂平均日处理能力 15000 立方米，城市污水处理率 100%。城市集中供热面积 270 万平方米，同比增长 8.0%。城市建成区绿地率 31.41%；绿化覆盖率 35.76%。

经济发展

【农业牧业】 全年农业总产值 210316.3 万元，同比增长 8.97%，农、林、牧、渔业及其他服务业结构比例为 47.11∶4.46∶40.27∶4.78∶3.38。农作物总播种面积 121.73 万亩，同比增长 2.5%。粮食作物面积 56.50 万亩，同比下降 0.1%，其中，小麦面积 6.89 万亩，同比增长 35.4%；玉米面积 47.45 万亩，同比下降 6.7%。经济作物面积 58.27 万亩，同比增长 6.5%，其中，油料面积 41.15 万亩，同比增长 3.2%；番茄面积 1.43 万亩，同比增长 22.2%。饲草作物面积 6.96 万亩，同比下降 7.6%。粮经草比例由上年的 47.6∶46.1∶6.3 调整为 46.4∶47.9∶5.7。主要大宗农作物良种率达到 100%。日历年度牲畜存栏总数 45.97 万头（只），同比下降 5.8%。其中，大牲畜 6.36 万头，比上年下降 6.2%(其中奶牛 6.01 万头，当年购进 0.25 万头)；羊 35.79 万只，同比下降 1.1%；猪 3.86 万头，同比下降 33.9%。牲畜出栏总数为 66.94 万头（只），比上年增长 6.37%；出栏率 137.14%，比上年增长 15.23 个百分点。全年肉类总产量 19076 吨，同比增长 9.4%。其中，猪肉产量达到 3367 吨，同比增长 6.7%；牛肉产量达到 5015 吨，同比增长 23.2%；羊肉产量 10414 吨，同比增长 6.1%。牛奶产量 445548 吨，同比增长 20.6%；禽蛋产量 790 吨，同比增长 21.9%；水产品产量 2319 吨，同比增长 13.9%；山羊绒产量 36 吨，同比下降 10%。

【林　业】 全年完成人工造林面积 3733 公顷，封山育林 1333 公顷。

【水　利】 全年实施完成投资 1270 万元的 2018 年度京津风沙源二期工程水利水保项目，投资 239 万元的 2018 年饮水安全巩固提升工程，投资 752 万元的磴口县农村入户水表工程，投资 1517 万元的 2017 年度磴口县小型农田水利牧区节水灌溉项目和投资 973 万元的 2018 年度磴口县高效节水灌溉项目，投资 872 万元的磴口县乌梁素海综合治理项目骨干排干沟清障疏浚、二排干旁侧湿地连通净化工程，投资 300 万元的磴口县 2017 年水利发展基金项目。投资 1690 万元的 2019 年度京津风沙源二期工程水利水保项目，完成投资 255 万元。投资 1120.09 万元的 2019 年小型农田水利牧区节水灌溉（中央专项资金）项目，完成投资 140 万元。投资 1131.15 万元的 2019 年小型农田水利牧区节水灌溉（自治区专项资金）项目，完成投资 350 万元。投资 565 万元的磴口县饮水型氟超标地方病防治工程，完成投资 120 万元。投资 1251 万元的磴口县脱贫攻坚改水工程有序推进。

【工　业】 全年全部工业总产值 672165 万元，比上年增长 23.2%，其中规模以上工业总产值 609862.5 万元，同比增长 22.1%；全部工业增加值 199700 万元，同比增长 13.7%，其中规模以上工业增加值 142051.9 万元，同比增长 15.3%；产品销售率 84.2%，同比增长 6 个百分点。全年规模以上工业主营业务收入 519663.4 万元，同比增长 33%；利润总额亏损 1276.4 万元，同比减亏 190698.1 万元；实际上缴税金 3326.8 万元，同比下降 22.6%；亏损企业亏损额 37618.3 万元，同比减亏 181018.5 万元。

【城镇建设】 完成城建投资 4 亿元。建成全民健身中心、综合档案馆、西区广场。实施了卫干校二期等 5 个老旧平房区改造工程，完成棚户区改造327套，改造各类管网23千米，完成供热主管网改建工程，消除了城区供热隐患。

【环境保护】 2019年末拥有国家级自然保护区（哈腾套海自然保护区）1个，面积123.6平方千米。年末城市污水处理厂平均日处理能力达到15000立方米，城市污水处理率达到100%。城市集中供热面积270万平方米，同比增长8.0%。城市建成区绿地率达到31.41%；绿化覆盖率35.76%。

【交通电信】 全年交通运输和邮电通信业增加值1.57亿元，比上年增长2.1%。年末全县公路总里程2118.20千米，其中等级公路1727.35千米，等级公路率81.5%，在等级公路中有铺装路面1023.54千米。全年邮电业务总量9206万元，同比增长0.6%。其中邮政业务1554万元，同比增长29.5%；电信业务7652万元，同比下降3.7%。本地网固定电话用户6000户；移动电话用户12.83万户，互联网注册用户3.04万户。

【国内外贸易】 全年社会消费品零售总额186923.2万元，同比增长3.9%。按经营地统计，城镇零售额165937.3万元，同比增长4.9%；农村零售额20985.9万元，同比下降3.6%。按行业统计，批发零售贸易业150738.1万元，同比增长3.3%；住宿餐饮业36185.1万元，同比增长6.7%。进出口总额达到1390万美元，比上年下降1.5%。出口的主要产品有番茄制品、生物农药、脱水蔬菜等。全年引进国内自治区外资金1.93亿元，引进自治区内市外资金6.013亿元。

【旅游业】 年末，有国家AAAA级旅游景区2家，国家AAA级旅游景区2家，国家AA级旅游景区4家，五星级接待户2家，四星级接待户5家，三星级接待户2家，自治区休闲农牧业与乡村牧区旅游示范点1家。2019年，全县接待游客143.07万人次，实现旅游收入10.41亿元，分别比上年增长10.2%和6.0%。入境游客人数28人。

【服务业】 全年规模以上服务业企业实现营业收入15834.1万元，同比增长29.7%。营业利润597.1万元，同比扭亏增盈871.8万元；平均用工人数达到1950人，同比增长38.3%。

【金融　保险】 年末金融机构各项存款余额583921万元，同比增长7.4%，其中，住户存款余额445802万元；非金融企业存款余额63771万元；机关团体存款余额63817万元，财政性存款10317万元。年末金融机构各项贷款余额427615万元，下降0.4%，其中，住户贷款余额314080万元；非金融企业贷款余额113535万元。全年保险业保费收入20254万元，比上年增长10.1%，其中，财产险收入10375万元，同比增长18.2%；人寿险收入9879万元，同比增长2.8%。保险赔款及给付支出6328万元，同比增长22.4%，其中，财产险4835万元，同比增长108%；人寿险1493万元，同比下降47.5%。

社会生活

【教　育】 全县有幼儿园18所（公办园2所，农牧区校办园8所，镇区民办园4所，校办园4所），入园人数497人；在园人数1676人，同比下降9.1%；离园人数550人。普通中学2所，其中完全中学1所，初级中学1所。高中招收学生286人，同比下降22.7%；在校生1045人，同比下降14.3%；毕业生468人，同比下降1.3%。初中招收学生425人，同比下降11.8%；在校生1485人，同比下降4.2%，其中少数民族208人；毕业生486人，同比下降12.6%；初中适龄人口入学率100%，初中毕业生升学率100%。小学11所（镇区3所、乡村8所），招收学生508人，同比下降6.1%；在校生3239人，同比下降7.3%，其中少数民族492人，同比下降4.09%；毕业生608人，同比下降2.3%。小学适龄人口入学率100%。中小学校参加国家学生体质健康标准测试6064人，优秀142人，良好1129人。

【科　技】 2019年末有科学研究开发机构1个，

科技经费支出 124 万元，同比下降 8.8%。

【文　化】 全县拥有专业艺术表演团体 1 个、从业人员 30 人，文化馆 1 个，图书馆 1 个，文物管理所 1 个，社会体育管理中心 1 个，苏木镇综合文化站 5 个，博物馆 3 个；拥有差转台 1 座，电视发射台 1 座，电视发射机 12 部，有线电视居民用户 7300 户（全部为数字电视），《磴口时事》全年发行 30 期 5.4 万份。

【卫　生】 2019 年末有卫生机构 12 个，其中医院 3 个，苏木镇卫生院 7 个，卫生计生监督局 1 个，疾病防控中心 1 个。社区卫生服务中心 1 个，社区服务站 5 个，诊所 39 个，村卫生室 42 个；医疗卫生单位有病床 1091 张，其中医院 533 张；拥有卫生技术人员 965 人（医院 627 人），其中执业医师 234 人，助理医师 74 人，注册护士 334 人。

【体　育】 2019 年全年先后举办 2019 年磴口县冰雪嘉年华暨元旦旅游促销月活动，举办第四届磴口县冰雪民俗节，举办第五届黄河三盛公流凌旅游文体系列活动，举办舌尖上的磴口——第五届黄河鱼健康美食烹饪大赛，举办沙漠纵队第六届年会暨“途虎”杯全国沙漠越野挑战赛，举办 2019 年北海湿地垂钓大赛及北海湿地垂钓大赛摸鱼比赛，举办庆祝新中国成立 70 周年“舞动磴口”第二届广场舞大赛，承办全市统战系统运动会，承办中西部盟市、全市球类邀请赛暨全县干部职工运动会。

【固定资产投资】 2019 年全年 500 万元以上固定资产投资同比下降 43%。其中，5000 万元以上固定资产投资同比下降 64.8%；500 万 ~ 5000 万元固定资产投资同比增长 43.8%。在固定资产投资中，第一产业投资同比增长 125.6%；第二产业投资同比增长 9.4%；第三产业投资同比下降 71%。按主要行业划分：制造业同比下降 6.1%；电力、热力生产和供应业同比增长 30.6%；水利环境和公共设施管理业同比下降 82.2%；农林牧渔业同比增长 73.4%。房屋建筑施工面积 1.4 万平方米。竣工房屋面积 0.8 万平方米。

【公共安全】 2019 年全年化解政府债务 2.7 亿元。深入推进扫黑除恶专项斗争，打掉涉恶团伙 2 个，涉恶犯罪集团 1 个。加大矛盾纠纷排查，圆满完成庆祝中华人民共和国成立 70 周年安保任务。认真做好非洲猪瘟和鼠疫防控工作，集中开展安全生产“百日攻坚”行动，社会保持和谐稳定。

【人民生活】 2019 年，全体居民人均可支配收入 24033 元，同比增长 8.3%。其中，城镇常住居民人均可支配收入 31715 元，比上年增加 1992 元，增长 6.7%。城镇常住居民人均消费支出 17753 元，同比增长 4.0%。恩格尔系数（居民家庭食品消费支出占消费总支出的比重）27%。

【社会保障】 2019 年末全县城镇职工参加基本养老保险人数 16932 人；离退休 12693 人。城乡居民基本养老保险参保人数 32109 人，其中退休人员 11577 人。参加城镇职工基本医疗保险人数 17870 人；参加城乡居民医疗保险人数 80418 人。参加工伤保险人数 11900 人，参加生育保险人数 12711 人，参加失业保险人数 6210 人。城市居民低保对象 2635 户 3595 人，月人均补助水平 470 元；农村低保对象 5479 户 8009 人，月人均补助水平 269 元。提供住宿的社会服务机构 4 个，床位数 597 张。社会散居孤儿 28 名。全县共有特困人员 364 人，其中农村特困人员 298 人（分散供养 205 人，集中供养 93 人），城市特困人员 66 人（分散供养 47 人，集中供养 19 人）。国家抚恤、补助各类优抚对象 330 人，社区服务机构 6 个，社区日间照料床位数 17 张。

（朝　鲁）

中国共产党磴口县委员会

综　述

【经济概况】2019年地区生产总值完成54.09亿元，同比增长6.4%；城乡常住居民人均可支配收入分别达到31992元和19125元，同比增长7.6%和8.1%

【三大攻坚战】2019年，化解政府债务2.7亿元。推进扫黑除恶专项斗争，打掉涉恶团伙2个，涉恶犯罪集团1个。加大矛盾纠纷排查和信访积案化解力度，完成庆祝中华人民共和国成立70周年安保任务。做好非洲猪瘟和鼠疫防控工作，开展安全生产“百日攻坚”行动。实施扶贫产业项目14个，建设扶贫产业园区8个，政策落实和基础提升“清零达标”专项行动全部完成，提拔重用12名脱贫攻坚领域干部。摘掉贫困县“帽子”，17个贫困村全部出列，4398户8987名建档立卡贫困人口全部脱贫。完成金牛电厂超低排放改造工程。再生水回用二期工程投入运行，回用率100%，实现点源污染“零入海”。严格落实“河湖长制”，清淤疏浚河道96千米，排干沟水质明显改善。推进“四控”（投资、质量、安全、进度控制）行动，建成万亩“四控”示范园3个、智能配肥站4个，推广国标地膜50万亩。开工建设投资6.4亿元的乌兰布和沙漠防沙治沙和生态修复示范工程，完成林业生态建设15万亩，森林覆盖率20.56%。

【农牧业】全县总播种面积120.7万亩，设施农业面积3.1万亩，新增节水灌溉2.3万亩，改造高标准农田4.5万亩、盐碱地2万亩。牲畜饲养总量150万头（只），累计建成规模化肉羊养殖场99个，奶牛养殖场38个，生猪养殖场4个。2家企业的4个产品获批使用“天赋河套”品牌。蒙牛圣牧产品荣获中国国际有机食品博览会金奖，漠北金爵葡萄酒荣获世界沙漠葡萄酒大赛金奖。全县种植19.5万亩牧草，11家企业的93个产品通过有机认证，有机产品认证数量位居全区旗县首位。

【工　业】规模以上工业增加值完成13.5亿元，同比增长15%。泰顺公司完成技改搬迁。金牛电厂、利川化工、华盛绿能等企业稳定运营。蒙牛、圣牧日加工鲜奶2000吨，年产值超过40亿元，沙漠有机奶的知名度日益提高。积极与北京同仁堂合作，带动蒙中药材种植面积达到12万亩，实现产值3亿元。

【服务业】2019年全年接待游客143万人次，同比增长10.2%，实现旅游综合收入10.4亿元，同比增长6%。推进全域旅游、四季旅游，黄河流凌观光、沙漠越野、百湖垂钓、兵团艺术节、华莱士节等贯穿全年的文体活动，带动旅游市场持续火爆，电商交易额达到1.2亿元，同比增长41%。

【基础设施建设】完成城建投资4亿元。建成全民健身中心、综合档案馆、西区广场。实施了卫干校二期等5个老旧平房区改造工程，完成棚户区改造327套，改造各类管网23千米，完成供热主管网改建工程，消除城区供热隐患。新增城镇绿化3.6万平方米，打造百亩“花海”景观。加快建设美丽乡村，新改建农牧区公路22千米，巴镇城郊污水处理站投入运行，新建改造农牧区水冲式厕所2925户，累计建成36个村级垃圾收集点、27个转运站，完成22个村3920亩村屯绿化工作，人居环境整治行动成效明显。

【深化改革】 优化党政机构设置，改革后设置党委机构10个，政府机构26个，机关职能更加清晰。密切农企利益联结机制，全县213家专业合作社，通过订单合同型、流转聘用型、股份合作型、资产收益型等模式，带动4095户农牧民增收致富。继续推进“放管服”改革，工程建设审批事项从22项优化为18项。积极推进农场改革，成立兴垦集团公司，并与山东水控集团联合组建现代农牧业发展有限公司。推进民生实事项目人大代表票决制试点工作，主动接受人民群众监督。引进县外资金6.7亿元，策划并洽谈国电投、大唐光伏发电、九方万极科技大数据、甘肃航天新能源机器人组装、瞻望世纪航空通用机场等一批大项目。

【社会事业】 优先发展教育事业，进一步完善城乡学校基础设施，小学、初中、高中班主任津贴由每月100元分别提高到600元（20人以上班容量700元）、800元和1000元，公开选聘了中小学（幼儿园）校长（园长），招聘90名中小学教师，高考成绩创近年来最好水平。加快发展卫生健康事业，公开招聘县直医院院长、副院长，蒙中医医院门诊综合楼建成投运。与中国针灸学会合作成立专家工作站、世界针灸协会联合会教育基地，成功创建自治区健康促进县。广泛开展体育运动，承办全市统战系统运动会、西部区球类竞赛等活动，体育锻炼蔚然成风。积极回应群众呼声，依法为6个小区791户居民办理了不动产权登记。加强技能培训，新增城镇就业750人，转移农牧区劳动力7059人。稳步提高城乡低保补贴标准，认真做好社会保障工作。关心老年人、残疾人、特困人员生活，让更多需要帮助的人感受到温暖。

（李　磊）

县委办工作

【机构设置】 中共磴口县委员会办公室内设文秘室、综合股、信息室。督查室、改革办、党史地方志办、政研室设在县委办隶属县委办管理。

【办文办会】 2019年全年起草撰写领导讲话稿、调研报告等文稿100余篇，制发各类公文290份。提高办会质量和水平，高标准完成县委第十五届六次全委会的筹备、组织等各项工作。全年筹备、承办县委召开的各类会议活动40余次，及时传达上级的各项工作精神和政策，完成自治区党委巡视磴口期间的各项工作。

【信息工作】 2019年，磴口县委办信息室共向自治区、市委上报动态类信息和调研类信息1120条。

【县委政府督查工作】 2019年全年开展县委常委会、政府常务会等重要会议议定事项和领导重要批示以及重大项目重点工作落实情况的专项督查12次，形成《督查通报》和《督查报告》20余篇，编发督查短信20余条。

【党史地志工作】 完成自治区、市党史专题《黄河三盛公水利枢纽工程的建设背景、过程和影响》《磴口县全力打造乌兰布和沙区生态治理新模式与绿色发展综合利用新格局》供稿5万多字。共编辑磴口县大事记12期，约3万字，装订成合订本。收集全县2018年党史资料12万字左右，为编纂《磴口党史》正本（1949—1980年）积累基础资料。顺利承办全市党史系统业务培训班。编写完成《内蒙古年鉴（2019）》、《巴彦淖尔年鉴（2019）》（磴口县部分）资料共计3.5万字。完成《磴口年鉴（2018）》《磴口年鉴（2019）》60

多万字编纂工作。

【改革工作】 研究部署改革任务130项、拟形成改革成果108个，启动130项，占总任务数的100%。形成制度成果108个，占总任务数的100%。充分利用党政大楼LED显示屏、报刊、政府门户网站、新闻网站、微信平台等各类媒体开展改革主题宣传，及时解读改革政策，通报改革进展，为磴口县全面深化改革营造良好的舆论氛围。

【脱贫攻坚驻村包扶工作】 2019年县委办包扶的27户建档立卡贫困人口全部实现脱贫。驻村干部通过开展贫困户摸底、扶贫政策宣传，帮助贫困户分析致贫原因并制定脱贫计划，对贫困户收入进行监测以及力所能及帮助贫困户解决生产生活中的困难，做到“底数清、任务清、责任清、工作要求清”，使贫困户重新树立起积极向上脱贫致富的信心。

（李　磊）

组织工作

【机构设置】 2019年4月机构改革后，县委组织部内设办公室、干部考核监督室、干部一室、干部二室、组织一室、组织二室、组织三室、干部教育和人才培训室、党员教育中心、干部人事档案信息管理中心、党代表联络办、老干部工作室、老干部活动中心共计13个科室，设部长1人，副部长4人。

【“不忘初心、牢记使命”主题教育】 组建成立由县委书记任组长的领导小组（下设“一办五组”），成立10个指导组，全面督促指导全县91个部门、单位、学校、企业、社会组织的主题教育工作。开展5轮指导调研，进驻各部门单位开展指导工作280次。县委主题教育领导小组办公室制定下发《磴口县开展“不忘初心、牢记使命”主题教育工作方案》等指导性文件40余份，迎接上级指导检查9次。学习教育炼忠诚。通过“四学一考”（读书班学习、口袋书学习、典型教育学习、辅导讲座学习、理论测试）模式，带动全县365个基层党组织、7187名党员掀起学习热潮。举办读书班600次，开展典型教育490余次，专题党课300余次。组织县处级领导深入基层开展调研53次，撰写高质量调研报告41篇。各级各部门领导干部积极响应，形成调研成果360篇。检视问题找短板。通过自我检视、对照党章找差距、“开门纳谏”等方式广泛征求意见建议。其中，通过“开门纳谏”征求到意见建议34条，整改完成33条。县委13个专项整治工作查摆出问题37条，整改完成。整改落实见实效。投资4600万元解决全县供热管网无力负荷的问题。分两年投资7625万元解决部分排污管网老旧破损问题。招聘特岗教师24名、事业单位编制内教师52名，解决中小学校专任教师流失严重的问题。

【农牧区党建】 持续推进活动阵地提档升级，南尖子村新建370平方米活动阵地一处，温都尔毛道嘎查扩建120平方米活动室一处，友谊村活动阵地全面改造升级。指导5个苏木镇、5个农场党委全部挂牌成立基层党校和党建工作站，2019年度10个基层党校全部开展农牧民党员轮训。2019年5月下旬对3个苏木镇、9个嘎查村基层党建工作进行督查指导，为47个嘎查村、36个分场下发农牧区基层党建指导手册。指导苏木镇党委完成47个嘎查村党支部书记履职备案工作，在苏木镇前期组织嘎查村党组织书记“比武”的基础上，通过组织联审、实地考评、现场擂擂等程序，成功举办首届嘎查村党支部书记“比武争星”擂台赛，评选表彰12个优秀单位和个人。

【脱贫攻坚】 与苏木镇、农场以及27个县直单位沟通协调，驻村工作队由以前的48队189人调整到38队117人，17个贫困嘎查村工作队全部配备副科级干部。先后组织第一书记、驻村工作队员开展中央一号文件、农村基层党组织工作条例、电子商务等6期培训，强化工作队综合能力提升。2019年6月中旬配合驻县工作总队，对全县驻村工作进行了督查和通报。明确2019年发展壮大嘎查村集体经济目标任务，申报获批自治区重点扶持项目村5个，其中3个村实施分布式光伏发电项目，协调发改、供电、企业先后三次到项目实施村进行测量、线路规划，3个项目村2019年12月底全部并网发电。总结提炼发展壮大集体经济典型嘎查村5个，陆续在“磴口党建”平台发布宣传，并上报入选全市集体经济典型案例书籍，如隆盛合镇民兴村的设施大棚产业带动、补隆淖新河村的冷库项目有偿服务、沙金温都尔毛道嘎查的种植养殖大棚定期分红等。集体经济收入5万元以上嘎查村达到44个，占比93.6%，10万元以上16个，占比34%。

【整顿软弱涣散党组织】 针对近三年未发展党员的主要原因，排查6个相对软弱涣散嘎查村党组织，制定《软弱涣散嘎查村党组织整改方案》《关于进一步加强嘎查村发展党员工作的实施意见》，建立组织员联系嘎查村制度，6个村单列发展计划，7月底全部发展了新党员，6个软弱涣散嘎查村实现整顿转化。强化嘎查村党组织书记培训。2019年3月下旬，对嘎查村干部、第一书记等300余人集中轮训，组织17个贫困嘎查村、8个示范嘎查村党组织和6个相对后进嘎查村党组织书记参加市级培训。8月，采取小班化的教学模式，通过现场问答、理论测试、个人展示等方式，分四期对全县嘎查村、分场支部书记进行培训，邀请临河、五原2名村支书现场教学，讲课4次。

【社区党建】 2019年，6个社区共组织各类结对共建活动20场次，参与党员580余人，投入资金3万元，受益群众1000余人。南开社区在各共建单位的帮助下，设立爱心文教服务点、爱心互助服务点、爱心理发服务点、爱心诊疗服务点4个“爱心互助”服务点。西环社区打造三项特色服务，针对辖区无业人员多的现状，开展“党员一带一、一帮一”主题帮扶活动；针对社区居民司法诉求多的现状，开展“民情连心”司法帮扶活动；针对辖区困难群众多，残疾人多的现状，开展“关爱互助”主题帮扶活动。在全县6个社区开展“抓党建、强服务、激活力、提品质”大比武活动，对评选出的优胜社区进行物质奖励，并将符合条件、政治素质好、参政议政能力强的优胜社区党组织书记推荐为各级党代会代表、人大代表、政协委员。

【非公企业和社会组织党建】 完成对全县20个企业和8个社会组织党建工作的督查，厘清全县“两新”组织（新经济组织和新社会组织）党建的基本情况，对存在的问题面对面逐项进行反馈，并形成督查情况报告，为开展工作提供依据与遵循。补充选派3名党建指导员至内蒙古利川化工有限公司、磴口县蒙银村镇银行股份有限公司和内蒙古天量生物质能源有限公司，帮助和指导三家企业开展党建工作。同时，对党员人数不足的“两新”组织党组织和尚不具备成立党组织条件的“两新”组织，通过补充选派党建指导员的方式为其配备党务力量。对民办非企业、律师事务所、互联网企业等重点行业领域进行摸底调研，做好动态跟踪，及时掌握重点行业领域的变化和党建工作动态，跟踪做好党的建设各项工作。撤销“僵尸企业”（僵尸企业是指已停产、半停产、连年亏损、资不抵债，主要靠政府补贴和银行续贷维持经营的企业）党支部5个，空壳党支部2个，妥善安置“僵尸企业”党员9名，完成2个软弱涣散党组织的整顿转化工作。做到党组织撤销，党员不流失，并做好撤销党支部整合重建工作。新成立磴口县康恩老年公寓党支部，实现社会组织党建工作方面的新突破，促进社会组织党建工作健康有序发展。组织企业和社会组织参加“强党建、促振兴、惠三农”百日行动，督导各相关企业和社会组织主动与联动单位联系，开展主题党日、慰问帮困、巡回宣讲等各项主题活动。开展关心关爱党员“五个一”行动，各“两新”组织党组织开展载体丰富的主题活动，为党员选购并下发《习近平在正定》《党章电视辅导教材》《幸福，都是奋斗出来的》等书籍资料50余本，为党员送出“政治生日”贺卡35张，并送上“政治生日”祝福。积极筹措配套资金，为磴口县“两新”组织党员共计补贴22.93万元，“两新”组织党组织共计补贴16.2万元用于“五个一”行动开展、党组织建设和日常党建工作开展。

【干部工作】 2019年全年联动补充调整干部4个批次237人，其中，提拔47人（一般干部提副科30人、副科提正科17人；提拔重用扶贫领域干部12人，其中，提拔重用分管扶贫的领导干部5人，提拔重用脱贫攻坚一线干部7人；提拔重用信访一线干部4人；提拔重用苏木镇农场基层一线干部21人；提拔重用科级后备干部15人），平调144人，免职46人；交流轮岗干部86人，其中交流轮岗同一岗位任职10年及以上干部18人；涉及女干部43人，少数民族干部33人，非党员干部22人。

【公务员工作】 以6月1日为节点，通过严把审核审批流程，为6月以前符合晋升条件的人员办理职级晋升审批手续。磴口县共报批副处晋升正处职级5人；已审核、审批正科晋升副处职级85人；副科晋升正科职级114人；科员晋升副科职级310人；办事员晋升科员职级12人。

【干部考核工作】 完成苏木镇农场、县直单位的考核评价工作；分别于2019年1月上旬、12月下旬配合市委组织部完成磴口县2018年度、2019年度党政领导班子和领导干部年度考核工作，完成了2018年度县人大、政协领导班子和部分县处级干部委托考核工作。考核办在充分征求纪委监委、巡察办、县委政府督查室、信访局等部门意见的基础上，结合各单位推荐情况和年终考核结果统筹考虑，经县委党建工作领导小组2019年第二次会议审议通过，最终确定领导班子和领导干部年度考核结果。2018年，考核领导班子76个，领导干部271名。协助市委组织部做好2018年度被评为优秀等次公务员的奖金发放工作。组织3名2018年度记三等功的县处级领导干部填报《公务员奖励审批表》；顺利高效地完成奖金发放，2019年特别为7名县处级领导干部量身设计制作《接收奖金账户信息确认回执》《接收奖金账户信息确认回执单》。2019年11月中旬，采集、汇总并向市委组织部准确上报磴口县36名处级干部相关信息，形成《磴口县列入2019年度考核范围的党政领导班子成员有关情况汇总表》《磴口县列入2019年度考核范围的旗县区人大、政协及其他县处级干部有关情况汇总表》各1套。

【干部监督工作】 2019年，受理各类形式举报5件，其中市委组织部转办举报2件，已全部按要求办结5件（4件不属实，1件部分属实）。形成2019年度“12380”举报工作报告1篇、不实举报澄清典型案例材料1篇、相关报表12套。于8月底在全县范围内再一次开展规范、清理领导干部在企业兼职（任职）工作。在此次规范清理工作中，为26名确因工作需要到企业兼职的领导干部办理审批手续。制定并在全县范围内印发《磴口县党政领导干部违规在企业兼职（任职）举报制度》，设计《举报信息登记单》和《举报制度流程图》。按照县委《在“不忘初心、牢记使命”主题教育中开展专项整治的工作方案》要求，为做好整治领导干部配偶、子女及其配偶违规经商办企业，甚至利用职权或职务影响为配偶、子女及其配偶经商办企业牟取非法利益的问题，在全县范围内公布相关举报方式。并组织全县副科级及以上领导干部（包括已退出现职、尚未办理退休手续的领导人员）填写《领导干部配偶、子女及其配偶经商办企业登记表》。建立《磴口县干部监督联席会议制度》《磴口县考察对象廉洁自律评价制度》。

【**干部人事档案工作**】2019年，因企业人员退休、人事调动和新任处级干部等原因共转出档案10卷；因人事调动、机构改革公务员选调生考录等原因共转入档案40卷。接收、审核并归档《工资审批表》《年度考核表》、新补充《入党志愿书》、学籍材料和专业技术职称（职务）等零散材料1900余份。收集并向市委组织部移交处级干部零散材料共计67份，报送新任处级干部人事档案2卷。约谈干部11人，约谈和调查过程中形成的《干部人事问题档案谈话登记表》和调取的原始户籍底册、原始参工材料均已审核归档。结合集中自查工作，重新做出专项审核认定23人，其《专项任免审批表》《专项审核认定表》均已重新签字、归档。2019年，在对拟提拔任职47名干部进行考察时，协助考察组进行任前审核、填写《干部档案任前审核情况登记表》。3月底，集中审核并统计在职人员《入党志愿书》缺少或补充不规范的情形，并向各有关单位送达《关于协助补充〈入党志愿书〉的函》49份。2019年，已有40人按照《自治区党委组织部关于2016年以来发展党员工作督查情况的通报》要求补回相关材料。根据全市干部人事档案工作会议和市委组织部自查实施方案精神，4月26日，县委常委、组织部部长梁景主持召开2019年干部人事档案自查工作专项调度会，县人社局副局长许荣华参加会议；会后制定并在全县范围内印发《全县干部人事档案专项审核集中自查工作实施方案》，就自查工作做进一步安排和部署。截至2019年12月底，完成自查1021卷（公务员和参公人员583卷、事业单位人员414卷、农场班子成员24卷）。2019年度办理普通查借阅346人次、办理办案查借阅67人次，协助纪委监委核实108名十八大以来受党政纪（政务）处分人员的处分决定书是否归档。协助干部一室、二室、人社局工资股办理退休24人。4—6月巡视期间，协助自治区巡视组调阅干部人事档案111人次、复印材料383份，高质量完成巡视配合工作配合巡视；8—10月整改期间，组织人社局档案管理股同步查找问题，同步进行整改。巡视组所反馈的19卷问题档案已于9月底全部按要求整改完毕。制定《磴口县委组织部干部人事档案“三凡必审”结果定期通报制度》，并于12月26日在政务宣传栏、政府网站进行通报公示。8月26日，由县人社局党组成员徐海军主持召开干部人事档案管理人员业务培训交流会议，会上人社局档案管理股主任马振红针对专项审核认定工作中的重点难点做了细致深入的讲解，县委组织部和人社局两家管档单位的全体管档人员参加会议。

【**干部教育和人才培训**】建立圣牧高科生态草业有限公司院士专家工作站、举行工作站揭牌仪式暨“产学研”工作座谈会，吸纳中国工程院院士南志标、李春杰等7名国内知名教授专家及其专业团队，在营养诊断和精准施肥技术、草业深加工产品开发等方面取得多项专利。世界针灸协会在磴口县开展义诊并建立中国针灸学会专家磴口工作站、世界针联磴口教育基地、精准帮扶实践基地。协会为磴口县蒙中医医院2名医生免费提供一周北京学习时间，邀请2名医生参加在浙江召开的针联论坛会。北京林业大学林学院党委书记石彦君、生态文明研究院院长林震及实践团成员25人到磴口县参加2019年“青春与祖国同行”硕博研究生社会实践团活动，授予“草学专家”（圣牧）、“生态修复”（防沙治沙局）、“经济林”（绿禾源）、“三全育人”（防沙林场）四个专家工作站称号，圣牧高科生态草业有限公司与北京林业大学达成校企合作协议。2019年11月底，县委组织部派专人参加暑期实践活动总结会，与参会各高校、各实践地方代表进行座谈交流，进一步加大校地沟通与合作。12月，北京林大、河北农大等高校领导及专家人才赴磴口参加硕博研究生磴口行高层次人才科研服务活动总结会暨农林高校与磴口县合作座谈会，参会高校领导及专家教授与县领导就沙产业发展、沙生作物种植、经济林建设等方面进行深层次沟通，为加大校地合作打好基础。与西北农林科技大学葡萄学院签订战略合作协议，引进酿酒葡萄相关专业人才15名，全县每年加工葡萄酒达到200吨左右。全县共落实农牧业特色科技示范园区4个，通过新型职业农民培育项目的实施，2019年，累计培训新型职业农民333人。全力扩充本土人才队伍。对全县人才队伍情况进行摸底调研，各类人才资源14046人，其中，党政人才490人，专业技术人才2486人，高层次创新型科技人才28人，农村牧区实用人才8356人，高技能人才141人，企业经营管理人才619人，教育人才957人，医疗卫生人才826人，文化产业和旅游人才102人，社会工作人才41人。教育、卫计、农业、文化等系统160余名专家服务各苏木镇农场、服务农牧民9472人次，将技术服务提供至田间地头。

【党员教育中心工作】 2019年，在“磴口党建”微信公众号开办“强党建、促振兴、惠三农”百日行动、“第一书记”、“扫黑除恶”、“扶贫故事”、“巾帼心向党先锋展风采”、“磴口人才”、“村集体经济发展案例”、“劳模风采”等专栏，共发布图文信息182期810条，其中开办主题教育“四大栏目”(《“不忘初心、牢记使命”主题教育悦读会》《身边的初心使命》《读原著、学原文、悟原理》《主题教育整改进行时》)共发布图文、音视频消息55条。在磴口县党建网发布时政要闻，全县组织、干部、人才和党员教育工作信息共166条，阅读量共计6000余次。在共产党员网、人民网、新华网等论坛撰写网评文章156篇，刊载90篇。在县电视台开办《初心辉映党旗红》党建电视栏目。在全县各媒体播出各基层党组织拍摄制作的党建工作纪实26期。协助市委组织部、市电视台拍摄、制作补隆淖镇新河村《高广晟：一心为民“当家人”》《南开社区：精准服务暖民心》专题片，分别于2月26日、8月14日在巴彦淖尔广播电视台新闻综合频道播出。拍摄制作优秀共产党员事迹片《“火眼金睛”张树仁》，在县内各媒体播放宣传。上报市委组织部“第一书记”石岩、李昇、自治区优秀共产党员唐永刚等人物事迹素材6部。举办全县建党98周年暨“七一”升旗仪式。在全县开展“不忘初心、牢记使命”做新时代的奋斗者“重温入党誓词”升旗活动，全县党员、干部1300余人参加。举办全县“不忘初心、牢记使命”大型主题党日暨优秀共产党员教育电视片展映活动。精选展映全国、全区、全市和磴口县创作的优秀共产党员教育电视片8部，县处级领导带头，全县140余名党员领导干部观看影片，感受榜样力量。活动结束第一时间将影片发送至各党（工）委，在“磴口党建”微信公众号、腾讯视频发布，各苏木镇、农场党委、县各党（工）委积极响应，以“三会一课”（定期召开支部党员大会、支部委员会、党小组会，按时上好党课）、主题党日等形式在全县掀起观影热潮，上报心得体会500余篇、举办学习会150余场次，教育广大党员干部学先进、比先进、争先锋、做表率。

举办全县庆祝新中国成立70周年“不忘初心、牢记使命”主题教育知识竞赛。归纳整理竞赛题库，内容涵盖“不忘初心、牢记使命”主题教育、意识形态、脱贫攻坚、扫黑除恶、党建知识等，动员各苏木镇、农场党委，县直各单位、驻县各单位党组织和各驻村工作队积极参与，在全县范围营造浓厚学习宣传氛围。编印党员干部学习口袋书。为全县党员印制“党员干部学习手册”3000本、“不忘初心、牢记使命”主题教育笔记本7000本，发放至全县各党（工）委、党员干部手中，将必读书目、关键词条和应会知识列入其中，为党员随时学习充电提供方便。定期与各苏木镇、农场进行系统测试和维护，发现问题及时处理，确保系统运行良好。2019年1—12月配合自治区、市委举办、召开全市《中国共产党农村基层组织工作条例》学习培训会、全市机构改革协调小组推进会、全区《中国共产党农村基层组织工作条例》专题培训班、全市加强旗县区宗教综合行政执法队伍建设视频会、哈腾套海农场包扶工作视频推进会、全市苏木乡镇机构改革推进会共6次。各苏木镇、农场、嘎查村共14个站点及相关单位负责人，661人次在分会场参加学习培训，及时把自治区、市委、县委各项精神传达到每个党委、党支部、每名党员干部。

【老干部工作】 截至2019年底，磴口县有离休干部、副处级退休干部及离休干部遗属128人，其中，离休干部16人，享受县级待遇的2人，享受科级待遇的14人；离休干部遗属58人；代管副处级退休干部54人，正处级27人，副处级27人。为离退休老干部订阅健康杂志100余份，习近平总书记系列重要讲话读本3套，为老干部党支部免费征订党报党刊5份，邀请退休处级干部参加全县重要会议和重大活动4次，开展征求意见活动2次；在机构改革后，召开情况通报会，及时向老干部通报机构改革有关情况；组织离退休老干部开展“不忘初心、牢记使命”主题教育活动，并采取“送学上门”与“走访探望”相结合的方式开展多样化学习，抓实抓牢对老干部的思想政治教育；全覆盖开展走访慰问，全年共走访、慰问、探望老干部及遗属360人次，为特困老干部及遗孀发放帮扶金10万元，为17位离休干部发放体检费，为35名无工作单位离休干部遗属进行医疗保险补贴，帮助6位生活长期完全不能自理的离休干部申请提高护理费标准，离休干部的各项费用全部按时足额发放。组织有特长的离退休干部参加全市举办的离退休干部主题书画展，将书法、美术、篆刻、摄影等10余幅作品进行参展。通过上门访谈和集中座谈的形式，开展“我看新中国成立70周年新成就”暨“不忘初心、牢记使命”专题调研活动，引导老干部结合亲身经历，畅谈70年来中华人民共和国取得的伟大成就，并对磴口县医疗卫生、教育、旅游等方面提出好的意见和建议。通过征集筛选，推荐1个先进家庭参加巴彦淖尔市“好家庭、好家风”的遴选。老年大学举办“不忘初心跟党走”庆“七一”暨毕业典礼教学成果文艺会演、“不忘初心夕阳更美”专场文艺演出等生动活泼、互动性强的各类活动。离退休老干部助力脱贫攻坚，开展离退休干部红色宣讲活动，组织老干部进社区、进学校、进农村，宣讲习近平新时代中国特色社会主义思想，宣讲革命传统、中华民族传统美德。在社区组织的主题党日活动中，特邀93岁的离休老干部党员潘存顺为社区党员、群众讲述亲身经历，回忆奋斗历程。卫健委联合组织部在第十个全国“敬老月”组织开展健康扶贫下社区义诊活动，走进贫困家庭普及健康科普知识，并为他们送去雾化机、电子血压计和健康大礼包。组建离退休干部助力脱贫攻坚“五老”志愿服务队2个，组织五老志愿者开展“十百千万”关爱活动和“爱心助学”行动，通过走访慰问、暖心依链、微心愿、一对一救助等方式，全县各级关工委累计筹集资金30余万元，救助大中小学生1131名。

（白　杨）

宣传工作

【机构设置】 磴口县委宣传部内设办公室、党教理论科、外宣科、新闻科、文明办、时报编辑部、互联网信息中心、新闻出版版权局。

【意识形态工作】 2019年，将意识形态工作纳入重要议事日程，对全县各级党组织宣传思想和意识形态工作组织2次督查。县委中心组组织意识形态专题学习2次，组织召开意识形态工作领导小组暨分析研判工作会2次，并形成专项分析研判报告。先后召开2次常委会、6次意识形态工作专项推进会，狠抓巡视整改事项督办。

【理论学习】 2019年，县委中心组组织集中学习

25场次，开展专题研讨4次，领导班子成员领学10次，各级党委（党组）理论中心组每月学习都在1次以上。开展“大学习大讨论”“不忘初心、牢记使命”专题调研2次，组织编印《思想再解放笃行新发展理念推动高质量发展大学习大讨论学习资料汇编》150余册。联合相关部门开展庆祝新中国成立70周年“不忘初心、牢记使命”主题教育知识竞赛，为补隆淖镇“学习讲堂”赠送《习近平谈治国理政（第二卷）》100余本，组织征订《学习纲要》学习资料7000多本，组织宣讲团深入各基层党委（党组）开展各类宣讲400余场次。全县18个党委已全部建立起学习管理组，转发各类理论学习信息100多（篇）条。全县有学习能力的6518名党员全部纳入“学习强国”架构，覆盖率达86.8%。

【媒体宣传】 2019年，争取上级报刊、电视、网站等强势媒体的支持，通过现场云直播、发布新媒体产品等方式全方位、多角度、立体式宣介“百湖之乡魅力磴口”品牌。积极配合“见证70年”中蒙媒体联合采访团、“全国百家党报社长（总编辑）巴彦淖尔行”大型采访活动、2019“一带一路”全国百家广电媒体天赋河套主题采访联合播出活动、“八百里黄河行”包鄂巴乌四市报业全媒体采访团等大型采访活动。在本级电台、电视台播出新闻950余条，市级764篇（条），区级124篇（条），在央视各频道、网站、客户端刊发新闻34条，向“学习强国”平台推送发布新闻7条。在央广中国之声《新闻和报纸摘要》播发《河套灌区夏灌工作全面启动》。在新华网总网首页刊发《百湖之乡磴口再现生态田园风光》等新闻报道。央视新闻频道《新闻直播间》栏目对磴口县“稻谷丰登鱼满仓、金秋稻香鱼儿肥”的丰收景象进行2次直播报道。央视《中国影像方志》栏目组制作的大型纪录片《中国影像方志——内蒙古卷磴口篇》在央视科教频道播出，央视2套《经济半小时》栏目所做的磴口县光伏治沙专题报道一经播出，立即引起大唐集团的关注，该企业已与磴口县签订合作协议，百万千瓦沙地生态治理光伏发电基地落户磴口。

【新闻宣传】 整合媒体资源，利用公众号“微磴口”将磴口电视台、《磴口时事》、政务微博、上级主流媒体数字报等进行整合，实现多屏合一。成功举办“我和我的祖国——庆祝新中国成立70周年”大合唱比赛，利用新华社现场云平台进行直播，当日点击量突破17万人次。在新华社客户端现场云发布短视频《祖国万岁！这个百亩创意花海献礼新中国成立70周年》点击量达到40.5万余次。完成融媒体中心招投标工作及室内装修前期准备工作。在新闻战线组织开展践行“四力”主题教育实践活动，开展专题培训2次。制作“不忘初心、牢记使命”主题教育专题片，开设《读原著、学原文、悟原理》《身边的初心》《整改进行时》等9个专栏，先后推出《乌兰布和美在沙水交融》《昔日“红色公牛”如今披绿生金》等多篇精彩报道。

【网络信息】 推动“互联网+”行动计划，全县17个贫困村实现电商服务站全覆盖、宽带网络全覆盖。编印《网情快报》13期，《网情专报》10期，上报情况说明4期。

【精神文明建设】 组织实施庆祝中华人民共和国成立70周年“我和我的祖国”主题宣传教育活动，县税务局、公安局、文体旅广局等10多家单位拍摄制作“我和我的祖国”快闪MV。国庆期间，在城区主街道、农牧区人流密集区悬挂国旗1.1万多面，社会宣传标语2万多条。完成第九届自治区文明单位推荐评选工作，对往届市级“文明校园”进行复查验收。对全县评选出的5个学雷锋活动示范点和11个岗位学雷锋标兵进行表彰。在全县13所中小学校组织开展“爱祖国担大任做新人”主题教育实践活动，发放培育和践行社会主义核心价值观幼儿绘本2124册，《读本》3355本。以培育和践行社会主义核心价值观为统领，表彰优秀志愿服务组织 12 支，最佳志愿服务项目 6 个，学雷锋最美志愿者 11 名；推进“我的中国梦”“扣好人生第一粒扣子”等主题教育实践活动。在“我推荐、我评议身边好人”活动中征集各类好人 23 名，在“好家风、好家训”等评选活动中新表彰文明家庭 8 户、美德少年 11 人、最美家庭 10 户、好家风好家训 5 条。

【开展群众性文化活动】 县乌兰牧骑、文化馆深入各嘎查村、分场、企业开展“送戏下乡”101 场次，覆盖率达到 90% 以上。举办马克思主义文艺观、美术书法等各类业务培训，开展各类文艺采风活动 13 次，加强影院年检和日常监督管理工作，开展公益电影放映 550 场次，观影人数达 1.7 万人次；组织开展全区第十四届精神文明建设“五个一工程”作品申报工作。磴口县申报的《河套糖画》《发面馍制作技艺》《河套香醋酿制技艺》《葵花油（胡麻油）压榨技艺》4 项代表性项目成功晋级市第七批非物质文化遗产代表性项目名录，传统小戏《秀姑劝母》入选市社区文化节“弘扬经典·传承精神”全市戏剧优秀节目展演；在市第二届民间美术展活动中，磴口县剪纸作品分获三等奖，四件文艺作品获全市文艺创作生产专项资金支持。

【文化体制改革】 制定出台《磴口县文联深化改革方案》。2019 年，磴口县 5 家文旅企业进入自治区文化产业项目库，6 家企业进入市级文化产业项目库，有效促进磴口县文化产业的蓬勃发展。

【“扫黄打非”工作】 及时调整领导小组成员及成员单位，拨付“扫黄打非”专项经费 5 万元用于保障工作正常开展，建成“扫黄打非”基层站点 60 个，完成全县 80% 的建站目标。以清理整治非法出版物、有害信息为重点，对全县书店、印刷厂、公共阅览室、网吧等开展实地检查 97 次，出动执法人员 213 人次。组织协调县委统战部及县民宗局、公安、旅游文化执法等部门开展联合行动 3 次，接受自治区、市新闻出版版权局对磴口县行政事业单位电脑办公软件正版化使用情况的检查。与往年同期相比，2019 年查处收缴各类侵权盗版、非法出版物及宣传品明显下降，为中华人民共和国成立 70 周年营造风清气正的文化环境。

（季　敏）

统战工作

【概　况】 2019 年，县委及时调整县委统一战线工作领导小组，对全县统一战线贯彻落实中央重大方针、政策、法律法规情况进行研究、协调指导和督促检查。将统战工作纳入党政领导班子工作考核内容，纳入宣传工作计划，纳入年度目标管理考核，纳入党校重要教学内容。各级党委主要负责人认真履行统一战线第一责任人职责，带头学习宣传和贯彻落实统一战线政策法规，带头参加统一战线重要活动，带头广交深交党外朋友。县委统战部认真履行了解情况、掌握政策、协调关系、安排人事、增加共识、加强团结等重要职责，加强对民族、宗教、工商联、侨办等部门的指导，加强同政协的沟通协调配合，发挥参谋、组织、协调、督促的作用。

【民族工作】 开展民族团结创建活动。磴口县有蒙古族、回族、满族等 17 个少数民族，少数民族总人口 11314 人，占全县人口的 7.9%，其中蒙古族 5199 人，回族 5405 人。培育创建全市民族团结进步教育基地 1 个，全县民族团结示范单位 6 个，打造民族团结进步教育基地 1 个，打造社区少数民族服务中心 1 个。先后举办那达慕大会、祭乌兰敖包、火神节、祭祀黄河活动等民族传统节日活动，满足少数民族群众精神文化需求。在开斋节、元旦、春节等重要节日，县四大班子领导带领统战部（宗教局）工作人员深入全县 9 个清真寺，向少数民族代表送上党和政府的温暖关怀以及诚挚的节日祝福。编制上报并积极争取

“自治区扶持少数民族发展资金”项目9个，投资总额200万元，统战部民族工作经费5万元、县民委民族工作经费20万元，实现民族工作资金有保障。培养选拔使用少数民族干部249名，占干部总数13%，少数民族科级干部61人，占全县科级干部13.9%。

【宗教工作】 强化县、苏木镇两级党委对宗教工作的主体责任和党委主要领导第一责任人责任，把宗教工作纳入全县重要工作议事日程。建立健全宗教工作网格和信息联络三级网络，及时调整全县民族宗教工作领导小组，不定期召开工作协调会议。各苏木镇成立宗教工作小组，明确宗教工作联络员，各宗教活动场所配备联络人员。开展宗教政策法规月活动、教风建设年活动、社会主义核心价值观主题法制宣传教育活动，加大对《宗教事务条例》及配套法律法规的宣传力度，以教风建设为切入点，督促教职人员自觉遵守法律法规。加强爱国宗教团体建设。县委、县政府分别召开常委会、常务会、专项推进会，解决宗教场所普遍存在证照不全的问题。帮助白云寺、阿贵庙等宗教活动场所制定和完善学习、工作、财务、教务、治安保卫、防火安全等制度，加强自身建设。组织宗教界开展《内蒙古自治区火灾高危单位消防安全管理规定》的学习，提高宗教场所负责人及各堂（庙、坊）委会成员的安全责任意识和火灾防范意识，为开展好正常的宗教活动提供良好的组织保障。引导宗教界开展慈善周活动，积极主动奉献爱心，服务社会。以新修订的《宗教事务条例》和中共十九届四中全会精神为主要内容，对全县19个宗教场所的管理人员和教职人员分批次进行专门培训。举办全县宗教工作“三支队伍”培训班，受训人员230人，印发统战理论学习资料800余套、测试题230份。

【党外代表人士工作】 健全完善党外干部联席会议制度，党外干部考核评价制度，考察调研、工作联系、交友联络、协商反馈等制度，出台党外干部学习培训规划，加强对党外干部的教育管理。全面细致调研全县党外干部的总体情况，对新的社会阶层人士进行摸底统计，健全党外干部工作档案，认真研究考察，遴选优秀党外干部，为科协、园林局配备主要领导。

【新的社会阶层人士工作】 2019年3月20日，县新联会在兵团博物馆开展“凝聚新力量筑梦新时代”主题教育活动，并正式确定兵团博物馆为县新联会的实践创新基地。12月4日召开中共磴口县第十五届委员会第六次全体（扩大）会议的讲话稿征求意见建议座谈会，广泛听取统战人士代表对县委、县政府工作的意见和建议。知联会、新联会充分发挥桥梁纽带作用，积极组织会员对全县重点项目进行一次考察调研，为企业发展出谋划策。

【非公有制经济统战工作】 调整由县委副书记任组长，统战部部长和分管副县长任副组长，统战、市场监管、工信、发改、就业、税务、工商联等12个部门负责人为成员的全县非公经济发展专项推进领导小组。组织举办全县非公经济大讲堂2次，广泛宣讲优化营商环境优惠政策，积极协调县市场监督管理局、税务局、金融机构等相关部门尽快落实各项优惠政策。2019年9月，结合“不忘初心、牢记使命”主题教育活动，县委统战部、总商会和光彩事业促进会联合承办“光彩事业、筑梦童心”捐资助学活动。11月，深入总商会开展调研，召开民营企业家座谈会，广泛征求民营企业的意见和建议。12月举办“贯彻《意见》精神，营造更好发展环境，支持民营企业改革发展暨企业家新春联谊会”，听取2019年总商会工作报告，安排银企对接活动，聆听抗美援朝老兵追寻初心故事，商会会员义购市知名书法家现场作品，县领导为总商会优秀会长、会员颁奖，积极搭建县委、县政府与非公企业沟通协商平台。市工商联、磴口县委统战部、工商联及民营企业家代表联合开展“红色教育驻初心·爱心帮扶践使命”主题党日活动，为磴口县敬老院孤寡老人送去价值3万元的慰问品。县委统战部联合磴口县工商联党支部与深圳辉锐智能科技有限公司对接，开展“放心饮水工程进乡村公益慈善捐赠惠民”活动，为磴口县95个嘎查村、农场分场、社区免费捐赠安装净水机95台，价值51万余元。通过“助力脱贫攻坚送温暖活动”，慰问150户贫困户。

【港澳台及海外统战工作】 2019年4月15日，北京市东城区委统战部、海联会与磴口县委统战部共同开展“同植海联林、共筑中国梦”主题植树活动，并在磴口植树现场举行“东城海联林”揭牌仪式。春节前，县委、县政府主要领导和县委统战部部长走访慰问贫困三胞眷属和台资企业的老板，送上党和政府的温暖和关怀。维护台侨界合法权益，对台侨界反映的问题，与有关部门及时沟通、联系，在政策允许的范围内，尽力帮助解决。关心台资企业的经营发展，切实做好对台经贸工作，县委、县政府主要领导经常深入泰顺公司和上海佳格现场办公，了解情况，提供服务，竭尽全力为企业排忧解难。

（王　敏）

民族工作

【机构设置】 2019年，因机构改革，按照《磴口县机构改革实施意见》文件要求，原磴口县民族宗教事务局更名为磴口县民族事务委员会（蒙古语文工作委员会）。民委内设办公室、民族社会发展股、语政股，民委下设事业单位：蒙古语言文字工作中心。

【民族工作】 开展民族和蒙古语文政策法规宣传月活动。有重点、分层次地向干部职工、部队军营、企业职工、居民和青少年学生进行民族团结进步宣传。举办规模适度的少数民族传统文娱活动，中华人民共和国成立70周年大庆期间组织“草原儿女心向党”等系列活动，巩固各民族同呼吸、共命运、心连心的良好局面，发展平等、团结互助、和谐的社会主义新型民族关系，不断打牢民族团结的社会基础。建立少数民族服务中心，打造民族团结教育基地，促进特色村寨的保护和发展，加强少数民族流动人口的服务管理。开展民族团结进步示范单位创建工作。选树民族团结进步典型，表彰民族团结进步创建模范单位和个人，发挥先进典型的示范引领作用，营造“民族一家亲”的和谐氛围。

【蒙古语工作】 2019年举办蒙古语培训班和书法绘画展，与广告制作商签订“社会市面蒙汉文并用管理责任状”。实现会标座签蒙汉双语化，对重点路段进行集中整治，统一沿街各门点和旅游景区的牌匾尺寸、大小以及机关事业单位的公章文头，打造标准化乡镇、标准化街道，推动市面蒙汉双语并行工作规范化、标准化。

【民族扶贫】 2019年向自治区民委争取“少数民族发展资金”210万元，帮助少数民族聚集乡镇完善公共基础设施、民生工程，推动脱贫攻坚圆满收官，收到预期经济和社会效益。

（程乌宁其）

机构编制

【机构设置】 磴口县原机构编制委员会办公室是磴口县机构编制委员会的常设办事机构。磴口县机构编制委员会办公室既是县委的工作部门，也是县政府的工作部门，列入县委机构序列，为正科级建制，具体负责磴口县行政管理体制和机构改革以及机构编制的日常管理工作。

2019年1月31日，根据《磴口县机构改革实施意见》要求，为加强县委职能部门的统一归口协调管理职能，将原县机构编制委员会改为县委机构编制委员会，作为县委议事协调机构。调整优化县委机构编制委员会领导体制，县委机构编制委员会办公室作为县委机构编制委员会的办事机构，承担县委机构编制委员会日常工作，为正科级，加挂磴口县事业登记管理局牌子，列县委工作机关序列，归口县委组织部管理。磴口县委机构编制委员会办公室内设综合股、行政股、事业股、车编办。

【磴口县事业单位登记管理局机构设置】 原磴口县事业单位登记局为隶属中共磴口县委机构编制委员会办公室的正科级事业单位，经费类型为全额拨款，分类为从事公益服务一类事业单位。磴口县事业单位登记局内设办公室、业务股。2019年，磴口县事业单位登记服务中心为隶属于中共磴口县委员会机构编制委员会办公室的正科级事业单位，经费类型为全额拨款，分类为从事公益服务一类事业单位。磴口县事业单位登记服务中心内设办公室、业务股。

【党政机构改革】 2019年，按照全区、全市机构改革总体部署，组建由县委书记任组长的县委深化机构改革领导小组和组织部部长任组长的机构改革协调小组，协调小组下设综合组、改革组、后勤保障组。机构改革期间，召开县委全委会议1次，审议通过《磴口县机构改革实施意见》，县委常委会议专题研究机构改革事项3次，召开深化机构改革推进会3次，机构改革协调小组先后召开协调推进会5次。按照《磴口县机构改革方案》，磴口县设置党政机构36个，其中，党委机构10个（其中纪检监察机关1个，工作机关9个）、政府机构26个，对应中央及自治区重新调整设立8个议事协调机构。完成31家涉改部门的“三定”（定点机构、定点人员、定点职责）规定印发，涉改部门全部完成牌匾更换、公章刻制启用、文头印制，更换制作牌匾20块，更换公章44枚，转隶行政事业人员179人。共划转职能职责41项，将20家承担行政职能事业单位的行政职能全部划归主管部门，调整10个事业单位的隶属关系。对议事协调机构进行清理规范，共撤销议事协调机构30个，保留52个（含更名3个），新组建5个议事协调机构。

【苏木镇机构改革】 2019年印发《磴口县苏木镇机构改革方案》和5个苏木镇的《主要职责、机构设置和人员编制方案》。在全县5个苏木镇分别设置党政综合办公室、基层党的建设办公室、乡村振兴办公室、社会事务办公室、平安建设办公室5个行政机构，巴彦高勒镇多设城市管理办公室；每个苏木镇设党群服务中心（挂便民服务中心、退役军人服务站、新时代文明实践所牌子）、综合行政执法局、综合保障和技术推广中心3个相当于副科级事业单位，派出机构与苏木镇有关机构进行资源整合，完成人员转隶和编制核定。

【综合行政执法改革】 磴口县设立县直8支综合行政执法队伍。在5个苏木镇建立5支辐射周边农场的综合行政执法局，全县共锁定执法编制255名。协调政府各职能部门与相对应的综合执法局分别签订《行政执法委托协议书》，明确委托单位和受委托执法部门的职责。有3724项行政处罚事项全部委托到8支综合行政执法局，246名执法人员全部划转到位。投资150万元对城市管理综合执法局、农林牧水综合行政执法局、隆盛合镇执法局三个示范点进行信息化监控平台建设。

【机构编制管理】 积极与组织、人社、财政部门协调，建立信息互通制度，盘活机构编制资源，加快编制资源转化速度。认真执行干部选拔任用职数预审制度，确保不出现新的超编进人和超职数配备领导干部问题。加强“机构编制管理证”的使用管理和实名制系统信息维护，对照网络实名制系统，完成全县行政事业单位“机构编制管理证”年检工作。及时办理符合列编要求的新考录公务员、选调生、定向医学生、转业士官和招录事业单位人员的列编工作。

【推进改革深入开展】 2019年完成国有林场改革，重新印发防沙林场“五定”（机构规格、内设机构、人员编制、人员结构、经费来源）方案。完成盐业体制改革机构编制事宜，划转相关职能职责，接收转隶人员 2 名。

【事业单位法人登记】 2019 年，新设立事业单位 4 个，事业单位变更登记 27 个，注销登记 4 个，事业单位法人年度报告公示 118 个，公示率 100%。变更统一社会信用代码证书单位 31 个，撤销单位 12 个。抽取 4 个事业单位进行“双随机一公开”检查。

【车辆编制管理】 2019 年，磴口县车属单位 93 个，实有车辆 332 辆。其中，行政参公事业单位 17 个，实有车辆 194 辆；事业单位 55 个，实有车辆 87 辆；驻县单位 9 个，实有车辆 28 辆；驻县国有企业 12 个，实有车辆 23 辆。配合县车改办认真开展公车补贴审核和事业单位国有企业公务用车制度改革工作。

（边凤英）

机关工委

【组织建设】 按照《磴口县机关、事业单位党建规范化建设实施方案》的要求，85% 的党组织成为磴口县规范化建设党组织。

【党员培训】 2019 年，有 1906 名党员接受不同形式的培训。举办中共十九大知识党员学习培训班 2 次，党支部书记培训班 1 次，党务干部培训班 4 次。推送党建理论学习内容每月 1 次，全年 12 次，培训率 95% 以上。

【基层组织建设】 直属机关工委有总支（内设支部）、直属支部 95 个，代管党委 1 个、支部 6 个。2019 年，发展党员 13 名，转正党员 9 名。对 57 个党组织的换届结果进行批复。

（张再军）

巡察工作

【机构设置】 磴口县委巡察工作领导小组办公室内设文秘室、综合室、督查室、数据管理中心（属股级二级事业单位）。

【职能定位】 县委坚持突出党的领导，把握政治定位，落实政治巡察要求，严格遵循《中国共产党巡视工作条例》和《内蒙古自治区党委贯彻〈中国共产党巡视工作条例〉实施办法》有关规定，比照巡视工作的职责、范围、内容、方式、权限和程序开展工作，执行巡视工作纪律，承担与巡视工作同等的责任。

【巡察对象】 2019 年上半年，对 10 个苏木、镇、农场进行扶贫领域腐败和作风问题专项巡察“回头看”。下半年对补隆淖镇、巴彦高勒镇、隆盛合镇、哈腾套海农场、包尔盖农场、纳林套海农场、县委统战部、民族事务委员会、县自然保护区管理局、县人民法院、县司法局、县工业和信息化局、县人力资源和社会保障局、县就业服务局、县社会保险事业管理局 15 个单位党组织进行常规巡察，并对巴彦高勒镇、补隆淖镇、隆盛合镇 3 个镇所辖 33 个嘎查、村、社区党支部和 4 个学校党组织进行巡察。确保各项工作衔接紧凑、推进有序，在全县范围内释放巡察监督全覆盖、无禁区和县委管党治党全面从严、坚持向基层延伸的强烈信号。

【巡察任务】 坚决贯彻中央及上级党委关于政治巡察的部署要求，把政治巡察和巡察业务有机结合起来，注重从政治上发现问题、查找偏差，重点查找被巡察单位党组织和党员干部在“六围绕、一加强”方面存在的问题和不足，充分聚焦严肃党内政治生活、净化政治生态、遵守政治纪律和政治规矩、履行管党治党政治责任等情况的检查，督促被巡察单位党组织和党员干部切实把自己摆进去，从“四个意识”上找差距，从责任落实上找原因，从后续工作上抓整改，推动管党治党进一步走向严紧硬。

【巡察数据管理】 2019 年，开展第六轮、第七轮常规巡察和扶贫领域腐败问题和作风问题专项巡察"回头看"共发现问题264个，移交立行立改问题92条，移交相关党组织追责问责25件，移交问题线索11件。数据管理中心按月将巡察发现的问题统计上报市委巡察办，并将各巡察组移交的巡察相关资料整理装订成册，归入档案室存档，同时将各巡察组录入的单机系统汇总后全部导入内网数据系统。

【督查整改】 制定县委巡察整改督查评估办法，明确90分以上为整改良好、70～90分为合格、70分以下为不合格等级，确定为整改良好、合格等级的进行问题销号，确保问题整改见底见效。2019年问题整改完成率达到90%以上，新建、修订制度297项。对于整改不合格的第三完全小学党组织，在全县教育系统进行通报批评，对党支部书记给予党内警告处分，对校长给予诫勉谈话处理。

【成果运用】 严要求高标准落实巡察整改任务，压实整改责任，实行问题评估、销号，加大追责问责力度，推动巡察问题整改见底见效。针对专项巡察发现的扶贫领域和"雁过拔毛"式腐败等方面的共性问题，市人大常委会副主任、县委书记李建军召开专项巡察问题整改集体约谈会，对各苏木镇农场及相关部门负责人进行约谈。针对常规巡察中发现的9个单位党组织落实从严治党、"两个责任"不实，监督不到位和党建工作抓得不实，选人用人不规范等问题，分别由县委常委、纪委书记、监委主任、县委巡察工作领导小组组长，县委常委、组织部部长、县委巡察工作领导小组副组长约谈其主要领导，进一步压实整改责任。并将巡察发现的问题作为纪委监委和组织部门日常监督的重点工作，推动巡察问题全面整改。

【重要会议】 1月10日，县委常委、纪委书记、监委主任、巡察工作领导小组组长李山组织召开十五届磴口县委第五轮巡察工作汇报会，县委常委、组织部部长、巡察工作领导小组副组长梁景参会，参加会议的领导还有柳培富、王义宏、官泊达，巡察组莎日娜、崔少军、卞俊娥、杨勇、刘国勇，巡察办马忠生、刘国防。

2月12日，市人大常委会副主任、县委书记李建军主持召开十五届磴口县委第五轮巡察工作书记专题会议，参加会议的县领导有樊文、李山、梁景，县委巡察办官泊达、马忠生、刘国防，巡察组莎日娜、崔少军、刘国勇、卞俊娥、杨勇。

4月17日，县委常委、纪委书记、监委主任、巡察工作领导小组组长李山组织召开磴口县扶贫领域腐败和作风问题专项巡察"回头看"汇报会，县委常委、组织部部长、巡察工作领导小组副组长梁景参会，参加会议的领导还有柳培富、王义宏、石磊、官泊达，专项巡察组组长王伟，县委巡察办马忠生、刘国防。

5月10日，市人大常委会副主任、县委书记李建军主持召开十五届磴口县委第五轮巡察工作书记专题会议，参加会议的县领导有樊文、赵峻岭、李山、梁景，县委巡察办官泊达、马忠生、刘国防，专项巡察组组长王伟。

8月5日，县委常委、纪委书记、监委主任、巡察工作领导小组组长李山组织召开巡视整改研究部署工作会议，县委常委、组织部部长、巡察工作领导小组副组长梁景参会，参加会议的领导还有柳培富、王义宏、王志国、官泊达，县委巡察办马忠生、刘国防。

9月20日，县委常委、纪委书记、监委主任、巡察工作领导小组组长李山组织召开巡视整改推进会，县委常委、组织部部长、巡察工作领导小组副组长梁景参会，参加会议的领导还有柳培富、王义宏、王志国、官泊达，县委巡察办马忠生、刘国防。

9月24日，县委常委、纪委书记、监委主任、巡察工作领导小组组长李山组织召开十五届磴口县委第六轮巡察工作汇报会，参加会议的领导有柳培富、王志国、官泊达，巡察组马忠生、莎日娜、杨勇、卞俊娥、刘国勇、田普洲，县委巡察办刘国防。

10月12日，市人大常委会副主任、县委书记李建军主持召开十五届磴口县委第六轮巡察工作书记专题会议，参加会议的县领导有樊文、李山、梁景，县委巡察办官泊达、刘国防，巡察组马忠生、莎日娜、杨勇、卞俊娥、刘国勇、田普洲。

（官泊达　马忠生　刘国防　唐培斌）

党　校

【概　况】 县委党校内设办公室、教务室、科研室、财务室、图书阅览室。2019年，开展各类培训宣讲60余场次，受众达9300余人次。校内有专职教师8名，从市电大、政协、县农业局、司法局、检察院、交警队、消防大队、卫计局、科技局等单位聘请兼职教师20名，通过内培外聘，基本满足磴口县各种教学和宣讲需求。

【基础设施建设】 2019年，在磴口县会展中心三、四楼办公，有7间自主用房，约270平方米。全校有1台便携式投影仪，每位教职人员都配备有电脑，每个办公室都配备有打印机，初步实现电子存档、数字报盘和无纸化办公。党校新教学大楼在2019年12月已经正式投入使用。

【开辟党校教育新阵地】 2019年，全县10个苏木镇农场党校全部顺利挂牌，县委党校选拔6名优秀党员骨干教师作为基层党校教学副校长，推进基层党员教育培训常态化、规范化和全覆盖。通过苏木镇农场党校、企业党校开展送教下基层培训宣讲58场次，参训学员6700人次。县委党校申请承办清华大学乡村振兴远程教育教学站项目。清华大学已经完成对磴口县及磴口县委党校基本情况的考察，双方签订项目合作协议，清华大学为磴口教学站无偿捐助相关仪器设备。磴口县还荣获2019年度清华大学教育扶贫优秀教学站一等奖。

（刘　倩）

磴口县人民代表大会

重要会议

【县十七届人民代表大会第三次会议】 2020年1月2—4日，县十七届人民代表大会第三次会议在磴口县会展中心三楼报告厅召开，全县139名代表出席会议。1月2日，召开大会预备会议，县人大常委会主任仲向明主持会议，通过大会各项议程。1月3日上午，举行第一次全体代表会议，县人大常委会主任仲向明主持会议。会议听取和审议县人民政府县长樊文作的政府工作报告，县人民政府常务副县长弓建刚作的2020年县政府民生实事候选项目形成情况的报告。县人大常委会副主任武世强代表主席团向大会提出选举办法（草案），代表主席团向大会提出2020年县政府民生实事项目投票表决办法（草案）。县人大常委会主任仲向明主持会议。下午举行第二次全体代表会议，县人大常委会副主任武世强主持会议。会议听取和审议县人大常委会主任仲向明作的人大常委会工作报告，县人民法院院长陈宏武作的人民法院工作报告，县人民检察院检察长王新平作的人民检察院工作报告。通过选举办法。通过2020年县政府民生实事项目投票表决办法。县委常委、组织部部长梁景代表主席团向大会推荐补选的县人大常委会副主任、县人大常委会委员候选人。主席团向大会提名监票人名单。1月4日上午8时30分，举行第三次全体代表会议，县人大常委会主任仲向明主持会议。通过监票人名单。会议依法选举赵军伟为县十七届人大常委会副主任，何承刚、李筠、马忠、吴彦杰、高广晟为县十七届人大常委会委员。投票表决2020年县政府民生实事项目。通过大会各项决议，圆满闭幕。县人大常委会主任仲向明主持会议。

【县十七届人大常委会会议】 2019年3月11日，县十七届人大常委会第六次会议在人大会议室召开。县人大常委会主任仲向明，副主任武世强、朝格图、秦霞、姜吉荣及常委会委员出席会议。会议由人大常委会副主任武世强主持。政府副县长弓建刚，法院院长陈宏武，非常委会委员的人大各委办副主任及财政局、住建局、编办、人民银行等部门主要负责人列席会议。会议表决通过县政府关于将新增棚户区改造项目地方债券本息还款计划列入年度财政支出预算的报告。会议对十七届人大二次会议审查通过的32件代表建议进行集中交办，与县政府签订交办书。

2019年3月21日，县十七届人大常委会第七次会议在会展中心多功能厅召开。县人大常委会主任仲向明，副主任武世强、朝格图、秦霞、姜吉荣及常委会委员出席会议。会议由人大常委会主任仲向明主持。政府副县长弓建刚，县纪委书记、监察委员会主任李山，法院院长陈宏武，检察院检察长王新平，非常委会委员的人大各委办副主任，拟任命的15名政府组成部门负责人，

19名法检两院工作人员列席会议。会议通过表决，决定任命王维清为县教育局局长；余寒为县发展和改革委员会主任；张忠朝为县工业和信息化局局长；苏雅拉达来为县民族事务委员会主任；刘宪峰为县民政局局长；袁彦为县农牧和科技局局长；刘海军为县住房和城乡建设局局长；郑亮为县文体旅游广电局局长；许晓东为县卫生健康委员会主任；乌兰花为县退役军人事务局局长；李昊为县应急管理局局长；高勇为县防沙治沙局局长；梁存贵为县医疗保障局局长；石礎为县政务服务局局长；王剑琪为县自然资源局局长。胡彬为县人民法院诉讼服务中心主任、县人民法院审判员；武俊为县人民法院诉讼服务中心副主任；王璐为县人民法院刑事审判庭副庭长、县人民法院审判员；宁军为县人民法院民事审判庭庭长；孟学琴为县人民法院民事审判庭副庭长；李军为县人民法院民事审判庭副庭长；白伟为县人民法院综合审判庭庭长；贾虎为县人民法院执行局副局长；任刚为县人民法院执行局副局长；杨俊娥为县人民法院审判管理办公室主任；胡丹为县人民法院审判管理办公室副主任、县人民法院审判员；张利荣、石磊、张婷婷、秦雅娟、王庆、武晓燕、任慧7人为县人民法院审判员；李金佩为县人民检察院检察委员会委员。

2019年6月27日，县十七届人大常委会第八次会议在人大会议室召开。县人大常委会主任仲向明，副主任武世强、朝格图、姜吉荣及常委会委员出席会议。会议由仲向明主持。县纪委书记、监察委员会主任李山，政府副县长温志红，检察院检察长王新平，非常委会委员的人大各委办副主任列席会议。会议听取审议通过县政府关于调整2019年公共财政预算支出的报告。听取审议通过县人大常委会关于接受秦霞辞去县人大常委会副主任职务的决定（草案）。会议通过表决，决定任命韩志业为县人民政府副县长。审议通过磴口县人大常委会组成人员守则（讨论稿）、县人大常委会2019年工作要点（讨论稿）。

2019年11月15日，县十七届人大常委会第九次会议在人大会议室召开。县人大常委会主任仲向明，副主任武世强、朝格图、姜吉荣及常委会委员出席会议。会议由武世强主持。政府副县长弓建刚，县纪委书记、监察委员会主任李山，政府副县长温志红、张树林，法院院长陈宏武，检察院检察长王新平，非常委会委员的人大各委办副主任，县财政局、发改委、审计局等部门主要负责人列席会议。会议听取审议县政府关于2018年度县本级预算执行和其他财政收支的审计工作、关于审计发现问题整改情况、关于磴口县2019年上半年国民经济和社会发展计划执行情况的报告。审议通过县政府关于磴口县2018年财政决算及2019年上半年预算执行情况的报告。对县十七届人大二次会议31件代表建议办理情况进行满意度测评。会议通过表决，决定任命杨晓文为县检察院检察员。审议通过磴口县人大常委会关于实行政府民生实事项目人大代表票决制的决定（草案）、《县人大常委会给全县人大代表的一封信》。

2019年12月17日，县十七届人大常委会第十次会议在会展中心多功能厅召开。县人大常委会主任仲向明，副主任武世强、朝格图、姜吉荣及常委会委员出席会议。会议由仲向明主持。政府副县长弓建刚、温志红，检察院检察长王新平，非常委会委员的人大各委办副主任列席会议。会议通过表决，决定任命郭华为县人大常委会办公室主任；何承刚为县人大常委会农牧业与环境资源和城乡建设工作委员会主任；李筠为县人大常委会监察和司法与社会建设工作委员会主任；张小平为县人大常委会民族侨务外事与教科文卫工作委员会主任；叶树果为县人大常委会监察和司法与社会建设工作委员会副主任；梁红为县人大常委会民族侨务外事与教科文卫工作委员会副主任；郝伟为县发展和改革委员会主任；余寒为县人力资源和社会保障局局长；贾军为县水利局局长；冯惠升为县司法局局长；张忠朝为县市场监督管理局局长；崔耀中为县审计局局长；孟巴特尔为县工业和信息化局局长；彭义荣为县交通运输局局长；刘海军为县统计局局长；薛茂为县住房和城乡建设局局长；高义文为县扶贫开发办公室主任。会议听取审议通过县政府关于2020年政府民生实事候选项目形成情况、关于调整2019年一般公共财政预算支出、关于2019年地方政府债券安排、关于2018年新增债券结余资金调整安排情况的报告。审议通过了县人大常委会2020年磴口县政府民生实事项目投票表决办法（讨论稿）。会议通过表决，补选何敏为巴彦淖尔市第四届人民代表大会代表，接受薛茂、杨森两人辞去磴口县十七届人民代表大会常务委员会组成人员职务。审议通过县十七届人大常委会代表资格审查委员会关于补选县十七届人大代表资格的审查报告、县十七届人大三次会议有关事宜的安排意见、县人大常委会工作报告（稿）。

重要工作

【依法规范人事任免】 2019年依法任命1名政府副县长，6名人大常委会内设机构主任、副主任，26名政府组成部门负责人，20名法检两院工作人员。

【法律监督】 2019年10月，县人大常委会对《中华人民共和国人民调解法》的贯彻实施情况进行调研，提出进一步推进人民调解队伍建设，不断充实稳定调解队伍；强化调解人员的业务培训；加强司法所建设，配齐配强司法所工作人员；建立健全人民调解经费保障机制等建议。在《中华人民共和国食品安全法》执法检查中，提出继续推广将生产小作坊划行归市、集中生产、便于监管的模式，提升监管能力和覆盖面，坚决取缔“黑作坊、黑窝点”，使“黑、小、无”作坊无生存土壤等建议，最大限度杜绝食品安全问题的发生。配合自治区、市人大常委会对《中华人民共和国水污染防治法》《中华人民共和国消防法》《中华人民共和国物业管理条例》等多部法律法规实施情况开展执法检查，宣传和监督巴彦淖尔市出台的两部地方性法规《巴彦淖尔市黄河灌区水利工程管理保护条例》和《城市市容和环境卫生管理条例》在磴口县的贯彻实施情况。

【工作监督】 为进一步推动磴口县教育工作健康发展，常委会专题调研磴口县教育工作。提出积极探索教育人事制度改革，稳定教师队伍；深化教师职称改革，全面提高教育教学质量等意见建议，得到政府的重视和落实。常委会分行业、分领域、分层次、分时段组织人员和自治区、市、县人大代表对县十七届人大二次会议代表建议办理情况和县政府实施重点民生工程进行集中视察，助推群众关心的供水供热、食品安全、农牧区农村饮水等民生实事问题的有效解决。

【人大代表工作】 2019年，组织全县各级人大代表和苏木镇人大主席及人大干部，参加全国、自治区、市级代表培训班十余次，共培训代表和人大工作者200余人次，各苏木镇自行组织代表外出观摩、考察、学习200余人次。邀请100余人次代表列席常委会会议，参与县人大常委会开展的执法检查、调研视察等工作，对于代表提出有价值的意见建议，县人大常委会充分采纳，分口归类交“一府一委两院”（“一府”是指人民政府，“一委”是指监察委员会，“两院”是指人民法院、人民检察院）及有关部门办理。加强苏木镇人大“代表之家”建设力度，使基层人大代表学习有场所，议事有阵地。

【信访工作】 2019年共接待信访群众500余人次，受理信访案件20件，督办往年执行积案10件，得到落实或已经办结的占90%以上。

（何承刚　段馨予）

磴口县人民政府

综 述

【经济概况】 2019年，预计地区生产总值完成54.09亿元，同比增长6.4%；城乡常住居民人均可支配收入分别达到31992元和19125元，同比增长7.6%和8.1%。

【三大攻坚战】 2019年，化解政府债务2.7亿元。实施扶贫产业项目14个，建设扶贫产业园区8个，政策落实和基础提升"清零达标"专项行动全部完成。贫困群众"内生动力"显著增强，建档立卡人口全部脱贫。山水林田湖草生命共同体加快构建，乌梁素海综合治理工程有力推进。再生水回用二期工程建成投运，污水收集率提高到85%，污水处理率和再生水回用率均达到100%，实现点源污染"零入海"。农村牧区"四控两化"（控肥增效、控药减害、控水降耗、控膜提效，畜禽粪污资源化利用、秸秆资源化利用）面源污染综合治理成效显著。乌兰布和沙漠防沙治沙和生态修复示范工程启动实施。保护母亲河、河湖清四乱专项行动扎实开展，河湖连通及生态补水工程、乌兰布和分洪区扩容工程前期工作扎实开展。金牛电厂超低排放改造项目投入运行，节能减排完成年度目标任务，空气质量优良率达到80%以上。

【农 业】 新增设施农业2540亩、经济林6400亩，优质牧草、蒙中药材种植面积分别达到19.5万亩和12万亩，建成8个科技示范园区。华莱士瓜提纯复壮成效明显。国家有机产品认证示范县创建工作有力推进，2家企业、4个产品获批使用"天赋河套"品牌，蒙牛圣牧产品、漠北金爵葡萄酒分别荣获中国国际有机食品博览会金奖、世界沙漠葡萄酒大赛金奖。耕地地力保护补贴和玉米、大豆生产者补贴全部兑现。

【畜牧业】 全县牲畜饲养总量150万头（只）。新增特色水产养殖基地5000亩。落实非洲猪瘟和鼠疫防控工作。

【工 业】 规模以上工业增加值达到13.5亿元，同比增长15%。内蒙古磴口金牛煤电有限公司、磴口县国电光伏发电有限公司等企业年发电量达到40亿千瓦时，同比增长8.6%。泰顺兴业（内蒙古）食品有限公司实现技改搬迁，蒙牛乳业（磴口巴彦高勒）有限责任公司、内蒙古蒙牛圣牧高科奶业有限公司完成技改升级。佳格植物油、中粮番茄产销两旺。利川化工硫化碱循环经济、昂日新材料二期项目基本建成。工业园区基础设施日益完善，承载能力显著增强。

【旅游业】 提升纳林湖、三盛公、北海湿地等景区基础设施建设。中蒙建交70周年主题采访组、2019年世界旅游小姐中国年度冠军总决赛走进磴口。《磴口故事》专栏深受大众喜爱。"祖国万岁"百亩主题创意花海释放独特魅力。全年接待游客143万人次，旅游综合收入实现10.4亿元，分别同比增长10.2%和6%。

【电子商务】 餐饮住宿、电子商务、现代物流等服务业配套发展，电商交易额达到1.2亿元，同比增长41%。

【基础设施建设】 城镇建设投资完成4亿元。改造供热主管网6.5千米，新增集中供热面积23万平方米，城区居民供热质量大幅提升。新改建各类管网23千米，完成天然气入户377户。510套非成套住宅改造工程及卫干校二期平房区综合改造工程启动实施，完成棚户区改造327套。西区广场投入使用。维修改造路灯1200盏。新增园林绿化3.6万平方米，绿化覆盖率35.6%。街头摊点实现划行归市，提高环卫园林装备水平，机械化清扫率70%以上，市容市貌实现净化升级，国家卫生县城顺利通过评估验收。巴镇城郊污水处理站投入运行，建成垃圾转运站27个、水冲式厕所2925户，打造美丽庭院100户，农村牧区面貌焕然一新。推进“大棚房”和违建别墅问题专项清理整治工作。新改建农村牧区公路22千米，“四好农村路”完成年度建设任务。推进包银高铁征拆工作。

【水　利】 投资1.15亿元，实施机井通电、农网改造等工程，提升供电质量。完成高标准农田4.5万亩、节水灌溉2.3万亩。

【林　业】 完成林业生态建设15万亩，森林覆盖率20.56%。

【深化改革】 深化供给侧结构性改革，完成行政机构改革、“放管服”改革，健全“双随机一公开”（即在监管过程中随机抽取检查对象，随机选派执法检查人员，抽查情况及查处结果及时向社会公开）市场监管机制。深入实施证照分离改革，涉企证照事项实现三十二证合一，企业开办时间压缩到3个工作日。“12345”政府服务热线开通运行。推进商事制度改革，实施登记信用承诺制度和全程电子化登记。工程建设项目审批改革。优化营商环境。综合执法改革纵深推进。预算绩效管理改革效果明显，提高财政资金使用效果。完成第四次全国经济普查。国土空间规划启动编制，开展第三次全国国土调查工作。积极推进农场改革，成立兴垦农牧业有限责任公司，与山东水控发展集团有限公司联合组建现代农牧业发展有限公司。集体产权制度改革基本完成。生态文明制度改革有力推进。农业水价综合改革、自然资源确权试点和水权制度改革持续推进，“河湖长制”落实有力。教育卫生、社会保障、科技文化、食药监管等领域改革取得新进展。

【招商引资】 2019年进出口总额1390万美元，同比增长3%，引进国内到位资金7.9亿元。

【民生事业】 财政直接用于民生的投入占公共财政预算支出的比重达70%以上。转移农村牧区劳动力7059人，新增城镇就业750人，发放创业担保贷款220万元。

【社会保障】 社会保险参保扩面97249人，参保率稳定在98%以上。发放低保、残疾人等各类兜底保障资金7334万元。义务教育均衡发展有力推进，磴口县一中阳光幼儿园主体工程完工，班主任津贴大幅度提高，高考成绩创近年来最好水平，实施新一轮校园长聘任工作，招聘教师90名。卫生健康事业加快发展，公开选聘3家县直医院院长、副院长，蒙中医医院门诊综合楼建成投运，成功创建自治区健康促进县。

【“扫黑除恶”专项斗争】 打掉涉恶犯罪集团1个，涉恶团伙2个，破获涉恶刑事案件22起，治安案件查处率100%。

（张　宇）

政府办公室

【政务工作】 2019年，完成县委扩大会总结讲话、政府工作报告等综合材料的拟写。严格控制发文数量，政府和政府办共发文件304件，较上年同期明显下降，没有出现政策和文字上的差错，及时高效地处理各级来文1089件。围绕县委、县政府总体工作部署和重点工作，筛选出关系全县大局、有针对性的课题进行深入调研，先后对磴口县实施乡村振兴战略、村级集体经济、林下经济、农场改革等事关全县经济社会发展的重大问题、重点工作进行专题深层次调研，为领导科学决策提供参考依据。

【信息工作】 2019年，编报政务信息809篇，被市、自治区采用信息125篇。

【法制工作】 2019年，复议案件受理率100%。关于重大复议案件，及时向政府报告，防止和避免出现重大负面影响。按照规定程序，加强对代表建议和委员提案办理情况的催办和督办，并及时向县人大常委会、县政协提交2019年度代表建议和委员提案办理情况的报告，全年共办理建议议案111件，办复率100%。

【外事及侨务工作】 认真执行国家的外事、侨务政策，加强内引外联，不断强化外事侨务管理工作，严格外事审批程序，切实做好外事接待工作，外事、侨务工作再上新台阶。

【信访接待工作】 扎实做好信访接待工作，做好矛盾调解工作，不断畅通群众诉求渠道，创新工作机制，加大督查督办工作力度，认真排查化解各类社会矛盾纠纷，认真解决群众反映的信访问题，切实维护群众的根本利益。

（张　宇）

信　访

【概　况】 2019年，受理来信来访总量159批2100人次，与上年同期的211批3311人次相比，批次、人次下降25%和37%，信访形势总体平稳。网上信访“三率”（及时受理率、按期办结率、群众满意率）稳步提升，信访部门及时受理率100%，信访部门满意率73.47%，责任单位受理率98.88%，办结率100%，责任单位满意率73.20%。网上信访52件次，占比达到67.53%。

【信访事项化解】 2019年，办理上级交办信访事项。中央扫黑除恶第十五督导组交办线索32件，全部按时限要求办结。中央环保督查组交办17件问题线索，全部按程序办结。自治区党委巡视组进驻磴口县，分4批交办磴口县来信、来访事项80批件。自治区领导包联案件1件、自治区联席办交办案件3件全部办结。县级领导包案解决重点信访事项。充分运用信访补助资金解决特殊疑难信访案件4件。

【加强组织领导】 2019年，召开联席会议10次，对梳理出来的信访事项与转交办的到县、越级信访事项以及重点信访事项，相关部门一件件汇报化解情况，由联席会议逐案研究，有效推动问题的化解。县级领导大接访大下访活动深入持续开展，全年安排22名县级领导接访，推动信访问题化解。

【矛盾纠纷排查】 2019年，编发信访警示短信43条，信访动态78条。组织开展信访矛盾隐患排查9次，排查信访隐患167件。

【畅通信访渠道】 2019年，参加巴彦淖尔市信访局举办的信访信息系统业务培训班，对41个单位系统操作人员分两期进行业务培训，提高各苏木镇、农场及各单位的信访信息系统操作能力。利用“磴口信访”公众号，宣传网上信访以及信访政策、法律法规，编发工作动态类信息163条，关注人数1570人。

【信访工作新举措】 2019年，排查受理拖欠农民工工资信访事项18件，妥善解决18件，为185名农民工追要发放工资153万余元，维护农民工的合法权益。协调化解各类矛盾纠纷217件，矛盾纠纷调处率、化解成功率双上升，遇事找法、办事依法、解决问题用法、化解矛盾靠法的理念深入人心。

（王晓静）

档　案

【机构设置】 磴口县档案局内设办公室、业务监督指导股和保管利用股。

【档案社会服务】 2019年，针对档案保管利用面对基层群众的特点，在窗口服务方面推行文明礼貌用语，在查阅室旁边设置休息处，在休息处摆放开水和纸杯。接待查阅者600余人次，提供利用档案10000余件次，摘抄、免费为查阅人员复制档案2500余页。及时征集反映当地历史和经济社会发展的档案、资料、实物，例如磴口县第二十六届华莱士节专题档案、“舌尖上的磴口”第四届黄河鱼健康美食烹饪大赛活动、内蒙古磴口海峡杯黄河铁人三项等档案。

【档案安全保卫工作】 2019年，完善《保密制度》《查阅、借阅档案制度》《档案库房管理制度》《档案馆消防安全制度》《夜勤人员工作制度》等档案安全管理制度。档案安全保卫管理实行双人值岗，凡到档案局查阅办事人员都要进行登记，局领导和分管领导经常对档案馆、库房安全进行定期、不定期的专项检查，发现安全隐患，及时处理，确保档案资料的安全完整。雨季防汛期间，县档案局召开紧急会议安排部署防汛工作，成立档案防汛工作领导小组，组织人员对档案馆库房周边的雨污管道、屋面、墙体、电气设备及办公区域、库房门窗等进行仔细排查，确保档案库房安全。经常组织干部职工开展保密知识学习和考试活动，提高档案局干部职工的保密意识和保密常识。

【档案业务指导】 2019年4月，县档案局印发《关于做好机构改革中档案工作的通知》，对涉改的10个部门档案处置情况进行摸底。通过摸底，各机构改革单位现存文书档案4876卷，23351件；会计档案6314卷；照片档案2464张；专业档案21002卷；奖章、奖杯、证书158个；退休、死亡、个人档案63册。摸底后县档案局与相关涉改部门沟通讨论，原单位档案不移交档案管理部门，由改革后新设立单位或合并后单位继续保管。待条件成熟后，再按照保管期限整理后移交县档案局。10月，分别对县水利局、税务局、政协办、人大办、县委办、县委保密机要局、政府办、乌兰布和农场（一团）、哈腾套海农场（三团）、公共资源交易中心和农村信用合作联社等单位档案进行实地查看，对存在的问题与分管领导、档案管理人员进行面对面交流和现场指导，限期进行整改。通过现场指导和电话询问共计指导48个单位，使档案工作逐步规范化。2019年7月30—31日配合市农牧业局、市档案局核查磴口县承包土地确权档案，通过核查共发现存在档案封面脊背内容手写、未使用红色印章、文件未标页码、保管期限划分不准确、无卷内目录、全宗号错误等15个问题。随后，县档案局根据检查发现的问题，进行跟踪指导，土地确权档案已全部按要求进行整改，通过验收。深入隆盛合镇塔布村、红旗村对扶贫档案进行规范指导，着重打造村级档案示范点。参加全县法律、法规集中宣传活动，6月9日，组织全体干部职工走上街头开展“6·9”国际档案日法律法规宣传活动，悬挂档案法制宣传标语，发放宣传材料300余份，接待群众咨询60多人次。同时，结合“12·4”国家宪法日，开展档案法律法规宣传。

【档案培训教育工作】 2019年3—4月，内蒙古黄河工程管理局参加自治区举办档案业务培训班7人。6月，派人参加全国档案领导干部培训学习。9月18日，全市档案工作交流现场会暨档案业务管理工作培训在磴口县开展，参加培训人员40余人。

【档案馆建设工作】 新馆于2016年7月15日正式开工建设，建筑面积为5231平方米，工程总造价预计2000万元。2019年11月19日新档案馆通过竣工验收交付使用。11月22日至12月8日，档案馆进行整体搬迁，12月9日，整体搬迁工作完成，新馆正式对外办公。为确保馆藏档案资料搬运工作安全有序进行，县档案局制订详细的搬迁方案，对库存档案、资料进行核对清点、清查，分类打包封装，并根据新馆库房结构，事先落实档案存放位置，确保档案到达预定位置且上架后留有余地，保证后续接收档案有存放空间。经过半个月的努力，馆藏10余万卷档案及资料已经全部安全搬进新档案馆，搬迁工作安全、顺利完成。

（张　明）

机关事务

【机构设置】 磴口县机关事务管理局内设办公室、接待中心、物业管理中心、公务车辆服务中心、节能办。

【接待工作】 2019年，大型公务、商务接待386批次，接待来宾10000多人。

【物业管理工作】 2019年，加强水电服务，主动安排预防性维修，及时完成日常性维修，认真进行改善性维修，确保党政大楼、翠源楼、会展中心3座办公楼，包括领导公寓基础设施的安全运行使用。做好会展中心的安保及消防安全工作。做到24小时昼夜不间断巡检，强化安全意识，全力做好防火防盗，消防器材、设施的检查工作，积极配合督促维保公司，及时做好维护维修、更新和补充工作。成立磴口县公务仓，对全县组建临时机构、召开重大会议、举办大型活动购置的资产纳入公务仓进行集中统一管理。举办全县性大型会议活动、接到上级通知需要巡查、巡视、审计、调研等临时机构所需的办公物资，可从公务仓借用，待工作结束后，及时归还公务仓。

【会务工作】 2019年完成县党代会、全委会、人大政协“两会”、主题教育会、市对县实绩考核及各类会议的服务共计531场次。

【公务用车服务保障工作】 2019年，公务用车服务中心共为72个单位提供2983次用车服务，安全行驶458480千米。各用车单位使用轿车2700次，行驶31万余千米；使用越野车642次，行驶14万余千米。全年实现安全行车45万多千米，无道路责任事故发生。

【公共机构节能工作】 2019年，指导县内258个行政、事业单位和团体组织的能耗数据统计收集、汇总上报工作。开展“绿色发展、节能先行”“节约能源资源、分类投放垃圾”“绿色低碳进单位”等为载体的节能宣传周活动。做好能耗监测平台建设和全县机关单位的能耗统计工作，确保全县机关单位节能降耗工作得到落实。

【资产管理工作】 2019年3月，机构改革后由县机关事务局会同纪检委监察委、县委政府督查室、发改局、住建局、财政局、审计局等部门，严格遵照文件精神要求，对磴口县75个单位的办公用房使用进行巡查整改回头看，并实地督查清理整改单位的办公用房使用情况，围绕严格控制办公用房维修改造、全面清理办公用房面积超标、严格规范办公用房管理等三个方面开展专项清理整治。并按照上级指示要求依托内蒙古自治区党政机关房地产管理信息平台完成磴口县数据更新和信息统计报送工作，做好办公用房信息统计汇总报告工作。科学编制全县行政事业单位办公用房整合方案，实现全县办公用房无超标违规使用现象。

（肖媛媛）

公共资源交易

【概　况】 2019年全年全县公共资源交易项目128项，交易金额32171.02万元。其中建设工程类项目43项，投资规模24090.76万元，合同金额23806.77万元，节约资金283.99万元，节支率1.2%；政府采购类项目85项，预算金额7524.25万元，合同金额7296.25万元，节约资金228万元，节支率3%；国土资源交易工作完成3宗，成交价1068万元。

【公共资源交易工作】 加强制度建设、优化相关程序，加速交易流程，使全县公共资源交易工作水平明显提升、交易流程更加规范、交易服务更加优化、交易活力更加充沛。引导干部根据自身情况进行自学，主动学习有关业务知识，在工作中把政治理论知识、业务知识和其他新鲜知识结合起来，开阔视野，拓宽思路，丰富自己，努力适应新形势、新任务对本职工作的要求。开展业务知识“轮流讲学”，以招投标过程中出现的典型案例以案促学，多次开展干部队伍业务知识交流。

【规范化交易平台建设】 2019年，与上级部门沟通对接，配合完善中心网站建设，把信息技术的严密性和计算机技术的程序化引入招投标工作中。

【交易项目监督常态化】 与行业管理部门等单位联系，定期、不定期地汇报总结，协调业务开展情况。经常性开展部门联合检查。主要是针对项目单位、代理机构等单位的交易行为，开展专项检查，及时发现问题，深刻剖析问题，解决问题，督促交易项目“应进尽进”。根据具体交易项目的实际情况，依法明确项目的监督主体部门，做到依法行政、依法监督。

【推进招投标全流程电子化】 2019年，推进建筑、市政、水利、交通、国土整治项目实现全流程电子化工作。推进市县一体化建设以及交易数据实时推送。

【加强制度建设和现场管理】 2019年，健全招投标工作制度，规范工作流程，加大标前、标中、标后的全方位监管力度，严格落实公共资源交易监督管理等制度。主动拓展信息公开范围，加强开评标现场管理，对开、评标现场进行音频、视频同步公开，全程留痕，接收社会监督。

【强化从业人员监管】 2019年，实行备案制度和招标代理动态管理。开展公共资源招标投标事前信用承诺工作，实行诚信记分和失信记分管理，未经实名登记备案的招标代理执业人员不得编制并签署提供给综合监管机构备案的招标文件，不得进入县公共资源交易中心组织开标、评标活动，同时对存在违反法律、法规的，及时告知文件编制人员修正并做信用考核扣分处理，对扣分积累达到相应限额的，将对文件编制机构或编制人员分别进行约谈、整顿或暂停入县交易资格等处理。

【强化市场监督】 2019年，坚持重大项目约谈和标后履约巡查。在重大项目发放中标通知书前，会同行业主管部门，召集业主单位、中标企业法人、技术负责人、项目经理以及监理单位召开约谈会，宣传招投标法律法规，重申招投标纪律，敦促签订施工合同并严格履约，从而确保项目顺利实施。加强工程项目备案合同履约监管，按照中标项目招标文件、投标文件和工程合同的约定实施。

【实施量化管理】 2019年，推行招标投标不良行为量化记分制。对招标人、投标人、招标代理机构及其相关人员、评标委员会成员等市场主体在市场活动中的不良行为实施量化管理，推进诚信体系建设，实行守信激励和失信惩戒，每个主体在一个周期内总分为12分，针对其不良行为的类别分别记分，并向社会公布查询，同时将量化结果运用到行政监管和市场交易活动中，对诚实守信主体参与招标投标活动依法给予奖励，对失信主体参与招标投标活动依法予以限制，记满12分的市场主体在记分周期内实行市场禁入，同时对达到严重不良行为程度的当事人，记入“警示名单”，向社会公布。

【严厉打击招标投标违法行为】 2019年，会同有关行政监督部门按照“双随机一公开”监管办法对招投标情况组织执法检查，形成震慑效力。

（赵立洁）

政务服务

【机构设置】 2019年3月21日，磴口县政务服务局正式挂牌。4月26日，磴口县政务服务局支部委员会成立。5月8日，磴口县政务服务局党组成立。政务服务局正科级建制，编制人数5人，其中局长1名、副局长2名（实有1名副局长），工作人员2人。政务中心主任1名、副主任2名。内设业务综合办公室、放管服改革推进股、“12345”政府服务热线办公室、物业管理办公室、信息网络办公室。

【深化“放管服”改革】 2019年5月29日印发《磴口县人民政府办公室关于成立推进政府职能转变和“放管服”改革领导协调小组的通知》，正式成立推进政府职能转变和“放管服”（简政放权、放管结合、优化服务）改革领导协调小组，由县委副书记、政府县长樊文担任组长，政府副县长温志红担任常务副组长，小组分为5个专题组和4个保障组，明确各组的主要职责。全年召开“放管服”改革专题会4次，研究部署优化营商环境、推进工程建设项目审批制度改革等多项重点改革任务。

【“互联网+政务服务”改革】 2019年，开展权责清单梳理工作，梳理出全县权责清单6668项。全区一体化政务服务平台需认领和录入权责清单663项，实编实施清单332项，公开发布327项。组织全县24个单位开展集中办公活动，完成“互联网+政务服务”事项录入工作。认领“互联网+监管”事项108项，监管行为信息采集180项。政务服务中心进驻各类审批服务单位31个，设置服务窗口41个，窗口服务人员75人，进驻各类行政审批事项304项，事项进驻率达到68.3%。2019年受理办理各类事项79876件。推进“最多跑一次”改革。按照全面落实“六个一”实施方案要求，梳理第二批最多跑一次事项，向社会公示178项清单，其中，“最多跑一次”事项115项，“一次不用跑”事项30项，“容缺审批”事项10项，“一件事”事项23项。

【提升行政服务效能】 调整113项工商登记前置审批改为后置审批，持续做好两个目录的“双告知”（即工商部门把相关信息一是告知办事企业，二是告知相关审批部门）工作，向有关部门累计推送市场主体登记信息649条，企业签订承诺书751户。凡从事前置改为后置审批事项目录中的项目，一律实行证照分离登记。对106项涉企行政审批进行直接取消，改为备案、告知承诺，全面落实“证照分离”，大幅减少行政审批，着力解决“准入不准营”问题。办理“证照分离”市场主体175户。转变征管方式，简化办税流程，推行涉税业务线下“一厅通办”。大力推行网上办税服务，足不出户即可办理纳税申报、财务报表报送、税收减免备案等日常涉税业务。为24360户次纳税人减免税费1.05亿元。

【深化商事制度改革】 2019年，在全市率先开展企业“三十二证合一”和个体工商户“两证整合”改革，涉企证照大幅精简，以“减证”促“简政”。市场主体退出登记流程由6项减为4项，提交材料由9项减为5项。磴口县各类市场主体有8332户，注册资本142.69亿元。其中内资企业1472户，个体工商户6398户，农民专业合作社462户。深入推进全程电子化改革。采取分阶段、分步骤推进企业无纸全程电子化和无介质电子营业执照工作，企业通过登录内蒙古自治区市场监督管理局网上登记申请服务平台，通过网上申请、网上提交材料、网上受理、网上审核、网上发照和网上公示6项审批流程，全年办理企业电子营业执照12户。实行企业简易注销登记改革。实行企业简易注销登记，将企业简易注销公告时间由45天压缩为20天。有180户企业在网上申请简易注销，其中124户成功办理简易注销，56户正在公告期内。根据国家和自治区相关文件精神，免征不动产登记费3项，降低不动产登记费1项，调整专利收费减缴2项。降低出入境证照、商标注册、工商业平均电价和水土保持补偿费等收费标准。将85家失信企业和13家严重违法企业向社会公示，及时向社会公布155名失信被执行人名单。

【“双随机一公开”监管工作】 2019年，全县制定“双随机”（即在监管过程中随机抽取检查对象，随机选派执法检查人员）抽查任务156条，录入执法人员358人，抽查事项1017项。2019年开展跨部门双随机抽查4次，检查结果全部进行公示。

【工程建设项目审批制度改革】 2019年，加强组织保障，成立领导小组，制定出台《磴口县工程建设项目审批制度改革工作实施方案》，进一步明确工程建设审批制度改革的主要目标、具体任务和落实措施。完成建设项目审批流程图、建设工程办理施工许可和竣工验收备案所需资料指导表，印发《磴口县工程建设项目联合验收与备案阶段实施方案（试行）》《磴口县工程建设项目施工许可阶段并联审批管理办法（试行）》《磴口县推行工程建设项目审批告知承诺制实施方案（试行）》等。

【政务服务建设】 2019年，设立磴口县“12345”政府服务热线指挥调度中心，配备专职话务员及办公设备，制定出台《磴口县12345政府服务热线管理办法（试行）》，2019年部门知识库录入信息1159条，签收派送工单114件，办结率100%。

【提升基层便民服务水平】 2019年，加强对苏木乡镇（街道）便民服务中心和嘎查村（社区）便民服务代办点规范化建设。打造24小时自助服务大厅，与金融机构合作在市区打造24小时自助服务大厅，进驻各类自助设备3台，实现“全时段、不打烊”服务。开展政务窗口服务质量集中整治。针对窗口服务效率不高、驻授权不充分、流程材料不精简以及窗口工作人员服务意识不强及业务能力不专等问题。分三个阶段开展集中整治行动，查摆问题12个，全部完成整改。

【政务公开工作】 2019年，公开政府文件8份，政府工作报告3条；完成政策解读4条，发布通知公告224条，公开部门动态226条、政务动态332条。加大三大攻坚战、“放管服”改革及重点民生领域信息公开力度，在政府网站、部门网站、三务公开网站、微信公众号等媒体平台公开政策性文件、公告公示、工作动态等重点政务公开信息共计738条。

【党员排头兵服务在一线】 2019年，磴口县政务大厅党员开展延伸服务272件，其中，延时服务61件、预约服务111件、上门服务4件、帮办代办96件。苏木镇、村、嘎查（社区）便民服务中心、代办点的党员开展延伸服务事项1019件，其中，延伸服务95件、预约服务150件、上门服务181件和代办帮办服务593件。

（赵益霖）

应急管理

【机构设置】 因机构改革，2019年3月磴口县安全生产监督管理局改为磴口县应急管理局。内设办公室、应急救援指挥管理室、安全生产综合协调室，下设安全生产综合行政执法大队。

【安全生产运行】 2019年，全县安全生产形势总体平稳，建筑施工类、消防类、工矿商贸等行业领域均未发生安全生产事故。道路交通发生事故4起，死亡3人，受伤2人，直接经济损失0.9万元。

【安全生产执法】 2019年，磴口县应急管理局组织执法人员采取定期、不定期和随机抽查的办法，先后多次深入各相关企业进行安全检查，监督检查生产经营单位累计131户次，排查出安全隐患159条，下达现场督查记录59份、责令限期整改指令书72份、现场处理措施决定书10份、停止供电通知书6份、恢复供电通知书4份、查封扣押决定书1份、查封扣押清单1份。复查整改验收36份，涉及隐患整改企业正在按时限要求认真组织整改，将按期限进行跟踪复查。安全生产监督检查行政处罚1项。

【安全生产隐患排查治理】 2019年，开展危化生产经营企业基本信息系统维护工作。对全县31户危险化学品生产经营企业进行企业信息上报系统更新和维护，其中加油站26户，危化生产和使用企业5户。通过重新识别和评估，确认3家企业存在4项重大危险源。建立安全生产天天呼微信群，共发送各类安全生产信息上千条。开展苏木镇、农场企业基础信息调查。进一步摸清苏木镇、农场生产经营企业基本状况，基本建立苏木镇、农场企业基本数据库，完善安全生产基本数据。各苏木镇、农场共上报生产经营企业108户，在建项目2项。其中巴镇37户，渡口镇5户，补隆淖镇9户，隆盛合镇15户，沙金苏木24户，在建项目1项，乌兰布和农场8户，在建项目1项，巴彦套海农场4户，哈腾套海农场3户，包尔盖农场3户。组织开展全县工贸行业基础信息调查统计工作。共整理出工贸企业24户，其中轻工类16户、机械类2户、建筑类6户，实现工贸行业安全监管全覆盖、无死角。对全县危险化学品经营（储存）单位开展安全风险评估工作。组织专人对全县26户加油站进行安全风险评估，完成23户，其中评估出橙牌加油站3户，黄牌加油站11户，蓝牌加油站9户。全县百日行动各阶段工作稳步推进。百日行动期间，县各单位、各部门共计检查单位及场所991个，排查出问题隐患1154项，已全部完成整改，未发现重大问题隐患。

【森林草原防火工作】 2019年，发生一般森林火灾3起，过火面积2.59公顷，起火原因均查明，对当事人进行行政处罚。全县无重大森林火灾、无人员伤亡。

【消防工作】 2019年，开展冬春火灾防控、安全生产大检查、人员密集场所等专项整治，集中力量、集中人员、集中时间，持续加大对全县火灾隐患整治力度，全县未发生一起重特大及人员伤亡火灾，安全形势保持稳定。

【防震救灾工作】 2019年，加强地震应急救援和观测体系建设，积极参加各类学习培训，提高地震业务工作水平。利用全县科技三下乡、科技周等大型活动，大力加强防震减灾宣传。11月2日，县沙林中心一分场发生3.1级地震后，迅速反应，按照处置程序，及时组织专业人员赶赴地震发生区域附近实地了解情况，并向相关苏木镇、农场及有关部门通报地震情况。

【防汛防凌工作】 2019年，针对黄河汛期沿河冲淘塌陷险情还没有得到控制的严峻形势，严格落实各项防凌防汛责任制，明确相关部门职责和工作重点。有针对性地修订完善防凌预案。制定切实可行的辖区内工程抢险、迁安救护、冰凌爆破、应急分洪等专项预案。全面开展凌汛前排查、除险工作。截至11月18日，对水毁塌陷段落全部完成裹护修复加固，共修复水毁段落170米，完成铅丝石笼护坡5600立方米、铅丝条笼340立方米，投入资金95万元；对沿堤的13座穿堤涵洞按标准要求进行堵复，并备足土料，安排专人守护，确保黄河安全度过凌汛。严格落实带班值班与信息报告制度，实行24小时领导带班值班制度，做好水情、凌情、工情、险情的观测记录与信息传递等工作，确保凌情信息传递准确及时。

【自然灾害】 2019年，县境内不同程度地先后发生干旱、风暴、生物灾害等各类灾情，其中风暴灾害发生4次，涉及全县10个苏木镇、农场，受灾人口5074人，受灾面积3099.3公顷，经济损失1585.43万元；旱情涉及2个苏木镇，受灾人口1647人，受灾面积5233.23公顷，经济损失925.5万元；生物灾害涉及7个苏木镇，受灾人口21932人，受灾面积1280.48公顷，经济损失2664.82万元。举办全县自然灾害灾情系统操作培训班，来自10个苏木镇、农场的灾害信息员及分管领导参加培训。

（潘　璐　王　珏）

消　防

【机构设置】 磴口县消防大队内设教导员办公

室、大队长办公室、参谋办公室、业务受理室、财务室、荣誉室。下设一个中队，中队设有司务长办公室、中队长办公室、指导员办公室、电子阅览室、会议室。

【设施设备建设】 2019年，有消防车5辆，其中1辆水罐车，2辆水罐泡沫联用车，抢险救援车、25米登高消防云梯车各1辆，行政车2台、执勤车1台。

【灭火救援情况】 2019年，出警224起，火警214起，抢险救援9起，社会救助1起。出动车辆231辆次，出动人员1344人次，抢救被困人员12人，抢救财产价值2600万元，直接财产损失65万元，无人员伤亡。

【防火监督检查】 2019年，开展冬春火灾防控、安全生产大检查、人员密集场所等专项整治。专项行动期间加大执法力度，集中力量、集中人员、集中时间，持续加大对磴口县火灾隐患整治力度，并逐一建立工作台账。2019年，检查单位965家次，发现火灾隐患1642处，整改火灾隐患1635处，临时查封7家，“三停”（停产停业、停止施工、停止使用）9家。发现重大火灾隐患单位2家，1家市级挂牌督办、1家县级挂牌督办已全部销案。按照年初工作要点推动消防安全标准化管理要求，将卫计和教育两个部门创建为行业示范单位。社会单位安装独立烟感报警器611个。消防安全重点单位填写自主风险隐患评估检查表90份。组织党政领导、行业部门负责人、消防安全责任人、微型消防站站长等人开展消防安全培训1次。约谈10类场所和10类风险突出的行业和单位1次。约谈行业部门2次。2019年11月24日，磴口县消防大队组织全县10家物业公司召开消防安全约谈会议，要求物业公司要部署好所管辖小区的消防安全工作，加大消防安全宣传力度，加强夜间的值班巡查、巡逻；截至2019年12月31日，大队在部分小区悬挂消防宣传牌24块，开展灭火演练4次、消防安全培训4次。组织全县5个中小学校、3个幼儿园共4000余名师生参与“开学第一课”消防宣传培训活动。开展消防宣传工作11次，设置咨询服务台8处，设立板块28块，张贴标语20条，播报电视广播标语20条，发放宣传资料1.5万份，制作并发放消防名片1000余张。消防大队分批次对行业部门负责人、社会单位负责人以及各单位员工进行培训10次，培训人数为2000人。

【举行磴口县“119消防宣传月”启动仪式】 磴口县“119消防宣传月”启动仪式在磴口县卫健委举行，消防大队全体消防指战员，民政局、教育局、卫健委领导干部，县直医疗卫生单位、基层卫生院、社区卫生服务中心、微型消防站负责人等共计70余人参加启动仪式。启动仪式后组织70余名工作人员进行灭火疏散演练和消防安全培训。2019年磴口消防大队组织行业部门和90家重点单位人员300余人开展培训，主要针对行业消防标准化管理、重点单位户籍化录入以及消防档案等内容进行培训，进一步推动行业部门和重点单位标准化管理进度。

（朱　敏）

中国人民政治协商会议磴口县委员会

重要会议

【政协十届三次全委会议】 中国人民政治协商会议磴口县第十届委员会第三次会议于2020年1月2日至3日举行，应出席委员131人，实到委员125人。会议审议政协主席刘峰所作的政协磴口县第十届委员会常委会工作报告、副主席包嘎尔迪所作的政协磴口县第十届委员会提案工作情况报告。根据选举办法，增补政协磴口县第十届委员会常务委员1名。委员们列席第十七届人民代表大会第三次会议，听取并通过县长樊文所作的政府工作报告。市人大常委会副主任、中共磴口县委书记李建军在开幕会上作重要讲话，对县政协2019年的工作给予充分肯定，对新时代做好政协工作提出具体要求，为推进磴口县政协事业开创新局面指明了方向。会议认为，2019年，县委、县政府团结和带领全县各族人民，攻坚克难、真抓实干，保持经济持续健康发展势头，推进城乡面貌显著改善，加快旅游产业发展步伐，增强改善民生福祉力度，提高生态环境保护与建设成效，深化重要领域和关键环节改革，扎实开展“不忘初心、牢记使命”主题教育，全县的经济基础得到巩固，社会事业得到强化，干部作风得到改进，为全面建成小康社会打下了基础。会议要求，政协各参加单位、广大政协委员要用习近平新时代中国特色社会主义思想武装头脑、指导实践，认真贯彻落实习近平总书记关于加强和改进人民政协工作的重要思想，准确把握新时代政协工作的新方位新使命，在建言资政和凝聚共识两方面双向发力，充分发挥人民政协作为协商民主重要渠道和专门协商机构作用。会议期间共收到提案83件，经审查立案80件。

【政协常委会议】 2019年4月23日，召开政协十届六次常委会议。会议学习贯彻全国“两会”精神，听取党校副校长马玉军作题为《学习贯彻习近平总书记全国“两会”重要讲话精神，筑牢国家北方重要生态安全屏障》的专题辅导；协商讨论2019年政协工作要点；审议通过《2019年政协协商计划》；审议通过李晓丽等人辞去磴口县十届政协委员的申请。

2019年6月26日，召开政协十届七次常委会议。政协常委会组成人员、各委办主任、部分政协委员实地观摩乌兰布和农场水稻种植基地、沙漠水稻园区、硕丰公司山药种植基地、沙漠小麦种植基地、沙漠玉米种植基地、包尔盖农场苜蓿小麦连片种植基地。

2019年10月18日，召开政协十届八次常委会议。政协常委会组成人员、各委办主任、部分经济界委员实地查看城镇平房区改造及供热管网改造工程建设情况；视察了解部分企业技改升级项目建设进展情况和泰顺搬迁新址工地建设情况。

2019年12月20日，召开政协十届九次常委会议。会议听取政府对政协磴口县十届二次会议以来提案办理情况的通报；审议通过关于召开政协磴口县十届三次会议的决定（草案）；审议通过政协磴口县第十届委员会常务委员会工作报告（讨论稿）及报告人建议名单（草案）；审议通过政协磴口县第十届委员会常务委员会提案工作情况报告（讨论稿）及报告人建议名单（草案）；审议通过政协磴口县十届三次会议议程（草案）；审议通过政协磴口县十届三次会议日程（草案）；审议通过政协磴口县十届三次会议大会执行主席分组名单（草案）；审议通过政协磴口县十届三次会议秘书长、副秘书长名单（草案）；审议通过政协磴口县第十届委员会提案审查委员会主任、副主任、委员名单（草案）；审议通过政协磴口县十届三次会议小组召集人（草案）；审议通过拟取消政协委员建议名单；审议通过拟增补政协委员建议名单；审议通过优秀政协委员表彰建议名单；审议通过优秀提案表彰建议名单；审议通过提案承办先进单位表彰建议名单、提案办理先进个人表彰建议名单。

2019年12月24日，召开政协十届十次常委会议。会议听取十届三次会议上各组讨论情况汇报；听取候选人、选举办法、监计票人名单酝酿情况汇报；审议政协磴口县第十届委员会第三次会议决议（草案）。

重要工作

【政协办公室工作】 2019年，组织政协委员和机关干部学习中共十九大和十九届二中、三中、四中全会精神，认真落实习近平总书记关于加强和改进人民政协工作的要求，不断提高履职成效。开展习近平总书记关于加强和改进人民政协工作的重要思想学习研讨活动，深入开展“不忘初心、牢记使命”主题教育。组织政协委员参观廉政教育基地；加强意识形态工作，举办意识形态领域知识培训；组织部分政协委员、机关干部赴西柏坡、百色红色教育基地开展理想信念教育。认真落实脱贫攻坚工作任务，对接开展帮扶工作，帮助协调项目，发展产业，进村入户，了解贫困户生产、生活困难，帮助其解决难题。鼓励先进，树立榜样，评选出一批优秀政协委员、优秀提案、提案承办先进单位和提案办理先进个人，激发广大政协委员履职尽责，推动提案办理取得实效，以实际行动践行“不忘初心、牢记使命”主题教育。围绕中华人民共和国和人民政协成立70周年庆祝活动，配合市政协组织文艺表演、筹建文史馆，充分展现人民政协的光辉历程，展现一届又一届政协委员接续奋斗的精神风貌。加强联谊，接待广东、黑龙江、福建南平、山西大宁、乌海、阿拉善及五原等区内外政协对磴口县的经济建设、天赋河套品牌及政协工作情况的考察；接待自治区、巴彦淖尔市政协对磴口县奶业发展、文化基础设施建设的调研视察；会同文史委员会开展文史交流工作，与广东、湖北、山西等区外政协互通互换文史资料，向各界人士赠送文史资料280套；组织参加全市政协系统第十届运动会。加强社情民意工作，就涉及全县发展大局和群众关注的重大问题开展调查研究，全年编发社情民意30余篇。

【文史教科文卫体委员会工作】 2019年3月22日，开始征集以磴口县抗击“非典”、磴口县乌兰牧旗发展和工作情况为主要内容的文史资料。8月21日，为市政协举办庆祝新中国成立70周年暨人民政协成立70周年主题展览做准备工作。组织县政协剪影、历史沿革等资料。9月17—21日，组织县教育、人社、编办等部门负责人及部分政协委员一行15人赴鄂尔多斯市、山西晋中市等地进行为期4天的考察调研活动。通过实地参观、交流座谈等形式，考察先进地区的教育理念、治学风格、校园文化建设、大胆有效的体制改革、科学规范的学校管理。11月15日，组织政协委员对全县沿山一线文物修缮保护情况开展视察，实地查看加强鸡鹿塞遗址修缮保护、秦汉长城、窳浑古城遗址保护情况。12月20日，完成以磴口县抗击“非典”为内容的文史资料第十八辑的出版工作。

【学习和提案委员会工作】 2019年，收到提案90件，经审查立案88件，并案后转出86件，分别由县委、县政府不同部门承办。所提问题已经解决或基本解决的29件，占33%；已纳入规划或正在解决的34件，占38.6%；因条件不成熟，待以后解决的25件，占28.4%。从反馈情况看，委员满意和基本满意率为97.6%，不满意率为2.4%。重点提案重点督办，对14件重点提案分别由分管副主席领衔督办，督办人不定时问询督办，提案委员会经常性电话催办，对办理结果不满意的去函问询灵活商办。6月26日，组织十届政协常委会组成人员和科技界、特邀界等界别部分委员，对乌兰布和农场水稻种植基地、沙漠水稻园区、硕丰公司山药种植基地、沙漠小麦种植基地、沙漠玉米种植基地、包尔盖农场苜蓿小麦连片种植基地等全县规模化种植情况进行视察。

【经济和资源环境委员会工作】 2019年1月，在总结2018年工作基础上，确定2019年工作思路。3月，协助提案委确定重点提案。5月，组织参与市政协赴西柏坡开展的不忘初心红色教育培训班。7月，组织委员参加县政协赴百色开展“不忘初心、牢记使命”主题教育暨素质提升培训班。8—10月，联系组织部分经济界委员与办公室协作，以政协常委会议的形式，对磴口县城镇水源地迁址、平房改造及供热管网改造等基础设施建设工程和企业技改升级及搬迁项目进展情况进行视察。11月，对经济界委员进行履职情况考核，拟推荐优秀政协委员人选。12月，为政协十届三次会议召开做相关筹备工作。

【民族宗教侨务群团社会法制委员会工作】 2019年，组织委员积极参加政协办公室举办的集体培训，赴红色教育基地百色进行委员履职能力培训活动。6月中旬，组织政协委员对全县法治宣传教育工作进行视察，委员们对全县矛盾调解和法治宣传工作取得的成绩给予高度评价和肯定，同时对法治宣传工作提出建议。10月上旬，对磴口县乡村振兴战略实施情况进行调研。通过实地查看、听取汇报、召开座谈会等形式，就磴口县推广全县乡村振兴战略实施现状、存在的问题以及之后发展的思路，提出意见和建议。

纪检监察

综 述

【机构设置】 中共磴口县纪律检查委员会与磴口县监察委员会合署办公，一个机构、两块牌子，纪委监委内设办公室、组织部、宣传部、党风政风监督室、信访室、案件监督管理室、案件审理室、第一纪检监察室、第二纪检监察室、第三纪检监察室、第四纪检监察室、第五纪检监察室。

【党风廉政建设】 协助县委开展全面从严治党主体责任落实情况的监督检查，对36个单位反馈立行立改问题359个，对县委、县政府和其他党组（党委）提出意见建议7条，对32个落实“两个责任”不力的问题单位进行追责问责，处分13人，诫勉谈话27人，让失责必问、问责必严成为常态。印发《磴口县廉政谈话和约谈制度》，对科级以上领导干部开展日常廉政谈话、任前廉政谈话672人次，共回复廉政意见1083人次。

【纪检监察体制改革】 针对纪检监察干部专职不专的问题，对5个苏木镇党委书记提醒谈话，强化上级纪委对下级纪委的领导，提名考察2名苏木镇纪委书记、副书记，听取各苏木镇、农场纪委书记述职，强化对基层纪委的管理。加强对派驻纪检监察组工作的领导和指导，制定印发《磴口县纪委监委关于调整派驻机构监督单位的通知》，科学合理调整派驻机构监督单位，切实解决派驻监督力量薄弱的问题。要求各派驻纪检监察组主动列席被监督单位重要会议，加大派驻监督力度。各派驻机构全年共处置问题线索285件、立案29件，有效发挥派驻机构“派”的权威和“驻”的优势。

【廉政文化建设】 开展全县警示教育大会2次，对16起发生在磴口县及周边旗县的典型违纪违法案件和一些在巡视巡察中发现的共性问题进行通报。累计1500人次参观磴口县反腐倡廉警示教育基地，1000多人观看廉政警示教育片，组织138名党员领导干部旁听法院职务犯罪庭审活动。

【作风建设】 加强对机关事业单位工作人员八小时以外监督管理，累计发送廉洁过节提醒短信4500余条，发布廉政信息简报90期。针对违反中央八项规定精神、利用名贵特产类特殊资源牟取私利，以及落实基层减负、营商环境中的不正之风和腐败问题等工作开展专项监督检查，组织开展明察暗访9次，对5起违反中央八项规定精神问题点名道姓通报曝光。发挥日常监督“红脸出汗”效果，处理264人次，压实各级党组织和党的领导干部管党治党责任。积极净化机关政治生态，以整治形式主义、官僚主义和“四官”（是指庸官、懒官、乖官、巧官）问题作为有力抓手，强化责任倒逼，督促各级机关和广大党员干部形成“马上办”作风、“成绩单”意识和“重实干”导向。开展专项督查、定期抽查、明察暗访9批次，受理形式主义、官僚主义相关问题线索51件，立案5件，处分5人，通报曝光3起5人。将“三务公开”（定期对党务、村务、财务进行公开）作为净化基层政治生态的有力抓手和重要手段，通过“三务公开”平台累计公开各类信息9038条，处置“三务公开”问题线索15件，立案3件，处分2人，通报曝光2人。深化变上访为下访活动，一线研究、一线调处、一线解决，将问题解决在基层、矛盾化解在一线。下访63批153人次，收集信访反映问题24件，化解协调和调查处理22件，化解历年重复访、越级访突出的信访问题5件。2019年评选2018年度“清风干部”1669名，“清风集体”5个，“清风标兵”16名，将先进事迹在“清风磴口”微信公众号上刊登。及时为2名受到不实反映的基层干部澄清正名，保护干部干事创业积极性。

主要工作

【审查调查】 2019年，受理信访举报187件，处置问题线索446件，立案70件，处分78人（科级以上28人），诫勉53人次，提醒79人次，通报批评11人。使用调查措施867人次，对1人采取留置措施，涉嫌犯罪移送检察机关审查起诉2人。开展全县警示教育大会2次，对16起发生在磴口县及周边旗县的典型违纪违法案件和一些在巡视巡察中发现的共性问题进行通报。1500人次参观磴口县反腐倡廉警示教育基地，1000多人观看廉政警示教育片，组织138名党员领导干部旁听法院职务犯罪庭审活动。提升监督执纪执法保障水平。修订、出台《磴口县党纪政务处分决定执行工作制度》等10余项制度，开展“高质量办案年”活动，形成审查调查、监督执纪、以案促改3类6篇案例分析材料，被自治区、市纪委监委认定“尖兵”6名，合格人员66名。完成办公新址搬迁，实现集中统一办公。按要求建立标准谈话室、远程接访室等功能用房，有效加强设施保障。将纪检监察信息中心升格为正科级事业单位，核定科级领导职数2名（1正1副）。

【专项治理】 开展扶贫领域专项治理，针对中央巡视和国家扶贫开发成效考核指出的问题开展专项督查，发现问题13个。开展扶贫领域专项督查3轮，处置扶贫领域问题线索20件，立案3件，办结2件，处分2人。对2016年以来扶贫领域问题线索进行“大起底”（是指刚开始处于极低的位置，后来经过努力跨越低谷），通过复查复审处置，对8起案件重新提出处理意见。围绕县公安局2018以来立案查办的5起涉嫌涉黑涉恶案件“点对点”逐个阅卷排查，共阅卷70余卷，发现涉黑涉恶腐败和保护伞线索2件。扫黑除恶专项斗争开展以来，县纪委受理涉黑涉恶问题线索73件，立案6件，办结3件，处分3人，查处黑恶势力背后“保护伞”案件2件。处置民生领域问题线索154件，立案12件，办结9件，处分9人。

（周怀宇）

社会团体

磴口县总工会

【概　况】 2019年，磴口县有5个苏木镇工会联合会，1个工业园区工会联合会，3个行业工会联合会，5个国有农场工会委员会。全县有职工32428人，建立基层工会266家，会员32073人，其中农牧民工9519人，会员8237人。

【机构设置】 磴口县总工会内设办公室、组宣部、女工部、综合部、法工部、保障部、财务部、职工服务中心。

【劳动和技能竞赛】 2019年，在全县开展劳动技能竞赛、职业技能比武等系列活动，参与的企事业单位有141家，参赛职工6500人次。餐饮行业举办天赋河套　食在磴口——第五届“黄河鱼”健康美食烹饪大赛，卫计系统举办全县护理技能大赛，磴口县公安局组织全体民警和辅警开展2019年警务实战技能大练兵活动，磴口县教育局举办2019年全县青年教师教学基本功大赛，工业园区各工会根据实际业务举办维修、操作、检验、品尝等多项技能比武。

【劳模评选表彰】 开展2019年磴口县劳动模范先进工作者评选工作，评选出劳动模范和先进工作者70名，其中劳动模范25名，先进工作者38名，脱贫攻坚先进工作者7名。联合县委组织部、宣传部等部门，举办荣誉称号授予仪式；联合县电视台制作开播专题栏目《劳模风采》，在政府广场大屏幕滚动播放，在组织部、宣传部、总工会等官方微信公众平台进行全面宣传，激发广大职工“学劳模、敬劳模、争劳模”的热情，使劳模精神成为广大职工奋发有为和建功立业的精神动力。翟红兵、成建新、高广胜等12人获巴彦淖尔市劳动模范和先进工作者荣誉称号。

【履行工会职责】 2019年，加大对职工驿站人力、物力投入，完善职工驿站服务功能。为职工群众免费提供政策解读、法律咨询等服务160余人次；为下岗职工、农民工和进城务工人员免费提供就业信息等服务200余人次；为户外劳动者免费提供饮水供给、餐食加热、紧急躲雨、临时休息、避暑取暖、图书阅读、应急药箱、手机充电、轮胎充气、无线网络等服务400余人次；为有需求的职工群众免费提供心理咨询、压力疏导、精神抚慰等服务7人次；发放各类宣传手册4000余册，服务户外劳动者1079人次，受赠职工锦旗1面。指导全县企业签订《集体合同》、《工资专项集体合同》、《女职工权益保护专项集体合同》和《劳动安全卫生健康专项集体合同》共41份，覆盖企业163家。其中指导企业单独签订合同32份，区域性合同6份，行业性合同3份。其中百人以上建会企业集体合同和工资专项集体合同签订率达到100%。共建成自治区级和谐劳动关系单位6家。

【帮扶救助】 推进职工帮扶救助，实施医疗救助

13人，生活救助52人，金秋助学19人；坚持开展“夏送清凉、冬送温暖”活动，为1200余名一线交通警察、环卫工人、园林工人等户外劳动者发放防暑降温等物品；为396名快递、环卫等户外劳动者送去棉衣、棉鞋、手套、护膝等劳保用品，为125名园林一线职工送去牛奶、大米、植物油等生活用品；职工医疗互助保障顺利开展，全县22家行政机关及企事业单位1282人参保。为14名参加职工医疗互助的职工办理医疗补助，补助金额10082.86元。加强女职工保护，开展5期全县女职工“两癌”预防保健知识讲座，建设的磴口县实验局幼儿园“爱心妈咪小屋”投入使用。2019年6月举办全县“安康杯”知识竞赛活动，共有20家企业积极参与，覆盖职工3611人。开展工会普惠性服务工作。与包商银行和蛋糕店、洗车行、文化用品店等34家普惠商家签约，在“三八”妇女节、母亲节等重要节日期间集中开展宣传和普惠活动，定期在公众平台发布普惠信息，便于职工群众获取，发放会员卡3130张，受惠人数3500人。

【组织建设】 2019年，指导金马湖牧丰养殖公司、实验局幼儿园、交警大队等9家单位成立工会，推动百人以上企业巴彦淖尔市昴日新材料有限公司、内蒙古蒙牛圣牧高科奶业有限公司召开会员代表大会，民主选举成立了工会委员会。采取联合建会及成立行业工会联合会的形式，成立磴口县物业行业工会联合会，扩大服务业职工的有效覆盖面。认真落实《关于对自治区级林业产业化重点龙头企业建立工会组织情况开展排查督导的通知》，加强对10家重点林业、农业企业的调研力度，摸清底数、掌握动态，指导成立工会组织。

【厂务公开】 推动企业民主管理建制扩面。把企业民主管理建制扩面与工会组建、增强活力相结合，实现“建会、建家、建制”三同步。推动已建工会的企业职代会、厂务公开建制率动态保持在85%左右，其中国有及国有控股企业的建制率保持在95%以上。

（杨晓红）

共青团磴口县委员会

【机构设置】 共青团磴口县委员会（简称团委）内设办公室、组织宣传联络部、青工农牧部、学少部、志愿者部。

【少先队代表大会】 2019年11月28日，中国少年先锋队磴口县第二次代表大会在县会展中心召开。大会审议通过中国少年先锋队磴口县第一届工作委员会工作报告，选举产生新一届县少工委。新一届少工委按照少先队改革要求实行双任制，选举产生2名少工委主任，2名兼挂职副主任。

【青少年思想道德教育】 2019年，以学习培训班、专题学习会、宣讲培训会、教育实践、手机端青年大学习等形式开展内容丰富的学习活动。围绕庆祝中华人民共和国成立70周年、纪念五四运动100周年，组织开展各类主题教育实践活动。组织开展主题升旗仪式、诗歌朗诵会、红歌大赛、金话筒主持大赛、参观红色教育博物馆、专题讲座等活动70余场次。认真贯彻落实县委、团市委关于意识形态工作的部署要求，规范管理团属新媒体平台，注重防范和化解网络意识形态风险，提高网上发声能力。

【基层团建】 2019年4月29日，磴口县团委召开纪念共青团成立97周年暨五四运动100周年表彰大会。是日晚，在磴口县富园广场举行“青春心向党建功新时代”庆祝新中国成立70周年暨纪念五四运动100周年全县团员青年文艺会演。10月24日，磴口县团委在磴口县全民健身中心举办趣味运动会，丰富团员青年的精神文化生活。全年发展团员25名。完成2017年、2018年、2019年智慧团建系统录入工作的核对和信息完善工作。10月底，磴口县团委与县妇联联合组织共青团干部、妇女干部赴湖南长沙学习，切实提高团干部和妇女干部的政治素质、工作水平和实践能力。新建机关事业单位、非公企业、国有企业团组织 22 个。

【就业创业】 2019 年，开展“青春扶贫就业帮扶”工作，通过线上发布岗位、线下招聘会等形式为磴口县大学毕业生特别是建档立卡贫困家庭大学生、外出务工返乡青年、农村贫困青年和用工企业建立供需对接桥梁。深化与农业银行和邮储银行合作，着力解决广大青年在创业就业中融资难融资贵的问题。发放“青创易贷”400 万元，帮助青年 30 余人。

【环境保护】 2019 年，组织 70 余名团干部、团员青年、青联委员和青年志愿者开展“保护母亲河 · 争当‘河小青’”义务植树活动。在全县中小学生中开展生态环保手抄报比赛。

【希望工程】 2019 年，开展“情暖童心”圆梦微心愿公益扶贫品牌活动，为全县 13 所中小学校的贫困学生、留守儿童送去 313 份价值 30000 余元的微心愿礼物。争取到“希望工程”自治区团委赠予的价值 1.4 万元的爱心暖包。

（乌依恒）

磴口县妇联

【机构设置】 磴口县妇联内设办公室、发展部、权益部、组织部、宣传部、家庭和儿童部、妇儿工委办公室。

【纪念“三八”妇女节活动】 2019 年 3 月 8 日，以“巾帼建功新时代 · 奋斗创造新生活”为主题的文艺演出在磴口县会展中心三楼报告厅上演。全县各机关、企事业单位的妇女们表演文艺节目，进一步展现磴口县女性的魅力与风采，鼓舞各行各业女性建功立业的高昂热情。会上，对市场监督管理局行政审批股等 3 个三八红旗集体、巴彦高勒镇妇联等 16 个优秀基层妇女组织、王巧娥等 15 名三八红旗手、王文丽等 15 名优秀妇女工作者、孙丽家庭等 15 户最美家庭、马继霞家庭等 10 户平安家庭进行表彰奖励，代发获得全国及区、市三级奖励的先进集体和个人荣誉。

【“两癌”贫困疾病救助】 2019 年 1 月和 12 月，磴口县妇联采取集中发放和入户发放的方式，为磴口县 24 名符合条件的农村贫困“两癌”患病妇女每人发放救助金 1 万元，共发放 24 万元。

【春风行动】 2019 年 2 月 19 日，磴口县“春风行动”招聘会在富源广场举行，县妇联积极参与，在活动前广泛宣传动员的基础上，为参加招聘会的未就业女大学生、失地失业等贫困妇女提供政策了解、岗位选择等帮助，充分发挥妇联组织联系妇女、服务妇女的作用。现场初步达成就业意向的女性有 42 人。

【“微心愿”活动】 2019 年 3 月 14 日，磴口县妇联一行到巴彦套海农场学校，开展“情暖童心圆梦微心愿”活动，为 19 名留守儿童、贫困儿童、残疾儿童送去书包、文具、图书等“微心愿”礼物。

【“三八”维权周宣传活动】 2019 年 3 月 15 日，以“信用让消费更放心”为主题的全县纪念第 37 个“3 · 15”国际消费者权益日纪念活动在富源广场举行。县妇联积极参与，同时启动 2019 年“三八”维权周宣传活动。活动中共接受咨询 20 余次，发放相关宣传资料 200 余份。通过活动有效提升广大妇女群众走近法律、认识法律、运用法律武器维护自身合法权益的意识，取得良好的社会效果。

【“三下乡”“学雷锋”志愿服务活动】 2019 年 3 月 25 日，市、县、镇三级妇联组织巾帼志愿者积极参与磴口县“强党建、促振兴、惠三农”文化科技卫生“三下乡”“学雷锋”志愿服务集中示范活动启动仪式。活动中，共发放妇女儿童权益保护、婚姻家庭、禁毒、女性健康、移风易俗等方面的宣传资料 200 余本（份），维权宣传手提袋100余个，接受咨询20余人次。同时，县妇联还为补隆淖镇10户贫困、患病妇女送去慰问品。

【家庭亲子阅读】 2019年4月21日下午，磴口县妇联在县实验小学举办“相伴同悦读共抒家国情”家庭亲子阅读活动启动仪式暨“家庭教育大讲堂”系列公益讲座。磴口县家庭教育志愿者马荣、潘存丽分别以《悦读的家庭最幸福》《如何赢得孩子的合作》为题开展讲座。

【群众性宣传教育活动】 2019年4月，县妇联牵头，县、镇、村三级妇联同步联动在全县10个苏木镇、农场“妇女之家”，启动“巾帼心向党礼赞新中国”群众性宣传教育活动。后各苏木镇、农场妇联，组织各辖区妇女以歌曲同唱、文艺演出、女性恳谈、宣讲、最美家庭故事分享、巾帼志愿服务等形式，接力开展活动，向祖国70华诞献礼。此项活动历时半年，参与群众2000余名。

【女性恳谈活动】 2019年4月26日，磴口县妇联深入补隆淖镇新河村开展“70年，我的家与国”女性恳谈活动。恳谈会上，妇女姐妹们围绕“70年，我的家与国”这一主题，结合自己的成长经历、工作经历、创业经历等，感慨祖国70年来的改革与发展，畅谈时代变迁给自己的小家和祖国大家带来的新生活、新风貌、新景象，共同分享身边发生的变化、进步和点点滴滴，用真挚的情感、质朴的语言表达对美好生活的向往。

【农牧民妇女网络教育培训】 2019年，磴口县妇联分别于4月和11月组织全县广大妇女开展自治区妇联农牧民妇女网络教育培训活动。利用“磴口县妇联”微信公众平台，将农牧业种植养殖、休闲农业、手工制作实用技能、妇女维权等相关知识按照每日一期进行推送。同时在培训视频的下方，设置知识梳理、内容拓展、原理解释、作品欣赏、宣传倡议等学习版块，切实将全面、实用的学习内容送到广大妇女群众的“眼前”“指尖”。

【第十三届二次执委（扩大）会议召开】 2019年5月24日，磴口县妇联召开第十三届二次执委（扩大）会议。政府副县长、县妇儿工委办主任温志红出席会议并讲话。会议传达市妇联二届八次执委（扩大）会议精神。县妇联主席卢敏作题为《巾帼勇担当筑梦新时代奋力开创磴口县妇女工作新局面》的工作报告。巴彦套海农场妇联、和平社区妇联和县妇幼保健服务中心妇女组织负责人分别围绕区域化妇联轮值主席制度执行情况、“妇女微家”阵地作用及社区妇联工作开展情况进行大会交流发言。会前还召开县妇联十三届二次常委会议，审议通过增补十三届执委的建议和卢敏代表常委会所作的工作报告。

【慰问活动】 2019年1月23—24日，磴口县妇联深入磴口县5个苏木镇、5个农场开展新春走基层慰问送温暖活动。该次活动共慰问嘎查村分场贫困离任妇代会主任、妇联主席、贫困妇女90余人，为她们送去大米、实用油等慰问品。开展“送温暖、三下乡”慰问活动，为县巴镇、巴彦套海农场等5户贫困妇女每户送上500元的慰问金和新春的祝福。

2019年5月15日上午，县妇联到渡口镇南尖子村、巴彦高勒镇北滩村，分别走访2019年度自治区级“最美家庭”袁凤霞家庭和2018年度县级“平安家庭”王美桃家庭，为两个家庭送去鲜花及慰问品，鼓励她们继续弘扬传统美德，发扬良好家风，积极发挥示范引领作用，做家庭文明建设的践行者、社会和谐稳定的维护者、正能量价值观的传递者。

在2019年“六一”国际儿童节来临之际，磴口县妇联先后到磴口县补隆淖镇中心小学、纳林套海农场学校开展关爱慰问活动，为60余名孩子送去节日礼物和真诚祝福。5月30日，补隆淖镇举办“共享爱的阳关托起明天希望”庆“六一”活动。活动中，县妇联为全校30余名学生赠送书籍、羽毛球拍等节日礼物，并和孩子们一起度过了快乐的时光。5月31日，“暖心依链助成长研学实践爱家乡”庆“六一”主题教育活动在纳林套海农场学校举行。县妇联为学校30余名学生送去爱心礼物——“暖心衣”。

2019年6月6日上午，在端午节即将来临之际，市妇联副主席张慧、其木格花及市妇联各部室负责人，县妇联主席卢敏一行走进磴口县黄土档村康恩老年公寓，看望慰问孤寡老人，为老人们送去慰问品。

2019年10月15日上午，县妇联副主席金格玛一行到磴口县中心敬老院，看望慰问了6名孤寡老人、高龄老人。活动中，为6名老人送上装满日常生活用品的“母亲邮包”，让老人们深刻感受到党和政府的关怀和温暖。在与老人们座谈中，金格玛详细询问她们的健康状况和生活情况，认真听取她们的迫切需求。

【教育培训】 2019年7月12日，磴口县妇儿工委办联合县统计局举办妇女儿童发展纲要统计监测培训会。县妇儿工委各成员单位参加此次培训。会上，县妇儿工委办公室主任、县妇联副主席金格玛传达了巴彦淖尔市妇女儿童“两纲”监测的文件精神，对2018年年报工作和2019年“两纲”监测统计工作进行了安排部署。县统计局企调队队长、妇委会主任刘宏对“两纲”统计监测系统进行培训，对妇女儿童发展监测报表制度有关内容进行详细讲解。

【公益讲座】 2019年8月16日，磴口县妇联在巴镇和平社区举办“家家幸福安康工程”“家庭教育大讲堂”公益讲座。该讲座由县妇联家庭教育志愿服务队队长潘存丽老师讲解，讲座主题为“懂得，才会更好地爱”。通过讲座，家长们学习到了许多新的家庭教育理念以及与孩子相处的学问和艺术。讲座结束后，家长们还就教育孩子的各方面问题进行交流。

【群众性主题宣传活动】 2019年9月24日上午，巴彦淖尔市妇联、磴口县妇联在巴镇北粮台村村委会开展形式多样、内容丰富的群众性主题宣传活动。活动中为巴镇12名贫困母亲发放“母亲邮包”。巴镇妇女姐妹们精心编排文艺节目演出。举办“百千万巾帼大宣讲”活动，号召广大妇女要发扬“自尊、自信、自立、自强”的新时代女性精神，以更坚定的自信、更强烈的担当、更纯粹的忠诚，共同唱响“巾帼心向党·礼赞新中国”奋进凯歌，用新的实践、新的创造、新的业绩谱写新时代妇女事业新篇章。

【全县妇女干部培训】 2019年10月28日至11月1日，磴口县妇联联合县团委在湖南省长沙市举办妇女干部、共青团干部能力素质提升培训班，42名妇女干部、团干部参加培训。培训采取理论讲解和实地观摩相结合的方式进行。此次培训切实提高妇女干部和团干部的政治素质、工作水平和实践能力，全面提升磴口县青年和妇女干部人才培养、助力群团事业发展的能力。

【家庭教育公益讲座】 2019年11月15日，磴口县妇联“家家幸福安康工程”家庭教育公益讲座走进磴口一中。讲座以“如何与青春期孩子顺畅沟通”为主题展开。巴彦淖尔市妇联家庭教育讲师团成员潘存丽老师用睿智的讲解、生动的案例、适时地互动引领在座的家长们就教育子女的新理念、科学教子的新方法及与青春期孩子的相处技巧进行深入思考、及时领悟。讲座结束后，家长们还就教育孩子过程中遇到的困惑现场沟通。

【巾帼文明岗创建】 2019年1月，县妇联印发《关于在全县范围内开展“巾帼文明岗”创建活动的通知》。按照通知要求，各单位在4月集中申报，并结合自身工作和特点，开展为期半年的创建活动。11月，由县妇联组成的考核评审组，对符合申报条件的8个单位，采取听取汇报、翻阅档案、实地查看等方式，进行全面细致的考核评审。12月，经纪检机关资格审查后，在全县范围内进行公示，对经公示无异议的单位，县妇联将于下一年度进行授牌表彰。

【送法下乡】 2019年12月7日，县妇联积极参加在补隆淖镇举行的磴口县“强党建、促振兴、惠三农”集中示范服务活动启动仪式。活动中通过悬挂横幅、发放普法宣传资料、设立法律咨询台等方式开展法律知识宣传活动，在场群众主动领取宣传资料，并向工作人员咨询法律相关问题。共发放《中华人民共和国妇女权益保障法》《中华人民共和国反家庭暴力法》《中华人民共和国婚姻法》、移风易俗倡议书等宣传资料120余份、印有创平安家庭·促社会和谐的围裙80余个、环保手提袋50余个。

【美丽庭院照片征集展示活动】 2019年，磴口县妇联打造升级版“一二三”模式的照片征集展示活动。即以“晒美丽庭院·展幸福生活”为一个主题，以家庭和妇女为两个主力，从温馨居室、大美村庄、幸福生活三个角度进行展示。经过一个星期的征集，共有83户家庭参与，征集图片400余幅。

【母亲邮包】 2019年，磴口县妇联积极号召各级妇联组织发动全县爱心人士参与捐款，为磴口县贫困母亲筹集到112个“母亲邮包”，10月下旬，县妇联及10个苏木镇、农场基层妇联为辖区孤寡老人、贫困母亲送去装满日常生活用品的“母亲邮包”。

【自治区级巾帼脱贫示范基地创建】 2019年，磴口县妇联积极向上级妇联推荐，成功申报磴口县聚盛隆种养殖农民专业合作社为自治区级巾帼脱贫示范基地。

（张　静）

磴口县科学技术协会

【机构设置】 磴口县科学技术协会（简称磴口县科协）内设4个股室，分别为综合科普股、青少股、学会股和办公室。

【科普工作】 2019年，联系23家纲要成员单位着力推进《全民科学素质行动计划纲要》实施，结合全国科普周、全国科普日、世界气象日、科技三下乡等重要节点积极开展科学普及工作。发放科普知识宣传手册1.1万份，展出展板80块。聘请专家开展农牧民科普实用技术培训和技术指导服务10场次，培训农牧民1240人次，发放培训资料6种共8000余册。召开推进科技进村助力乡村振兴和精准扶贫现场指导会1次。在全县2个社区、22个村（嘎查）开展科普信息员“群主”队伍建设工作，推动“科普中国”应用建设项目及强化科普信息员素质建设中国App推广工作，全县注册人数为3487人，分享科普文章66089篇。

【科普品牌活动】 “2019年中国科协大手拉小手科普报告希望行（内蒙古巡讲）”活动走进磴口县3所中小学校，中国科普报告团队成员焦国力、田如森、王水弟3位航空航天领域的资深专家教授为磴口县中小学生们做科普演讲报告，惠及青少年2100人次。

【青少年科技教育工作】 2019年5月，磴口县科技馆被列为中国科技馆巡展单位。全年开馆51次，累计参观人数10200人次。为科技辅导员和青少年举办航模制作、模拟飞行及创意编程的辅导活动，并且选派6队24名青少年参加全市第三届乐高机器人竞赛。成功举办以“科学、优化、健康、创新”为主题的全县第五届青少年科技节竞赛活动。推荐62名青少年和科技辅导员，参加全市第十二届科技节暨创新大赛。举办全县科技辅导员讲座，对科技辅导员进行3个方面的科技培训，6所中小学校40多名科技辅导员参加培训。

【学会工作】 在全县科技人员中围绕年会主题征集论文，为第八届巴彦淖尔市自然学术年会上报科技人员科技论文6篇。开展科技工作者日活动，对全县优秀科技人员事迹进行集中展示宣传。推荐1名畜牧师获巴彦淖尔市“最美科技工作者”称号。发展基层科协的组织建设，成立企业科协2个、苏木镇科协5个、学校科协10个。

（高　雅）

磴口县工商联

【机构设置】 磴口县工商联内设办公室、会员部、经济部、外联部。

【会员服务工作】 2019年，到农牧业、沙产业、旅游业、餐饮业20多家商会企业进行走访，了解掌握企业发展现状以及在今后的发展中面临的难题，积极应对金融危机影响，引导会员企业转“危”为“机”，抱团取暖，逆势发展，为会员企业摆脱困境谋划思路，提振企业的发展信心。为增进政企互信，着力构建亲清新型政商关系，县工商联本着强化服务要“亲”、关系要“清”的理念，健全政府与民营企业常态化精准对接机制。制定非公企业调研制度、商会会长轮值制度，规定每季度对商会企业进行调研一次，了解民营企业生产经营中遇到的困难和问题，梳理总结，形成调研报告。5月，召开政企座谈会，让涉企职能部门和企业家交流座谈，第一时间沟通解决企业的困难和需求，帮助企业发展壮大。推动党政部门建立和非公有制经济人士的联系机制，出台磴口县《关于建立县级领导联系非公有制企业制度的意见》，政企互联，更好地把企业的内生动力、市场的资源配置能力、政府的外部推动力统筹起来，促进非公经济高质量发展。积极开展“走出去，引进来”活动，充分发挥商会的助手作用。积极与外部联系，先后到北京、深圳、珠海等地考察学习，并与当地建立友好商会，搭建共赢平台。通过平台把磴口县当地特色农产品销往北京南锣鼓巷、深圳等地。4月，北京东城区统战部、工商联、海联会到磴口县开展考察援助活动。与县工商联共同开展“同植海联林，共筑中国梦”主题植树、捐资助学、免费义诊、书画交流笔会等一系列活动，活动内容充实，贴近生活，惠及民生，助推磴口县医疗、文化、教育、生态建设健康快速发展。7月2日，联系对接中国针灸学会在磴口成立针灸学会磴口工作站、世界针联磴口教育基地，为磴口医学学术注入新的血液。

【搭建融资平台】 2019年6月底，召开全县金融服务企业年会和政银企对接会，先后组织20多家企业，从各金融机构获得担保贷款1.8亿元，从根本上解决会员企业的融资难题，增强商会的活力。

【开展回报社会活动】 2019年9月，总商会会员与第二完全小学共同开展“光彩事业、筑梦童心”助学行动，商会企业家们捐助20名贫困学生每年每人2000元至大学毕业，激励他们努力学习，热爱社会。

【庆祝中华人民共和国成立70周年活动】 2019年7月20日，组织全体干部及商会会员参加庆祝新中国成立70周年全市统战部首届干部职工运动会，企业家们积极参与，顽强拼搏，赛出风格、赛出水平，并取得羽毛球、乒乓球前三名的好成绩。9月12日，组织单位领导干部参加全县唱响新时代主旋律讴歌70年辉煌成就——“我和我的祖国”庆祝新中国成立70周年大合唱比赛，大家用歌声表达着对祖国的热爱，并取得二等奖的好成绩。9月25日，组织商会会员参加县委统战部举办的“壮丽七十年、奋斗新时代”庆祝新中国成立70周年文艺演出。

（谢政德）

磴口县文联

【机构设置】 磴口县文联内设办公室、文艺股。

【开展系列书画惠民】 2019年1月13日，文联组织县书法家协会10人到北海湿地公园参加磴口县第四届冰雪民俗月活动，为群众免费写春联、赠送福字。1月23日，文联组织书法家协会7名会员参加隆盛合镇美食节，开展“强党建、促振兴、惠三农”活动，为群众送春联、写福字、赠送文学刊物。1—2月，县书法家协会、老年书法协会广泛开展文化惠民活动，进机关、进企业、进乡村、进社区开展送春联活动10场次。

【开展系列文艺采风活动及展览赛事】 2019年1月，县文联邀请县美术书法摄影家协会负责人对文联收集的书画作品进行打分，评选出优秀作品进行装裱，在文联活动室展览县内外优秀书画、剪纸作品23件。5月2日，文联组织全县文艺界人士50人到黄河三盛公水利风景区开展“黄河情·磴口美”——庆祝新中国成立70周年文艺创作采风活动。7月19日，举办由磴口文联、文体旅游广电局主办的“庆祝新中国成立70周年暨磴口县第二十七届华莱士节书画摄影展览”开幕式。开幕式上为在“黄河情·磴口美”——庆祝新中国成立70周年优秀文艺作品征集活动中的摄影、书法、美术、民间工艺获奖人员颁奖。同日，邀请中国摄影家协会会员、内蒙古摄影家协会理事、市摄影家协会副主席兼秘书长李鹏举办摄影讲座，为磴口摄影爱好者讲授摄影实用技术。

8月15日，磴口县文联与磴口县防沙治沙局联合开展了庆祝新中国成立70周年磴口县生态治理成果摄影采风活动。11名摄影协会会员以林业重点工程、通道绿化成效、乌兰布和沙漠治理、湿地恢复与保护等为重点内容，用镜头见证和记录了磴口县生态治理带来的丰硕成果。8月，磴口县美术书法摄影家协会会员宿志江的油画《丰硕》参加全区庆祝新中国成立70周年大型向日葵作品展。9月6日，磴口县文联组织县内文艺界代表40人，开展磴口县沙漠生态治理和沙漠特色农业产业发展秋季采风创作活动。

【文艺作品扶持项目申报】 2019年，磴口县文联用2个月时间，积极组织全县文艺工作者、爱好者参加全市优秀文艺作品扶持项目申报工作，遴选整理10件作品申报。其中，谢鹤仁的系列诗《渐渐消失的沙漠》、何承刚的诗集《杨家河，一河乡愁流到今》、张存厚《二人台小戏新作》、刘卫国小戏《我的放映梦等》4人4件文艺作品，经过县、市系列申报、评审程序，入列巴彦淖尔市文艺扶持项目，累计获得扶持11万元，分批次陆续下拨。

【广泛开展文艺志愿服务】 2019年1月4日，磴口县文艺志愿者服务队队员、中影磴口公司陶波组织磴口文艺志愿者服务队40人开展观影活动。1月11日，文艺志愿者服务队30名志愿者到康恩敬老院开展“我们的中国梦”——磴口县文艺志愿者服务队第六期敬老、孝老、爱老文艺志愿演出。

3月25日，磴口县文联、磴口县美术书法摄影家协会一行9人在补隆淖镇新河村开展“强党建、促振兴、惠三农”磴口县文艺志愿惠民服务，现场为新河村群众创作、赠送100多幅书画作品。12月26日，磴口县文艺志愿者服务队夕阳红分队在磴口县友谊大酒店组织开展“纪念毛主席诞辰暨迎新年联谊会”。

【开展系列书法美术摄影培训活动】 2019年6月28—30日，磴口县文联组织美术书法摄影家协会20人，到乌海参加2019乌海市书法创作培训班。7月9—11日，文联选派磴口县文艺界代表9人，参加全市“马克思主义文艺观·河套文化·天赋河套”系列讲座。8月14日，磴口县文联在会展中心同巴彦淖尔市摄影家协会联合举办由中国摄影家协会会员李恩中老师主讲的“拍葵花”专题摄影公益讲座。9月11日，磴口文联组织开展摄影基础知识培训，20名摄影协会会员和摄影爱好者在文联活动室参加培训。10月14日，磴口县文联邀请兰亭奖理论奖获得者、书法家刘东芹博士到磴口县举办为期一天的草书字法公益培训。来自乌海市、巴彦淖尔市各旗县区的书法爱好者100余人参加此次培训。11月7日，内蒙古自治区书法家“脱贫攻坚”采风团走进巴彦淖尔市磴口县，为磴口书法爱好者的汉文、蒙古文书法进行点评和讲解。采风团由李力、马静、耿泽峰、王厚孝、周世恒、戚志敏、张凤云、叶满宇、宝玉、闫红梅、高常明、敖宝林、呼毕斯哈拉图、董尚义、刘世荣、呼格吉勒图、马向东17人组成。磴口县文艺界代表40人参加培训。

【举办创作研讨及系列文艺活动】 2019年1月，县文联多方调研，梳理整理磴口县民间传统产品、特色农产品、民俗工艺品等极具代表性的名录50个，为今后磴口县开展民间文艺工作打下扎实基础。8月7日，磴口县文联与磴口县团委、总工会、妇联在纳林湖共同举办“相聚天赋河套·情定大漠明珠”单身青年联谊活动。此次活动报名及参加人数200多人，为历年之最。11月6日，磴口文联组织各文艺家协会、文艺界代表30人，在文联活动室召开“不忘初心、牢记使命”主题教育、马克思主义文艺观暨意识形态工作座谈会。12月26日，磴口县文艺志愿者服务队夕阳红分队在磴口县友谊大酒店组织开展“纪念毛主席诞辰暨迎新年联谊会”，展演优秀文艺节目20个。

【参与评选工作】 3月11日，2019年全市文联工作会议召开。磴口文联主席、在市各文艺家协会担任职务的磴口县文艺界代表6人参加会议。会议表彰巴彦淖尔市第二届民间美术展获奖作者，包括磴口剪纸类奖项获得者谢爱兰、李爱珍；命名巴彦淖尔文艺采风创作基地21个，文联申报的磴口县纳林湖景区、内蒙古圣牧高科牧业、黄河三盛公水利风景区、阿贵庙、金马湖5家单位获批，入围数量居全市前列。

3月，磴口县新增一项民间艺术类别——景泰蓝画。景泰蓝画是一种纯手工制作的装饰画种，具有独特的观赏价值。家住磴口县渡口镇永胜村的武宏彪，业余时间制作精美的景泰蓝画，磴口县文联民间文艺家协会已吸收其为会员。2019年4月，磴口县文联按照深化改革的有关要求，制定《磴口县文联深化改革方案》。8—9月，磴口县文联通过“微磴口”公众号连续14期登载“黄河情·磴口美”——庆祝新中国成立70周年优秀文艺作品，内容涵盖书法、美术、摄影、文学、歌曲和民间工艺美术等多个艺术类别，既是磴口县最新文艺成果的集中展示，也是文艺界向中华人民共和国成立70周年的献礼。9月26日，磴口文联开展文艺作品报送工作，向市文联报送谢鹤仁的图书出版作品《泥土的恩光》、丁炜的图书出版作品《话说内蒙古·磴口县》等。11月，县文联为作家协会及文艺界代表购买并发放巴彦淖尔市文艺精品创作扶持项目书籍《阴山如书》。

（姜有智）

磴口县残联

【概　况】 2019年，磴口县严格执行《中华人民共和国残疾人证管理办法》，加强残疾人办证、到期换证管理工作，持有残疾人证的有6366人，重度残疾2765人，轻度残疾3601人。其中，视力残疾801人、听力残疾600人、言语残疾53人、肢体残疾3787人、智力残疾329人、精神残疾445人、多重残疾351人。到期换证和目测评定持证残疾人进行医疗鉴定工作有序开展。完成调查残疾人7154人，入户调查率93.2%。

【机构设置】 磴口县残疾人联合会内设残疾人办公室、综合部、康复部、教就部。

【残疾人康复工作】 结合脱贫攻坚工作的开展，深入各苏木镇、农场为有辅具需求的建档立卡残疾人432人免费配发了辅助器具；残疾人精准康复数据库登记有康复需求人数841人，其中，辅具需求723人，精神病服药、功能训练等方面需求人数118人。对723名残疾人进行辅具免费配发服务，为93名重度精神残疾人发放药费补贴1.8万元。针对建档立卡贫困人口中老弱病残者居多的现状，为全县乡村两级医疗卫生机构免费配发公共辅具轮椅113辆；开展残疾人家庭医生签约服务，建档立卡残疾人全部签约，除去外出流动情况，其他残疾人签约率达到84%；开展0～6岁残疾儿童康复工程，在指定康复机构训练残疾儿童9名，投入资金12.54万元；联系市军友康宁精神病院，为59名重度精神病人上门做残疾鉴定，代缴鉴定费0.89万元。

【残疾人教育】 2019年，全县登记造册受教育残疾学生58人，其中，学前教育5人、小学随班就读26人、特校9人、初中随班就读11人、高中随班就读7人。送教上门的有8人。配合教育部门资助残疾及残疾家庭大学生42人。

【残疾人就业】 2019年4月，县残联邀请农科人员深入到各苏木镇、农场，对全县有一定文化基础、从事种植养殖及有种养殖愿望的350多名轻度残疾人进行农业科技培训，传授农业科技知识，提高劳动技能；协调有关部门，利用电商园区电教室对有学习能力和学习意愿的30余名青壮年残疾人开展电商运营技术培训，引导更多的残疾人从事电商产业，鼓励残疾人自立自强、自力更生；为解决残疾人就业难的问题，联系华众人力资源有限公司，在电商园区举办残疾人就业招聘会，参加招聘的残疾人有60多人，达成招聘意愿的有20多人。

【残疾人社会保障】 2019年，享受重度护理补贴2414人次，困难生活补贴3338人次。落实2018年重度残疾人参加居民基本养老保险和医疗保险缴费补贴政策，经过县、乡、村三级工作人员的统计调查，登记符合补贴条件的参加居民基本养老保险517人，参加医疗保险516人，对参加养老保险的按100元标准补贴，参加医疗保险的按50元标准补贴。

【残疾人扶贫】 春节期间慰问并救助125人，合计6.25万元，为120名精准贫困残疾人送去慰问品。为2596名一、二级残疾人（一级358人，二级2238人）购买了人身意外伤害保险，投入资金5.72万元。

【助残日宣传活动】 利用“全国助残日”等重大节日，通过报纸、电视台、电台、新闻网、手机短信、信息平台深入宣传《中华人民共和国义务教育法》、《中华人民共和国残疾人保障法》和《残疾人就业条例》、《中华人民共和国残疾人教育条例》、《残疾预防和残疾人康复条例》等法律法规，发放各种宣传材料达3000份以上。由残联会同民政、扶贫、卫生、教育、就业等部门开展扶残助残慰问活动。上报各类信息24篇（条），其中，在区级新闻媒体、网站刊播稿件20篇（条），在市新闻媒体、网站刊播稿件21篇（条），在县新闻媒体、网站刊播稿件8篇（条）。在第二十九次全国助残日活动中，为全县57所卫生院、卫生室配发辅具轮椅113辆，为听力残疾人发放智能听书机18台、健康大礼包18份、全民健康生活方式宣传册100余份。

【换发第二代残疾人证】 2019年，为符合条件的292名残疾人换发残疾人证。

【残疾人基层组织建设】 2019年，全县所有苏木镇、农场残联、嘎查村（社区、分场）残疾人协会做到人员、场地、设备、规章制度、工作职责、服务载体“六落实”，形成以县残联为主导，苏木镇、农场残联为骨干，嘎查村（社区、分场）残协为基础和依托的残疾人组织“三级网络”，镇、农场残联组建率、嘎查村（社区、分场）残协组建率、专职委员选聘和集中培训率均达到100%。苏木镇、农场残联建立志愿助残联络站，社区、村（嘎查）残协建立志愿助残联络点，建立规范的助残志愿者服务台账，有完善的助残志愿者注册登记制度。成立残疾人五大专门协会，各协会利用各类节日开展文体、宣传活动。

（王忠清）

磴口县红十字会

【机构设置】 磴口县红十字会内设3个部门，分别为办公室、业务部、财务部。

【组织建设】 全县5个苏木镇、46个嘎查村、6个社区相继建立红十字基层组织。97个党政机关及行政事业单位加入红十字会，成为团体会员。3所中小学成立学校红十字会。

【募捐救助】 2019年5月中旬，县委下发《关于磴口县2019年进一步开展博爱一日捐活动的通知》，共收到捐款482582元。县红十字会发放救助金134800元。

【救护培训】 2019年，县红十字会共开展8期应急救护培训。3月12日，在内蒙古三星粮油工业有限公司进行应急救护培训，其中救护员12人，普及性培训54人。5月30日，在佳格培训救护员25人，普及人员175人。6月19日，在巴彦淖尔华油天然气股份有限公司进行应急救援知识培训，培训救护员36人，普及人员195人。6月20日，在华润电厂进行应急救援知识培训，培训救护员55人，普及人员330人。6月22日，在沙金哈业乌素嘎查进行应急救援知识培训，培训救护员13人，普及人员135人。10月11日，在老年大学进行应急救护培训，培训救护员11人，普及人员159人。10月17日，在县执法局、工商联进行应急救护培训，培训救护员69人，普及人员162人。10月24日，在全民健身中心进行应急救护培训，培训救护员83人，普及人员305人。2019年共计完成救护员培训304人，普及性培训1515人。并于5月22日参加全市系统应急救护知识大赛，志愿者2号队员心肺复苏荣获个人二等奖，3号队员止血包扎荣获个人三等奖，磴口代表队获优秀组织奖。

【开展光明行活动】 2019年4月，在隆盛合镇中心敬老院开展为期2天的光明行术前检查活动，为76名居民进行眼底检查。青少年视力筛查27人。2019年11月28日，磴口县红十字会与县民政局在巴镇南开社区联合开展“光明行”社会公益活动。

【造血干细胞血样采集】 2019年，市红十字会下达60例造血干细胞血样采集任务，于8月完成。

【博爱家园项目】 在磴口县医院打造“红十字会实训中心”博爱家园项目。

【信息公开】 县红十字会不定期将捐赠款物、收支情况、财务管理、政务管理、党务管理在三务公开便民服务平台上进行公开公示。2019年公开公示53条。

（薛　艳）

法 治

政法委及综治

【机构设置】 2019年3月，按照县委机构改革工作要求，县综治办、维稳办撤销，工作职能并入政法委。改革后，磴口县委政法委内设办公室、政治安全、综治督导和基层社会治理指导室、执法监督和法治室、政法队伍建设指导室执法督查室等。

【扫黑除恶专项斗争】 2019年，从政法各部门抽调5人组成宣讲团，在全县各地各部门开展宣讲25场次。张贴发放宣传资料8.2万余份，推送微信、微博等新媒体信息1100余条。印发《关于敦促涉黑涉恶在逃人员投案自首的通告》和《关于开展对黄赌毒和黑恶势力听之任之、失职失责甚至包庇纵容、充当“保护伞”专项整治行动公告》。苏木镇、农场和成员单位在各自辖区行业自排线索174条，全部办结；县公安局成立5组50人的核查专班，接收线索144条，办结129条；县扫黑办接收线索31条，办结21条。打掉涉恶犯罪集团1个，破获刑事案件16起，惩治12人，查封、扣押、冻结现金3万余元和价值16万余元房产1套。县扫黑办对14个重点行业领域就专项治理、行政处罚案件等情况进行专项督查。先后接受市委、自治区党委、中央扫黑除恶工作的专项督导。

【社会治安综合治理工作】 2019年，县公安部门以打击“两抢一盗”、“缉枪治爆”和“黄赌毒”为重点，严厉打击各类刑事犯罪活动，破获各类刑事案件122起，立侵财类案件220起，抓捕违法犯罪嫌疑人56人，抓获网上在逃人员15人。立治安案件82起，行政处罚97人，拘留76人，查处涉毒案件22起，强戒吸毒人员14人。

【社会矛盾纠纷化解工作】 2019年，开展9次集中排查，列入县级涉稳重点不稳定台账案件5大类18件涉及1213人基本化解完毕。全县各级人民调解组织共排查矛盾纠纷574件，调处成功率在98%以上。

【公共安全监管工作】 县公安机关出动警力检查宾馆、小旅店、洗浴足疗等场所450余家次，办理环境类刑事案件1起，受理经济类案件4起，立案3起，破案2起，逮捕犯罪嫌疑人2人。卫健委等6个单位开展医疗乱象专项整治行动。交管等部门针对无牌无证、超载超限等违法行为进行专项检查，检查道路运输车辆1.2万余辆，查处各类交通违法行为7.9万余起。县自然资源局立案查处无证采矿、越界开采砂石料行为3起，查处违法开采矿产资源涉乱行为6起。

【维护社会稳定工作】 探索建立“基层党建+反邪教”工作模式，持续组织实施教育转化攻坚行动，缴获反宣品60余份。圆满完成了各级“两会”、北京世界园艺博览会、70周年大庆以及其他重大活动等重大安保维稳工作。

【智能化建设工作】县司法局安装4K机顶盒公共法律服务终端200户，全县基层司法所都配备了智能终端并已投入正常使用；县法院在诉讼服务中心安装诉讼风险评估与诉状辅助生成系统，在院机关外安装户外LED大屏幕；平安城市二期增加道路视频监控101路，鹰眼1个，高空瞭望机2台，人脸识别102路，11个卡口，8个电警，7个违停抓拍。

【深化改革工作】2019年，县委政法委完成原维稳办、综治办的撤并改革工作，县检察院完成内设机构改革任务，全院设置第一检察部、第二检察部、第三检察部、办公室、政治部5个内设机构。县公安局持续深化"放管服"改革，推行居民身份证、出入境证件受理、办理等"一站式"服务。县法院完成内设机构改革任务，除4个基层人民法庭外，将原有的15个内设机构改革为8个内设机构、1个下设机构，完成第一批法官助理套改定级工作。

【意识形态工作】印发《关于认真贯彻落实〈中国共产党政法工作条例〉的通知》和《关于认真学习贯彻习近平总书记在中央政法工作会议上讲话精神的通知》，成立磴口县政法系统政法宣传工作领导小组，组建20余人的政法宣传队伍。县公安部门开展"净网2019"专项行动，共发放宣传材料4100份，排查各类网站62个，登记备案网站23个，清理各类网站不合规信息1条。查处网络违法案件2起，惩治处理违法人员2人。

【队伍建设工作】深入开展"不忘初心、牢记使命"主体教育活动，帮扶10000元为补隆淖镇友谊村新村委会购置办公设施，协调农业部门打机井2口，协调水利部门配套价值7000元水泵1个，落实从优待警政策，在全县政法系统组织开展向宝音德力格尔学习活动。强化纪律建设，在全县政法系统开展"不忘初心、牢记使命"纪律作风专项整治活动。

（唐永刚）

公　安

公安工作

【机构设置】磴口县公安局内设政治工作科、纪检监察室、指挥中心、警务督察大队、警务保障室、办公室（机要科）、审计科、信访科、宣教科、法制大队、情报大队、网络安全保卫大队、基层基础工作科、国内安全保卫大队、经济犯罪侦查大队、治安管理大队、刑事犯罪侦查大队、禁毒缉私大队、反恐怖大队、巡特警大队、出入境管理科、监所管理大队、看守所、行政拘留所、科技信息化大队、汽车站警务室。派出机构：东风派出所（市场派出所）、东升派出所、粮台派出所、渡口派出所、补隆淖派出所、隆盛合派出所、沙金派出所、乌兰布和派出所、巴彦套海派出所、哈腾套海派出所、包尔盖派出所、纳林套海派出所。其中乌兰布和派出所、哈腾套海派出所合署办公，整合为乌兰布和（中心）派出所，巴彦套海派出所、包尔盖派出所、纳林套海派出所合署办公，整合为纳林套海（中心）派出所。

【执法规范化建设】2019年，推进执法规范化专业化建设，增强执法能力、执法质量和执法效果。深化警务公开、简化办事流程、加强窗口建设，促使各项公安管理工作更加规范、便捷、高效。加快法治公安建设，从群众最希望的事情做起、从群众最不满意的事情改起，切实做到公正执法、文明执法，不断提升公安机关公信力和社会满意度。

【安保工作】2019年，圆满完成各级"两会"、北京世界园艺博览会、"一带一路"第二届高峰论坛、华莱士安保、70周年大庆、治超治限、鼠疫防控工作等安保警卫工作。

【涉法涉诉信访工作】2019年，接待群众来信来访、接收上级转送信访事项共46件次，已全部办结。

【扫黑除恶专项斗争】2019年，新增线索78条，接收各类线索 145 条。办结线索 130 条（其中中央督导组线索 23 条全部办结），核查线索 15 条；移送起诉恶势力集团 1 个，恶势力团伙 1 个，破获刑事案件 22 起，惩治 34 人，冻结查封各类财产 19.8 万余元。

【“放管服”改革】 2019 年，正式入驻政务服务中心设立公安信息核查服务窗口，推行居民身份证、出入境证件受理、办理等“一站式”服务，居民身份证异地办理、挂失申报、丢失招领三项制度，简化迁移落户手续，解决辖区内无户人员落户问题，开通高考、中考“绿色通道”，实施特事特办、急事急办等便民利民措施。对窗口服务大厅进行升级改造，推广应用自主叫号机，采购配置自助照相机、自助受理、办证、签注设备，配套设施更加齐全便利，办事流程、服务承诺更加公开透明到位。开通出入境证件手机支付功能，满足群众多样化需求，缩短办事时间，方便群众，提升公安窗口办事效率和服务水平。

【治安防控工作】 2019 年，磴口县公安局坚持严打、严治、严管并举，着力解决人民群众最关心、最担心的突出治安问题，开展一系列治安整治和集中清查专项行动，检查 KTV、酒吧、足浴、棋牌、出租屋等场所 380 间次，整改安全隐患 9 处。

【惩治犯罪工作】 2019 年，接警 13041 起，有效警情 3500 起；立各类刑事案件 310 起，同比下降 1%；破获各类刑事案件 151 起，同比上升 30%；刑事案件破案率 49%。立侵财类案件 286 起，同比上升 3%，破获 129 起，同比上升 54%，抓获违法犯罪嫌疑人 64 人。立治安案件 93 起，查处率 100%，行政处罚 113 人，其中拘留 86 人，强制隔离戒毒 9 人，社区戒毒 2 人，罚款 16 人。磴口县公安局选取多名精干警力组成抓逃小组赴湖北、重庆、江西、福建、陕西等多地开展抓逃工作，抓获网上在逃人员 18 人。

【禁毒工作】 2019 年，在全县范围内组织开展以加强社戒社康脱失人员管理和病残吸毒成瘾人员收戒工作，排查发现“隐性”吸毒人员为重点的“清隐”“北疆利剑”专项行动，最大限度地发现、收戒、管控吸毒人员，铲除毒品滋生土壤。

【食品、药品和环境犯罪预防惩治工作】 2019 年，开展严厉打击洋垃圾违法专项行动、水产品中非法添加孔雀石绿等违禁物质专项打击整治工作、整治污染环境“清水蓝天”等一系列涉及民生的食品、药品安全和保护环境专项战役，始终保持主动进攻态势，严厉打击震慑食品药品犯罪活动。

【基层基础建设】 2019 年，加强实有人口管理，完善“一标三实”（标准地址，实有人口、实有房屋、实有单位）维护更新工作，网上核对户籍信息实现常态化，对流动人口、出租房屋进行全面清理登记造册，强化出租房屋登记备案和外来人员登记制度，严格落实出租房主的治安管理责任制；按照全面推进公安派出所基层基础建设三年规划及值班备勤休息用房建设保障评估检查办法，磴口县公安局实地查看 9 个派出所的值班室、备勤室使用情况及物品的配备情况并进行统计核对，对各派出所所需配套设施如电视机、空调、电扇、消毒柜、微波炉等设备进行询价、采购并配发到位。整合资源，强力推进基层民警值班备勤休息用房建设，保障乡镇、农牧区民警达到一人一室、城区民警达到一人一床的要求，已全部按要求完成；将 5 个国有农场派出所整合为 2 个中心派出所，通过新招录公务员、三支一扶、支援锻炼等方式，将警力下沉到基层，较大程度地缓解了基层警力不足的问题，完成了派出所警力占旗县级公安机关总警力、社区民警警力占派出所总警力“两个 40%”的警力配备底线要求；新建看守所完成工程量 1300 余万元，新建行政拘留所完成工程量 900 余万元，两项工程主体建筑全部完工，预计 2020 年 10 月正式投入使用。

【监所管理】 2019 年，各级领导高度重视监所安全工作，不定期对监所安全工作进行检查，每季度召开一次局党委会专题研究监所工作；节假日期间，县局党委班子成员到监所进行安全大检查。通过各项措施，保障监所27年无事故。

【从优待警】 2019年，利用春节、“七一”建党等节假日对全局英烈家属、援疆民警、离退休老民警、生活困难民警以及全体辅警进行慰问；为民警购买大病兜底医疗保险和人身意外伤害保险，组织民警和辅警进行健康体检；按照相关规定及时落实两年称职、五年称职、事业薪级工资调资、社保核算等工作；积极推进警员职务套改工作，县委组织部已经完成审批备案工作；积极与政府相关部门沟通协调两项津补贴落实和事业人员两项津补贴发放工作，在编在职人民警察两项津补贴经人社部门审核审批通过，财政部门已拨付。

【“北疆云·智慧公安”建设】 2019年，全面完成“平安城市”视频监控二期工程建设，增加道路视频监控101路、鹰眼1个、高空瞭望机1台、人脸识别100套、11个智能卡口、8个电子警察、7个违停抓拍，强化基础数据采集，资源整合共享，打通数据隔阂壁垒，从而进一步增强公安机关驾驭社会治安能力和增强公安机关侦查破案能力，让老百姓时刻都有安全感；在“创新思维，全面打造视频防控网络”理念的指引下，强化建设重点场所巡控管理平台“云中慧眼”系统，该系统的建设能够实现公安管理工作从人工向智能转变；为深入贯彻落实“北疆云·智慧公安”建设，全面推进公安信息化建设水平，为全局民警配发新一代移动警务终端，提升民警信息化应用水平和核心战斗力。

（杨经纬）

交　警

【交通秩序整治】 2019年，查处各类交通违法行为16825起，其中超速16429起，酒驾130起，无证驾驶266起，行政拘留7人；共扣留机动车239辆，扣留驾驶本300本，收缴非法装置112次，拖移机动车222辆，进行血液检查95人次。共查处其他交通违法行为111158起，批评教育35869人次。

【交通安全宣传】 2019年，开展各类交通安全宣传活动250次。其中，进企业宣传66次，进学校宣传66次，进社区宣传52次，进农村宣传66次。在国家级新闻媒体刊播宣传稿件13篇，在自治区级新闻媒体刊播宣传稿件61篇，在市级新闻媒体刊播宣传稿件32篇。在国家级网络媒体刊稿12篇，在自治区级网络媒体刊稿3篇，在市级网络媒体刊稿4篇。在微信公众号平台发布交通安全提示、警示、宣传信息1508条，微博平台发布1066条，抖音平台发布245条，今日头条发布436条，利用手机短信平台发布信息50次72000余条。

【道路交通事故】 2019年，全县发生一般程序处理的道路交通事故3起，造成2人死亡、3人受伤，直接财产损失4000元。与上年同期相比，事故起数减少2起，下降40%；死亡人数减少4人，下降66.67%；受伤人数增加1人，上升50%；直接财产损失减少6500元，下降61.9%。发生简易程序处理的轻微道路交通事故210起，造成4人轻微受伤，直接财产损失48000元。与上年同期相比，事故起数减少72起，下降25.53%；受伤人数减少47人，下降92.16%；直接财产损失减少200100元，下降80.65%。

【开展警务实战化“共建共训”】 2019年，与巴彦淖尔市公安局人民警察训练支队达成“共建共训”合作战略，坚持以集中学习和岗位练兵为主要培训方式，充分发挥“业余警校”“微警校”“网络警校”等训练学习平台的作用，推行“轮训轮值”“战训合一”的训练模式，深入开展警务实战化“共建共训”，加强全体民警、辅警的思想政治教育、法律法规教育、领导能力教育、专业知识教育、队伍养成教育，全面推进“大学习、大提升”活动，切实做到“边训边战、战训结合”，全面提升全体民警、辅警的单警综合素质和整体战斗力，全面提升公安交管队伍的综合素质、实战本领、履职能力和工作水平，全面推动公安交管工作和队伍建设科学发展，全力推动交管工作信息化、法治化、现代化和交管队伍的正规化、专业化、职业化进程。

【道路交通事故快速理赔服务】 2019年，推广道路交通事故“空地一体化”救援、道路交通事故社会救助基金、医疗费快速支付等工作。通过与各关联单位的协调联动，拓展理赔大厅服务功能，形成集事故处理、勘验定损、人民调解、司法援助、法律诉讼、保险理赔“六位一体”的“一体化”便民服务新体系，使交通事故当事人可以“足不出户”处理交通事故相关事宜。简易事故处理工作也逐步由城区向农村牧区延伸。

（胡松柏）

检 察

【机构设置】 磴口县人民检察院内设第一检察部、第二检察部、第三检察部、政治部、办公室、司法警察大队。

【刑事犯罪】 2019年，受理公安机关提请批准逮捕案件47件63人，审查后批准逮捕39件51人，不批准逮捕8件12人；办理监督案件7件，监督立案1件1人，监督撤案1件1人。受理审查起诉案件94件161人，提起公诉85件156人（含上年积存案件），人民法院已做有罪判决75件116人，适用认罪认罚从宽制度24件32人，不起诉6件9人，办理19件22人。向公安机关发出《纠正违法通知书》10份、口头纠正违法19件次，追捕漏犯1人、追诉遗漏同案犯2人、追诉遗漏罪6件，提请抗诉1件1人，检察长列席审委会2件次（12人），发出检察建议书8份。无判决无罪案件。

【民行检察监督】 2019年，受理民事检察监督案件13件，其中不服生效裁判结果监督案件1件，执行监督案件7件，审判程序中的违法行为监督案件5件，向人民法院发出检察建议11件。受理行政检察监督案件5件，其中督促履职1件，向行政机关发出检察建议并整改回复，不服行政裁判结果监督案件1件；行政非诉执行案件2件，向人民法院发出检察建议2件，督促行政机关改进工作检察建议案件1件，收到行政机关的回复。受理公益诉讼线索50件，立案34件，立案后行政机关整改结案7件，发出诉前检察建议27件。督促行政机关收回国有土地出让金和人防易地建设费385万元，完成加油站双层罐改造8座，完成网络餐饮证照上传117户。

【控告申诉】 2019年，受理各类控申案件24件，直接办理答复5件，转民行部门3件，转第一检察部4件，转磴口县监察委员会3件，办理司法救助案件7件，不服法院生效刑事判决申诉案1件，1件国家赔偿案正在审查办理中。接待群众来访95人次，其中检察长接待28人次。完善12309网络和实体平台，切实为群众提供更加高效便捷的一站式服务。案件管理部门公开案件程序性信息173条，公开法律文书66份，公开重要案件信息8条，接待律师93人次，监控案件209件，集中案件质量评查4次。

【刑罚执行和监管活动监督】 2019年，刑事执行工作中联合看守所开展法治宣传教育4次，帮教谈话70余人次，清监10次，办理羁押必要性审查案件9件，办案机关采纳6件。对监管活动中的违规行为提出口头检察建议30余次，书面检察建议11次，均及时收到回复。针对监外执行存在的问题向司法局发出检察建议11件，均收到整改回复。

【内设机构改革】 2019年，按照上级检察机关的统一部署，全面完成内设机构改革任务。新建的检察技术和办公大楼于8月底正式投入使用；根据院新办公大楼建设需求及检察工作实际需要，先后投入资金用于办案和技术大楼综合布线、网络及信息安全项目建设。

【扫黑除恶】 2019年，办理涉黑涉恶案件3件30人；纠正漏捕1人；提前介入涉黑涉恶案件2件；向公安机关提出涉案财物处理意见及发出检察建议7件次。先后深入乡镇、机关单位、学校，向240余名干部及2600余名师生进行扫黑除恶宣讲，促进扫黑除恶专项斗争深入发展。

【脱贫攻坚】 2019年，选派13名干警开展脱贫攻坚工作，其中选派2名优秀党员干部常驻农场开展脱贫攻坚帮扶工作；向帮扶农场学校援建视频监控设施1套；办理司法救助案件7件，决定予以救助5件，发放国家司法救助金8.5万元。

【落实"一号检察建议"精神】 2019年，办理侵害未成年人案件2件4人，提起公诉；积极落实高检院"一号检察建议"精神，制定监督落实工作方案，向磴口县教育局制发《检察建议书》，教育部门对检察建议及时回复并制定《磴口县教育系统预防学生性侵害工作实施方案》予以有效落实；对全县城乡中小学校和幼儿园"一号检察建议"落实情况进行督查，发现隐患和问题及时与所在校园领导实地沟通并提出纠正意见和合理化建议。6名法治副校长深入磴口县5所中小学开展"与法同行健康成长"等为主题的预防教育宣讲活动，加强未成年人违法犯罪宣传预防工作。

（徐先成　周建军　周子游）

法　院

【概　况】 2019年，选派专人深入全县各行政企事业单位开展扫黑除恶专题宣讲活动10场次。坚持维护、监督与支持并举，依法纠正违法行政行为，加强与县直有关职能部门的沟通交流，建立健全司法与行政良性互动，发出26份司法建议，强化对行政机关行政行为的司法审查力度，为行政机关依法行政提供法律指导，促进法治政府建设；支持和保障人民群众依法理性表达利益诉求，妥善化解矛盾；开展两期秋季集中封闭执行活动，集中人力物力，穷尽各种强制措施，严厉打击被执行人拒不执行、逃避执行、消极履行生效裁判文书行为；依法曝光3批被执行人员名单305人，纳入失信被执行人名单155人，限制高消费554人，着力构建"一处失信、处处受限"的信用监督和惩戒机制。全年受理各类案件6495件，审执结5958件，结案率91.73%。

【机构设置】 2019年，磴口县人民法院内设立诉讼服务中心、刑事审判庭、综合审判庭、民事审判庭、隆盛合人民法庭、渡口人民法庭、纳林套海人民法庭、沙金套海人民法庭、执行局、政治部、综合办、审管办，下设法警大队。

【立案信访】 2019年，办理跨域立案3件，协助外地法院立案1件；开展上门立案服务，为16名行动不便、年老体弱的当事人进行上门立案，深入6个住宅小区为1500余户居民集中办理房屋买卖合同纠纷案件立案手续；推进律师参与化解涉诉信访案件工作，多渠道解决信访矛盾；加强对困难群众的司法救助力度，依法为困难群众缓减免诉讼费182万余元。

【刑事审判】 2019年，受理各类刑事案件109件，审结85件，结案率77.98%，涉及罪名21个，判处118人，审结刑事附带民事案件5件，为被害人挽回经济损失13.5万余元。

【民商事审判】 2019年，受理各类民商事案件4138件，审结3838件，结案率92.75%。

【行政审判】 2019年，受理各类行政诉讼案件18件，审结15件，结案率83.33%，其中审查行政非诉案件15件，审查完毕15件，结案率100%。

【执行工作】 2019年，受理各类执行案件2214件，执结2004件，结案率90.51%，执结标的5亿余元，依法曝光被执行人员305名，纳入失信被执行人名单155人，限制高消费554人，拘留被执行人44人次，为确有困难的5名申请人发放司法救助金15万元。

（乌日勒）

司法行政

【**机构设置**】 磴口县司法局内设办公室、基层股、宣教股、公律股、社区矫正股、法制股，下设法律援助中心、公证处及5个基层司法所。

【**普法依法治理工作**】 2019年，利用“三八”妇女节、消费者权益日、国家安全教育日等重要时间节点开展主题集中宣传活动49场。利用“法治磴口”微信公众号、普法网站和微信群方便快捷的特点，及时宣传新的法律知识，在《磴口时报》上每周刊登1篇典型案例，激发群众学法兴趣，年内累计发布法治资讯、典型案例和活动信息170余条。有针对性地开展农牧区法治宣传教育。重点宣传《中华人民共和国法律援助条例》《中华人民共和国土地法》等与农牧区群众生活密切相关的法律知识，发放相关宣传资料2000余份。邀请县委党校讲师在各苏木镇、农场就《中华人民共和国宪法》进行巡回宣讲，2019年开展宪法巡回宣讲15次。加强青少年法治宣传教育，要求全县法治副校长进全县各中小学校、幼儿园开展形式多样的法律知识讲座，开展各类法律知识讲座11场次，受教育学生600余人。推动落实国家工作人员学法用法制度，制定印发《关于开展2019年网络在线学法和普法考试工作通知》，组织全县2992名干部参加法宣在线学习。在各类普法宣传中，编印发放各类宣传资料册10000余份，发放印有法治元素的抽纸盒3000盒，雨伞、扇子2000把，手提袋9000个，张贴标语51条，接待群众法律咨询3000余人次。

【**社区矫正工作和安置帮教工作**】 2019年，开展心理测评和心理分析60人次。采取现场授课、观看视频、讨论交流等方式，开展形式多样、内容丰富的集中教育和社区服务，确保每名社区服刑人员每月参加不少于1天的集中教育和社区服务。开展集中教育371人次，个别谈话290人次，社区服务386人次。做好安置帮教工作，积极参与开展扫黑除恶专项斗争线索摸排工作，对全县在册社区服刑人员和安置帮教人员以开座谈会和入户走访的形式逐一见面，掌握他们的生活、工作等情况，了解其思想动态和现实表现，并分别与他们签订《社区服刑人员不参与涉黑涉恶承诺书》，未发现社区服刑人员涉及黑恶势力。接收社区服刑人员382人，累计解除340人，在册社区服刑人员42人，其中管制2人，缓刑39人，暂予监外执行1人。全县共有安置帮教人员178人，其中解除社区矫正118人，监狱刑满释放60人。

【**人民调解工作**】 2019年，全县有64个各级各类人民调解委员会，其中乡镇农场调委会5个，村、嘎查调委会52个，社区调委会6个，综合性调解委员会1个。配备人民调解员259人，其中，乡镇调委会44人，村调委会190人，社区调委会19人，综合性调委会6人，上述数据已全部录入司法行政信息管理综合平台。做好矛盾纠纷排查调处工作，开展矛盾纠纷排查193次，预防并调处矛盾纠纷563起，调解成功563起，其中口头调解2件，形成书面调解561件，司法确认9件，涉及金额1387.45万元，调解成功率达到100%。全县法律服务所共代理诉讼案件14件，涉及当事人18人，挽回经济损失3万元，代写文书16份，提供法律咨询24次。

【**法律服务工作**】 2019年，法律援助中心办结的援助案件总案件数量198件，其中非诉讼案件123件，民事诉讼案件44件，刑事诉讼案件31件。受理咨询586件，代写文书56件，受援人数达600余人。通过微信解答咨询、核实材料累计370余次。公证处办理公证事项243件，无错证、假证情况的发生。大法扬律师事务所磴口分所有专职社会律师35名，办理案件43件（其中民事13件，刑事16件，法律援助案件14件），代书29件，受理咨询63件次。

【信息化建设工作】 2019年，全县5个乡镇（苏木）均实现广电光缆全覆盖，覆盖用户32267户，其中城镇网31294户、农户网973户，覆盖行政村8个，均已具备更换4K机顶盒条件。2019年发出4K机顶盒5600户。按照自治区司法厅关于司法智能终端（JIPAD）配发及使用要求，各基层司法所配备2台智能终端，均已到位并正常投入使用，确保终端数据采集完整，录入全面，更新及时，数据真实准确。

（刘亚宁）

军　事

人民武装

【机构设置】 磴口县人民武装部内设军事科、政工科、后勤科。

【思想政治建设】 开展“传承红色基因、担当强军重任”主题教育、“不忘初心、牢记使命”主题教育，立起专题学习贯彻军委党的建设会议和国防动员部会议精神，持续巩固深化“和平积弊大起底大扫除”活动成果，进一步打牢官兵听党指挥、履行使命的思想基础、组织基础。

【国防动员工作】 征兵工作取得历史性突破，连续5年未发生退兵问题，圆满完成兵员征集任务，首次实现大学生征集率100%。国防动员准备迈出新步伐，大力推进民兵调整改革，认真细致修订国防动员方案预案，扎实开展国防动员潜力调查。与驻地部队、人防办等单位合力开展国防教育。

【依法从严治军】 开展“学法规、用法规、促正规”活动，积极参加军区、分区组织的“网上学条令”活动。抓好形势分析、安全检查、风险评估等制度落实，坚决落实“禁酒令”和干部职工“两外三圈”（两外：外出和外勤，也就是外出执勤；三圈：生活圈、交往圈、娱乐圈）管理要求，从源头上减少事故隐患，部队安全基础进一步夯实。

【基层风气建设】 持续巩固深化分区基层风气建设联系点成果，把风气建设作为重中之重紧抓不放。深入开展党风党纪教育，不断筑牢思想防线。下力抓好廉洁征兵，有效杜绝“微腐败”“暗腐败”问题发生。严肃党内政治生活，坚决贯彻民主集中制，促进依法决策、民主决策、科学决策。

【军事训练】 2019年6月，派员参加巴彦淖尔市第二届群众性练兵比武活动，气象、汽修两个专业取得优异成绩；7月，磴口县人民武装部部长、政委代表分区参加自治区首届群众性练兵比武活动。2019年下半年，采取外请教练、在岗自训、集中组训等多种形式，完成专业分队共计52天的训练任务，特别是工程抢修分队的机场专业，在军兵种专业不对口的情况下，迈开了专业组训的第一步。

【兵员征集工作】 坚持把征兵工作作为重点工作突出出来，做到一季征兵四季准备，瞄着高素质兵员出实招、用实劲，先后印制发放征兵宣传单2000份、征兵宣传海报60张、征兵宣传手册500份、兵役登记公告1000份，营造强大的宣传攻势。年初兵役登记率实现100%。把征兵宣传纳入退役军人事务局成立、退役军人服务站揭牌暨军属光荣牌发放启动仪式，立起军人受尊崇、军属受尊敬的导向。狠抓“八道关口”（宣传、培训、体检政考、役前训练、定兵审批、思想稳定、廉洁、保障），高标准完成新兵的征集任务，首次实现大学生征集率100%，“五率”（报名率、上站率、合格率、择优率、退兵率）指标均有大幅进步，连续5年未发生退兵问题。

【脱贫攻坚工作】 选派得力人员参加驻村工作队并担任第一书记，预算10万元作为扶贫工作专项资金，部领导定期深入帮扶对象家中了解情况、解决困难，促进脱贫工作落地见效，2个帮扶村、9户帮扶对象全部实现稳定脱贫。出资帮助隆盛合镇塔布村修建农田灌溉水渠840米，被当地群众誉为“军民渠”，村民代表专门赠送锦旗。帮助巴彦套海农场三分场建设5座钢架大棚，资助3名贫困学生，切实把帮扶工作落到实处。

【抓国防教育】 以文体广电局乌兰牧骑为主体，组建民兵舆论宣传排暨国防教育宣传队，深入驻地部队开展“红色文艺轻骑兵进军营慰问演出”活动。把国防教育内容纳入县委中心组学习，先后组织2次专题学习。采取苏木镇、农场党政机关军事日的形式，推动基层领导班子心系国防事业、支持武装工作。结合“八一”建军节，开展军营开放日活动。结合“九一八”事变纪念日，联合人防办，拉警报、发传单、播视频，现场宣传国防知识。

【民兵调整改革】 针对辖区青年人口外流严重的现实情况，与政府有关部门合力做好驻县规模企业的工作，实现基干民兵相对集中编组。针对器材短缺的问题，投入经费近70万元，逐步配套完善民兵分队物资器材。完善民兵档案646份，规范民兵体检、政治考核等重点事项，特别是针对民兵信息数据收集录入工作量大、退伍军人和党员比例要求高、专业对口率难实现等问题，组织力量开展专题调研，协调党政部门合力做好工作。

【基层武装部规范化建设】 加强与地方党政部门的协调，对5个基层武装部的“三室一库”“四本五表六册”进行全面整治整改。针对专武干部队伍调整面大、经验不足的实际，坚持以会代训，持续搞好传帮带，逐渐提高抓主责、务主业的实际能力。拿出一周时间，专题组织专武干事、武保科长集训，就短板弱项问题进行专攻精练，收到积极成效。2019年，县委提拔重用2名专武部长。

【军事职业教育试点工作】 按照“聚焦主业安排学习、量化指标牵引学习、创造条件保障学习、健全机制规范学习、开展活动助力学习”的思路办法推开军事职业教育，投入资金，建成军综网学习室、互联网学习室、阅览室，有序推进线上线下学习，达到人人通过2门课、精读2本书的初步目标。

（张　云）

武　警

【概　况】 磴口县武警中队，现隶属于武警内蒙古总队巴彦淖尔支队。2019年磴口县武警中队被武警内蒙古总队表彰为基层建设先进中队，被磴口县人民政府表彰为全县民族团结进步模范集体，在上级组织的条令知识竞赛中取得第二名、在勤训轮换及军体运动会中取得第三名的好成绩。

【组织建设】 以集中授课、随机教育、列席会议指导为方法，敢于放手开展工作，“助手”作用日趋明显。在骨干选拔任用上，大胆使用新骨干，进行持续的帮带培养，对能力不强作用发挥不明显的老骨干进行淘汰，每月对干部士官进行考核讲评，骨干能力素质普遍提升。

【思想政治教育】 磴口县武警中队在政治教育方面，注重在备课、授课和班讨论上出实效，紧密结合战士身边的真人真事和新闻热点，探索双百微课等授课形式；开展“传承红色基因，担当强军重任”主题教育，在搞好小课串讲的基础上，灵活开展“党史军史天天学，红色基因代代传”学史知史悟史活动、“日学习语金句，周写心得体会，月读经典书籍”活动以及卫士书香、卫士战歌歌曲演唱活动，组织入团仪式、重温誓词、义务劳动等一系列纪念五四运动100周年庆祝活动，结合建党节、建军节等时机组织官兵到驻地三盛公红色教育基地、县博物馆、粮仓博物馆进行军人宣誓、重温入党誓词、参观见学等活动，利用板报橱窗、宣传栏、警营广播、三互小报等进一步浓厚学习氛围。在思想工作方面，扎实开展密切内部关系教育整顿和“关注心理健康，争做阳光青年”活动，与官兵开展普遍深入的谈心谈话，对思想、心理骨干进行培训，用好“第二故乡”家长微信群，进一步加强干部家长和战士之间的互动，每月组织开展集体生日、体育比赛、重大节日文艺晚会等活动。

【执勤战备】 开展哨兵上哨治散、哨位交接治乱、执勤站岗治松、情况处置治慌、执勤讲评治粗、干部查勤治虚“六治”活动，完成各时期执勤战备任务；坚持每日勤务交班制度，由当日勤务值班员依据录像讲评一日执勤情况，及时纠正执勤中存在的问题。积极推进看守所执勤隐患排查治理活动和新看守所智慧磐石工程建设，解决部分长期未解决的硬隐患，完成磴口县看守所看守任务。

【军事训练】 磴口县武警中队注重发挥干部带头作用，带动训练质量提升，坚持做到组训、跟训、参训，下大力解决偏训、漏训、粗训、蛮训等问题；以抓两头带中间为抓手，提高士官教练员任教组训能力，强化义务兵基础体能、技能训练，严格落实每周会操、单科目结业普考制度及教学评审、评教评学制度，对训练成绩突出的战士给予大力表彰，积极营造训练有为、训练有位的竞争氛围，干部训练成绩在支队范围内排名靠前，出现了数名训练尖子，勤训轮换取得第三名，军体运动会取得团体第三名。

【教育安全管理】 磴口县武警中队党支部高度重视教育管理和安全工作，注重在经常性基础性工作落实上抓反复、反复抓，杜绝起伏波动；强化对士官队伍的管理力度，对重点关注士官进行一对一帮教，与其家庭建立联系，实现家庭与部队共育；注重在官兵作风纪律、穿衣戴帽、礼节礼貌、个人养成上下功夫，官兵精气神有很大提高，条令知识竞赛获得第二名。认真落实安全工作八个规范，扎实开展百日安全竞赛活动，扎实开展宴请喝酒问题整改纠治活动，时刻把安全工作放在重要位置，盯住“人”这个关键，做到“四个不忘”，即教育不忘讲安全、会议不忘议安全、公差勤务不忘提安全、工作训练不忘抓安全，每日组织翻安全计时牌、诵读安全警句活动。

【后勤保障】 磴口县武警中队始终坚持支部当家理财，落实经费管理的各项制度，把好经费开支、物资采购关，坚决杜绝基层“微腐败”。严格落实伙食管理五项制度，充分行使经济民主监督权、建议权，严格执行伙食保障模式。严密组织实物验收登记，严格落实饮食卫生制度，严把食品安全关。发展农副业生产，进行大棚换茬种植、大田种植工作。开展后勤训练，正规训练秩序。

【警民共建活动】 开展警民共建活动，做好拥政爱民工作，经常性开展学雷锋活动。多次配合县政府开展“把驻地当故乡，视人民为父母”的拥政爱民活动，积极为驻地群众排忧解难、支援建设。同时，利用节假日参加“送温暖、献爱心”、义务献血、植树造林、看望慰问孤寡老人、为驻地打扫公共卫生等活动，加强与群众的血肉联系。在开展警民共建活动中，全体官兵始终牢固树立“靠有所作为赢得地位，靠良好形象争取支持”的思想。

（冯隆楷）

社会生活

民　政

【机构设置】 磴口县民政局内设办公室、社会救助股、社会事务股、社会组织党建办、基层政权和社区股、养老服务股、婚姻登记处、民政社会救助大厅、经济状况核对中心。下设殡仪馆、社会救助管理站。

【低保工作】 2019 年，磴口县有城乡低保户 8113 户 11603 人。其中，城市低保对象 2635 户 3595 人，城市低保标准从 591 元 / 月提高到 635 元 / 月，全年发放城市低保资金 2081 万元；农村低保对象是 5478 户 8008 人，农村低保标准从 4260 元 / 年提高到 4680 元 / 年，全年发放农村低保资金 2586.6 万元。

【残疾人两项补贴】 2019 年，发放残疾人两项补贴 620.5 万元，其中重度残疾人护理补贴 280.65 万元，涉及 2414 人，困难残疾人生活补贴 339.85 万元，涉及 3338 人。

【特困人员保障精准认定】 2019 年，磴口县有“三无”人员（无生活来源、无劳动能力、无法定抚养义务人或法定抚养义务人丧失劳动能力而无力抚养的公民）66 人，全年发放供养资金 110.45 万元；有五保户 298 人，全年发放供养资金 341.18 万元。

【临时救助工作】 2019 年，磴口县救助困难群众 3682 人，发放临时救助金 576.49 万元。

【老龄工作】 2019 年，磴口县按月足额发放高龄津贴，享受高龄津贴老人 2298 人，全年发放高龄津贴 266.3 万元。

【社会团体和民办非企业单位登记管理】 社会组织登记、变更、年检全部实行系统录入，全县有社会组织 40 个，其中社会团体 33 个、民办非企业单位 7 个。

【区划地名工作】 2019 年，磴口县的地名普查工作通过国家验收，地名普查工作得到民政部领导和自治区民政厅的肯定与认可。2019 年地名普查正在开展成果转化工作。

【婚姻登记工作】 2019 年办理结婚登记 600 对，离婚登记 352 对，补发结婚证 899 对。

【殡葬工作】 2019 年，殡仪馆增收节支保运转，拉运、冷藏、火化遗体 319 具，收入 51.04 万元，减免殡葬惠民人员 56 人的服务费，共计 8.259 万元。

【孤残、困境儿童保障工作】 2019 年有 28 名分散供养孤儿，孤儿分散供养标准月人均 1310 元，发放孤儿福利津贴 43.8 万元。

（郭　梅）

人力资源和社会保障

【机构设置】 磴口县人力资源和社会保障局内设办公室、事业单位管理股、专业技术管理股、社会保险股、劳动关系股、政策法规股、统计信息管理中心、档案管理中心、劳动人事争议仲裁院、劳动保障监察大队、人力资源服务中心。

【人事人才工作】 完成《2019年度巴彦淖尔市事业单位公开招聘工作人员》磴口县招聘工作，分2批共招聘教育系统教师岗位65名。配合县卫健委完成磴口县县直医院院长、副院长公开竞聘工作。配合县教育局完成全县中小学校长、幼儿园园长公开竞聘上岗工作。按照县委、县政府要求对全县借调人员进行摸底调查，查明借调自治区6人、市直单位28人，县内各单位借调47人。配合县委编制办完善第7、8、9批人才储备人员列编所需文件、材料。完成全县机构改革人员转隶备案工作，备案29个单位、179人。

【高校毕业生就业】 2019年，对176名应届大学生进行实名登记。建立企事业单位高校毕业生就业见习基地7个，完成就业见习45人。举办2019年高校毕业生专场招聘会2场。代理人事档案221份。落实高校毕业生创业与就业政策，完成企业人才储备50人，完成就业见习计划45人，按月上报高校毕业生就业任务完成情况。按照政府购岗的方式，与各单位136人签订政府购岗劳动合同，办理相关手续。完成2019年“三支一扶”17人，完成社区民生48人的报到、分配及补贴发放和保险核定工作。

【劳动关系】 2019年，推动劳动用工网上备案制度建设，完成网上备案302户，个人用工备案4227人。网上集体合同备案45户，已审核通过45户，工时制审批18户。全县签订集体合同、工资专项集体合同、女职工权益保护专项集体合同和劳动安全卫生健康专项集体合同共38份，其中企业单独签订30份，区域性合同6份，行业性合同2份。所签合同全部经审查备案。建会企业集体合同和工资专项集体合同签订率95%以上，其中百人以上企业集体合同签订率100%。落实社会法人守信联合激励和失信联合惩戒情况，中国移动磴口县分公司、内蒙古磴口县金牛煤电有限公司上报批准列入和谐劳动关系领域法人红名单。对已认定的和谐劳动关系单位巴彦淖尔电业局磴口供电分局、蒙牛乳业（磴口巴彦高勒）有限责任公司、上海佳格食品有限公司内蒙古分公司金牛煤电公司、中国移动磴口分公司上报复核材料，上报丰华供水供热有限公司、磴口县烟草专卖局2家和谐劳动关系单位。推行企业新型学徒制工作方案，制定《磴口县全面推行企业新型学徒制工作方案》，有1家企业联合培训机构开展新型学徒培训，参加培训人员21人，完成目标任务数20人的105%。

【劳动者权益维护】 2019年，针对禁止使用童工、未成年工特殊保护、规范劳动力市场、清理拖欠农民工工资，开展8次专项检查，检查各类用人单位90家，督促15家企业缴纳民工工资保证金433.77万元，13家建筑施工企业缴纳工伤保险。加强工程领域劳动关系管理，设立应急周转金200万元，农牧民工资支付保证金覆盖率100%，劳动合同签订率100%，实名制管理覆盖率100%，银行代发工资覆盖率100%，建立农民工资专用账户制度覆盖率100%，落实现场维权公示制度100%，实现政府类投资项目年底前零拖欠，社会投资类项目“动态清零”，未发生50人以上群体性讨薪事件。办理企业劳动合同工书面审查108户，涉及2998人，签订劳动合同2860人。行政单位办理劳动用工书面审查50户，事业单位办理劳动用工书面审查94户。受理劳动监察案件5件，结案5件，涉及人数15人，涉及金额3.47万元。全年共为农民工清欠工资425.1万元。下发责令整改决定书12户，报送各类信息16篇。劳动人事争议仲裁委员会处理劳动争议案件29起，裁决9件，一裁终局1件，不予受理13件，调解6件，涉及人数6人，金额102.67万元。案外调解处理案23件，涉及劳动者256人，涉案金额251.21万元。认定工伤案件28件，不予认定3件。

【档案管理工作】 2019年，完成干部人事档案专项审核“回头看”整改工作。除教育系统的人事档案外，其余在职人员干部人事档案均已完成“回头看”台账整改工作。管理档案共计4461本，其中在职计2756本（公务员232本，参公150本），退休、提退人员1612本，死亡人员63本，辞职人员30本。

【工资津贴工作】 2019年，完成新进人员的转正定级和工资档案新建工作。审批行政事业单位132名工作人员的退休手续。按规定及时对行政事业单位死亡人员抚恤费、丧葬费进行审批，审批39人的抚恤费及丧葬费。对2018年度事业单位年度考核合格以上工作人员晋升一档薪级工资进行审批。完成机关事业单位工作人员和离退休人员及遗属人员的取暖费补贴审批发放工作，根据上年社平工资，对机关事业单位260名遗属人员的生活困难补助进行调整，按照上级部门的有关要求，参照乡镇、苏木工作人员工资标准及结构，对5个农场工作人员的工资分年度（2016年7月、2019年1月）进行测算，按要求完成乡镇机关事业单位工作人员乡镇工作补贴的审批工作。

【专业技术人员管理】 2019年，对全县专业技术人才信息库进行录入更新，完成2019年职业技能人员考试报名工作，总计24人，其中，初级22人；完成2019年下半年经济师、执业药师等14项专业技术资格的考试报名工作。完成2019年高级职称申报审核上报工作，审核上报58人，其中，教育系统27人，卫生系统12人，其他系统19人。完成2019年全县中级职称申报审核上报工作，审核上报87人，其中，教育系统44人，其他系统43人。完成2019年全县初级职称的评审备案工作，评审备案85人，其中，教育系统9人，其他系统76人。

【企业退休审批工作】 2019年，完成企业正常退休审批781人；完成企业特殊工种审核上报45人；完成企业提前退休审批56人，其中病退14人，特殊工种提前退休42人；对31人的档案出生年龄及参加工作时间做出认定；按时上报2019年全年社保基金要情统计表。

【人事工作】 2019年，根据机构改革和职能调整，所属公务员管理职能划转组织部门行使，人员划转2人，已基本完成职能和人员的划转，完成承担全县机构改革人员转隶工作。

【机构调整】 原由磴口县人力资源和社会保障局行使的“签订服务协议的医疗机构、零售药店的管理”“基本医疗保险、工伤保险待遇支付”中的“基本医疗保险待遇支付”“基本医疗保险费申报”划转由新成立的医疗保障局行使。根据内蒙古自治区人力资源和社会保障系统审批事项，对权责清单进行动态调整，调整后保留行政权力125项，其中行政处罚88项，行政监督检查12项，行政许可4项，行政确认6项，行政奖励3项，行政强制措施1项，其他行政权力11项。

（康蒙川）

社会保险

【机构设置】 磴口县社保局内设办公室、财务股、业务股、公共业务股、监审股、工伤股、退管股、城乡居民养老保险股、机关事业股、档案室、信息室11个股室。

【城镇职工养老保险进展情况】 2019年，城镇职工养老保险参保人员16932人，收入共15379万元，其中，地税征缴费收入13529万元、利息收入3万元、其他收入（包括滞纳金、清欠利息、追缴冒领养老金）191万元，地方财政匹配津补贴取暖费收入1656万元，当期征缴收入较上年同期减少18%。全县离退休人员13113人，1—12月，养老保险待遇支出共40582万元，其中，养老金发放40003万元、丧葬费抚恤金支出356万元、转移性支出214万元，退还以前年度多缴纳养老保险费支出9万元，当期支出较上年同期增长8%；结余–25203万元，基金运行面临较大困难，社会化发放率100%，养老保险基本能做到月底前足额发放，并通过按月核定网上加密传输退休人员工资明细，委托银行进行发放。按照相关文件要求，为磴口县12693名企业退休人员进行调资，从2019年1月起执行，退休人员人均月调资为136.1元，已全部发放到位。

【城乡居民养老保险进展情况】 2019年，城乡居民养老保险参保缴费人数达32109人，收入1780万元（其中，征缴收入1668万元，转移收入4万元，利息收入108万元），基金滚存结余9549万元；为城乡居民60岁以上老年人11577人发放养老金2162万元，发放率100%。并根据《转发〈内蒙古自治区城乡居民基本养老保险丧葬费补助办法〉的通知》文件要求，自2019年1月1日起，对符合条件的领取待遇死亡人员给予一次性丧葬补助费，共发放28万元。

【机关事业养老保险进展情况】 磴口县有155个单位（包含7个上三级单位和条管单位），共计8201人（在职人员4452人，退休人员3749人），已完成全部单位的参保登记、准备期清算工作，已核定全县2019年机关养老保险单位147个。机关事业养老保险收入12236.22万元，其中，征缴养老保险费金额为6091万元（单位缴费1848万元、个人缴费4243万元），各级财政匹配6081.22万元，利息收入64万元。职业年金征缴收入为7005万元，利息收入13万元。支出：社会化发放133个单位3743人，发放金额17119万元。滚存结余3045万元。自2018年8月起，已按照相关要求，通过社银接口进行发放，确保每月退休人员养老金及时发放到位。2014年10月至2019年，“中人”（指在2014年10月1日我国实施养老保险并轨制度之前参加工作，2014年10月1日后办理退休的事业单位人员。国家规定，这部分人的退休养老金采用“中人过度法”进行计算。“中人”退休的“中人”是对部分事业单位退休职工特有的称呼，普通私企不存在“中人”退休的说法）退休人员共计720人，养老待遇计算全部采用过渡办法计发待遇。并根据相关文件要求，为磴口县3615名机关事业单位退休人员进行调资，退休人员人均月调资为172元，已全部发放到位，从2019年1月起执行。

【工伤保险进展情况】 2019年，全县工伤保险累计参保人数11900人，征缴工伤保险费168万元，全年累计享受待遇人数70人，累计支出342万元；1—12月发放工伤职业津贴、护理费、遗属费共26人43万元，累计结余190万元，发放率100%。

【生育保险进展情况】 根据《磴口县机构改革职责和人员转隶通知》文件，从4月10日将生育保险移交医疗保障局，移交前收入34.5万元，支出55万元，当期支出较上年同期增长57%，滚存结余300万元。

【全民参保登记工作】 2019年，按照自治区、市社保局有关要求，继续抓好全民参保计划工作，在前期全民参保登记基础上，进一步查漏补缺、更新完善登记信息。同时不断做好全民参保登记数据的利用工作，有针对性地动员未参保人员尽早参加养老和医疗保险，扩大社会保险覆盖面，实现社会保险全覆盖。并结合“不忘初心、牢记使命”主题教育暨建档立卡贫困人口城乡居民养老保险全覆盖清零达标专项行动，不断完善政策体系，创新工作机制，强化经办服务，全力引导和帮助未参保人员参加基本养老保险。

【“放管服”改革工作】 采用“互联网+政务服务”模式，对办事过程中烦琐、重复的环节以及非必须提交的材料进行精简，有效缩短业务办理期限。将城镇职工养老保险、城乡居民养老保险、机关事业养老保险、工伤保险办理过程中的34项办事清单在内蒙古自治区政务服务平台进行录入。并进一步严肃社会保险服务大厅工作纪律，严格执行请销假制度，实行“领导带班制度”和“股长大厅办公制度”，领导班子成员每周一到周五轮流到服务大厅带班，各股室负责人全部到大厅办公，帮助群众办理业务事项，现场解决办事群众遇到的困难和问题，为群众提供更加贴心、便利、高效的服务。完善社保大厅窗口“AB”岗机制，向群众公开业务办理指南，提升政务公开水平。

【精准扶贫工作】 2019年，帮扶的巴彦套海嘎查37户82人，已全部脱贫。并根据实际情况，制定不同的帮扶方案，对政策兜底的贫困对象及时落实相关政策，纳入保障范围，给予相应补助。协助帮扶贫困村发展村集体经济，增加集体经济收入，引导贫困户发展增收产业项目。并派驻村工作队员2人、帮扶干部20人，经常进村入户宣传政策，了解情况，摸清底数，采集信息，分析原因，解决困难，完善档案，上报信息。

明确脱贫攻坚工作目标，确保符合条件的贫困户应保尽保。由于753人已核定2018年城乡居民养老保险，所以2018年不能继续代缴，于2019年6月为其补缴2017年、2018年养老保险。2019年4月，根据磴口县扶贫开发领导小组《关于印发〈磴口县2019年脱贫攻坚“清零达标”专项行动实施方案〉的通知》的文件要求，结合磴口县扶贫办提供的建档立卡未脱贫人口数据17户33人，与城乡居民养老保险信息系统进行逐一排查，将符合条件的建档立卡贫困人口20人纳入城乡居民养老保险保障范围，每人100元，共计2000元，享受基本养老保险个人缴费部分代缴的政策，年满60周岁的建档立卡贫困人口按时发放养老金，实现老有所养。为磴口县建档立卡未脱贫6人，上门进行制卡信息和制卡照片采集，并联系合作银行进行桌面即时制卡，为贫困人员上门发卡。

（樊春利）

医疗保险

【机构设置】 2019年3月21日，磴口县医疗保障局正式挂牌成立。将县人力资源和社会保障局的城镇职工和城乡居民基本医疗保险、生育保险职责，县发展和改革局的药品和医疗服务价格管理职责，县民政局的医疗救助职责，县卫健委的药品、医用耗材的招标采购职责等整合，组建磴口县医疗保障局，作为县政府工作部门，为正科级。县医疗保障局编制5名，设局长1名（正科级），副局长2名（副科级）。磴口县医疗保障局内设办公室、综合业务股。下设一个二级事业单位医保办。

【医保基金运行情况】 2019年，城乡居民医疗保险参保80418人，基金收入6954.8万元，基金支出6315.6万元，当年基金结余639.2万元，基金滚存赤字1648万元。城镇职工医保参保17870人，基金收入8313万元，基金支出6432万元，2019年度基金当年结余1881万元，基金滚存结余4440万元（其中统筹基金结余76万元，个人账户结余4364万元）。职工医疗保险大额基金年初结余232.7万元，2019年度收入112万元，与上年度持平；支出122万元，比上年度增加6.6万元。基金滚存结余223万元。

【城镇职工生育保险基金运行情况】 2018年基金结余321万元，2019年度生育保险基金收入202万元，比2018年增长31.3万元，增长18.3%；基金支出266万元，比上年度增长136万元，增长104.6%；基金滚存结余260万元。

【医疗保障扶贫工作开展情况】 2019年，全县精准扶贫人员4292人，已全员参保并被纳入城乡居民基本医疗保险、大病保险政策范围内，由政府全额支付其参保费用。建档立卡贫困人口住院补偿2060人次，总费用1345.6万元，补偿金额799.1万元，门诊补偿11400人次，总费用89.2万元，补偿金额39.6万元；意外伤害补偿23人次，总费用42.4万元，补偿金额13.2万元；大病补偿139次，总费用304.52万元，补偿金额40.5万元。

【启动修订《磴口县医疗救助实施办法（试行）》】 在对全县大病贫困人员走访调研后及时启动修

订《磴口县医疗救助实施办法（试行）》。使磴口县建档立卡贫困人员政策内住院医疗费用通过救助报销比例达到70%，农牧区因病致贫、因病返贫（确保不能出现愁吃愁穿）特殊困难人员医疗总费用通过医疗救助达到90%，有了政策保障。2019年，收到上级下达医疗救助专项资金684万元，县财政匹配112万元，上年度结余357万元，可使用资金1153万元。截至2019年12月底，支付城乡医疗救助资金749.39万元16251人。其中，建档立卡贫困人口医疗救助共支付4495人次222.89万元。2019年建档立卡贫困人口中按重点救助对象住院直接救助1543人次176.86万元；2019年按“清零达标”政策补足70%，347人18.03万元；按重点救助对象自主参加城乡居民基本医疗保险每月50元/人，2509人12.55万元，滚存结余370.13万元。

【调整医保过度保障政策】 2019年4月28日，在全市率先通过系统修改及时调整过度医疗、过度待遇政策。使建档立卡贫困人员既能得到有效医疗，又不浪费医疗资源，有效地降低基金支出。2019年，城乡居民医疗保险参保80418人，基金收入6954.8万元，基金支出6315.6万元，当年基金结余639.2万元，基金滚存赤字1648万元，基金滚存赤字比2018年度减少674万元。

【推进医保便民服务】 推进能够切实减轻磴口县居民医疗费用、作为基本医疗保险补充商业保险、医疗兜底保险的2家保险公司进驻行政服务大厅，与基本医保、大病保险、意外保险、医疗救助实现“一站式服务、一窗口办理、一单制结算”。优化、简化异地就医备案程序，医疗保障局为方便广大患者出外就医，由以往的转院审批改为转诊人员可网上、电话就医登记、备案，真正实现“让信息多跑路，群众少跑腿”的服务宗旨。2019年，磴口县医院结算建档立卡贫困人口1050人次，总费用547.6万元，基本医保补偿347.48万元，大病商保补偿5.43万元，医疗救助91.41万元；磴口县蒙中医医院结算建档立卡贫困人口396人次，总费用149.34万元，基本医保补偿100.35万元，医疗救助24.31万元；医保办窗口结算建档立卡贫困人口642人次，总费用659.3万元，基本医保补偿358.52万元，大病商保补偿43.98万元，医疗救助65.07万元。

【严厉打击欺诈骗保行为】 截至2019年12月底，追回医保基金及违约金23.28万元，暂停服务协议5家，约谈1家，整改5家，通报批评27家，对全县医疗机构和定点零售药店欺诈骗保行为起到防范震慑作用，有效地降低医疗费用。

（武　海）

住房公积金

【概　况】 2019年，全县有231个单位9190名干部职工和个人缴存者建立住房公积金缴存账户，当年归集公积金12633.58万元。发放公积金贷款2576万元，发放人数108人。财政公补资金到位2940万元。2019年各类公积金支取共8226万元，2700余人。

【机构设置】 副科建制单位，在编人数4人，聘用人员2人，人员的工资待遇为市财政拨付。

【公积金管理】 2019年，在巴彦淖尔市住房公积金管理中心授权范围内履行相应的住房公积金管理职责，负责管理部所辖区域内住房公积金的各项业务的管理运作，实行统一规章制度、统一操作规程、统一核算办法，接受市公积金中心稽核科及其他业务科室对管理部进行各项业务指导、监督、检查，完成领导交办的其他事项。

（何　刚）

就业服务

【机构设置】 磴口县就业服务局内设办公室、财务室、创业贷款中心、职业介绍所、培训中心、农转办、失业保险、就业促进股、创业指导中心、企业股。

【"春风行动"促就业】 2019年，发放宣传材料6000余份，发布用工信息160条，为1200名求职者提供职业介绍服务，提供就业岗位950个；城镇新增就业人数为808人，完成目标任务的106%；失业人员实现再就业359人，完成目标任务的224%；就业困难人员实现再就业191人，完成目标任务的100%；"零就业家庭"发现一户，解决一户，实现动态消零；城镇登记失业率为4.2%，控制在5%的目标以内。

【城乡统筹协调农牧民转移就业】 2019年，返乡农牧民创业人数为24人；全年计划农村牧区劳动力转移就业任务数7000人，实际完成农村牧区劳动力转移就业7059人，完成目标任务数的100.84%；转移6个月以上目标任务数5400人，实际完成5715人，完成目标任务数的105.8%；家庭服务企业总数为7个，家庭服务从业人数为27人。

【塑造创业环境】 对全县三大创业园区（孵化基地）开展调研工作，对园区内所有的商户进行实地考察，针对实体名称、入住时间、实体类别、社会信用代码信息进行详细排查，并填写基本入驻信息表，建立各园区信息台账。在加强对入驻企业信息化管理工作的同时，为下一步对入驻企业进行实名制录入夯实基础。开展2019年县级创业示范店的筛查评选工作，对电子商务产业、绿色有机农庄、快递等行业进行调查，筛选10余户备选对象，从中选出6户申报市级创业示范店，截至2019年12月底，鼎元商贸综合创业园入驻实体商户121户，安置就业424人；河套大市场创业园入驻实体商户152户，安置就业580人；纳林湖创业园入驻实体商户41户，安置就业228人。

【强化就业技能培训】 2019年，完成就业创业培训310人。其中，建档立卡贫困劳动力280人（创业培训146人，肉羊养殖134人），城镇技能培训30人。

【实施就业援助】 2019年，全县发放2019年度社会保险补贴392人，发放金额154万元。重点在苏木、乡镇和农场开发一批公路养护、农村保洁等公益性扶贫岗位，同时开发城镇环卫、园林等政府公益性岗位，就地就近安置就业。截至2019年12月底，已通过公益性岗位就业177人，其中建档立卡贫困劳动力58人。

【援企稳岗促就业】 2019年，磴口县就业局有21名员工通过申请、审核、公示等严格规范的申领程序，领到技能提升补贴40000元。截至12月底，实际失业保险参保单位230户，参保人数6210人，完成目标任务6210人的100%；实际征缴失业保险费374.06万元，完成目标任务280万元的134%，领取失业保险待遇人数为200人，发放金额181.56万元，代缴医疗保险费57.01万元。

【实施创业担保贷款】 2019年，发放创业担保贷款24户，发放金额240万元。

【推进就业扶贫攻坚战】 开展全县贫困劳动力信息采集，详细登记贫困劳动力个人基本信息、转移就业意向、职业技能培训需求等相关信息。据摸底调查，磴口县法定劳动年龄内建档立卡贫困劳动力888人，其中在校生38人，已实现就业317人。通过不定期回访，了解贫困户的就业状况，为有就业愿望的劳动力提供职业介绍等服务，根据他们的自身情况推荐适合的工作岗位。结合磴口县精准扶贫等工作实际，进一步掌握建档立卡贫困劳动力培训数量、培训工种需求等信息。认定河套大市场创业园和鼎元商贸综合创业园为磴口县就业扶贫基地，依靠扶贫车间带动贫困劳动力的就业。

（徐赛男）

退役军人事务

【概　况】 磴口县退役军人事务局成立于2019年3月21日。属于政府职能部门。根据磴口县机构编制委员会“三定”方案规定，退役军人事务局核定行政编制5名，领导职数3名（1正2副）。局机关下设磴口县退役军人服务中心，副科建制事业单位，事业编制8～12人。2019年，实有人员11人，其中党员领导干部6人，有2名退役军人。为县退役军人服务中心和苏木镇、农场、社区16个退役军人服务站挂牌，健全三级退役军人服务保障体系，实现退役军人服务保障工作城乡全覆盖。

【机构设置】 退役军人事务局内设办公室、拥军优抚和褒扬纪念股、移交安置和就业创业股。

【悬挂光荣牌】 2019年磴口县退役军人事务局为全县退役军人、现役军人家属、烈属悬挂光荣牌。

【双拥工作】 2019年，春节、“八一”建军节期间，为驻镇部队分别送去价值4万元的电视、空调、洗衣机、笔记本电脑、打印机、跑步机、消毒柜，提高部队官兵的生活水平，改善部队设施建设。慰问重点优抚对象，发放慰问金。“七一”建党节邀请参加过抗美援朝的老兵到部队为官兵讲战争故事。国庆节前夕慰问10名中华人民共和国成立前参加革命的老军人，发放慰问金并颁发“庆祝中华人民共和国成立70周年纪念章”。表彰最美退役军人，发放奖金5000元。协调乌兰牧骑为驻镇部队开展巡回演出，丰富部队文化生活。联系中蒙医院对官兵开展义诊活动。协同县邮政局为雷达站官兵赠送集邮册。元旦到部队开展联谊活动。

【英烈褒扬】 2019年，在清明节组织部队官兵到临河西郊烈士陵园开展祭奠英烈活动。“七一”建党节与县妇联一起看望烈士子女。参加巴彦淖尔市委、市政府举办的烈士纪念日公祭活动。慰问烈属11人，发放慰问金5500元。

【优待抚恤】 2019年，为重点优抚对象发放抚恤生活补助。为27名1～6级残疾军人每人发放门诊费，共计5.4万元。为重点优抚对象发放自然增长金36万元。为现役军人发放义务兵家属优待金。为重点优抚对象缴纳医保11.3万元。为优抚对象解“三难”（生活难、医疗难、住房难）合计14.19万元，为优抚对象医疗救助19.87万元，为军队离休干部发放一次性抚恤金。

【退役安置】 2019年，退役士兵参加职业技能短期培训。为退役士兵发放一次性地方经济补偿金，2名四期专业士官符合安置条件，1名安置在县退役军人事务局，1名安置在县环卫局，并发放待安置期间生活费。

【部分退役士兵社保接续】 2019年9月开始部分退役士兵社保接续工作，筛查、初步审核资料，符合社保、医保接续条件的退役军人，其中包括自治区和市局符合政策安置的退役军人。

【就业创业】 2019年，组织退役军人参加自治区西部地区退役军人就业招聘会和全市的退役军人就业招聘会，协同人力资源和社会保障局、工会、工商联、就业服务局举办“冬雪送岗位、服务暖人心”退役军人现场招聘会，为退役军人就业创业多方位、多渠道建立服务平台。

（董丽霞）

扶贫开发

【概　况】 2019年初，全县有建档立卡贫困户4470户9316人。其中，未脱贫人口18户38人，经过第二季度和年底两次动态调整，未脱贫人口清退1户2人，家庭成员自然减少3人，脱贫退出17户33人，合计净减贫人口18户38人，全面完成2019年减贫目标任务。截至2019年底，全县有建档立卡贫困人口4390户8970人，正常脱贫享受政策2534户4248人，脱贫不享受政策1856户4722人，现行国家标准建档立卡贫困人口全部脱贫退出，贫困人口发生率由2014年的15.7%降到0。

【脱贫攻坚行动】 2019年，入户摸底调查2626户4484人，排查出系统录入有养老保险收入但家庭成员均未参加城乡居民基本养老保险和有残疾人证但健康状况为健康问题183条，已全部修改完毕。排查出低保、健康扶贫等政策未落实，金融扶贫政策未落实，生活用电困难、无住房等政策落实方面和因无户口或非本地人户内漏人，稳定脱贫户系统未标注，系统耕地面积填写不准确等九大类问题31项，对贫困人口致贫原因、劳动力现状进行全面核实，切实摸准贫困人口的劳动能力情况及产业项目扶持情况，梳理扶贫项目减贫带贫能力与贫困户利益联结机制、贫困群众参与度等关键要素。摸底排查享受政策建档立卡贫困户2487户4146人，其中有劳动能力818人，弱劳力和半劳力637人。实际落实自主发展产业601人，资产收益741人，有劳动能力贫困人口产业政策全部落实到位。健康扶贫自查出诊疗设备不足、老化等尤为突出的问题，不能适应医共体远程医疗的基本要求，且医技人员的不足及人员老龄化问题严重，导致基层服务能力不能适应日益多元化的医疗服务任务。针对磴口县苏木镇卫生院普遍存在医疗设备短缺的情况，已与中国初级卫生保健基金会区域卫生发展精准扶贫项目组取得联系，争取援助基层医疗机构缺少的医疗设备。针对人员问题采取医学订单定向培养、人才引进和对口支援等措施，逐步提高基层医疗机构的服务能力和水平。

【中央专项巡视整改情况】 中央脱贫攻坚巡视反馈的24个问题、2018年国家对自治区脱贫攻坚成效考核反馈的45个问题已全部整改完成。

【未脱贫人口、已脱贫户情况】 2019年，未脱贫户17户33人，已全部脱贫。已脱贫户正常脱贫2534户4248人。在2018年投入专项扶贫资金1651.18万元，实施产业扶贫项目13项，覆盖带动贫困人口900人的基础上，2019年投入扶贫资金1877.878万元，又新建、扩建产业扶贫项目14个，带动贫困人口1352人，合计通过产业园带动贫困人口2252人。2017年以来共落实企业合作社资产收益分红20家，受益贫困人口878人。落实光伏扶贫项目298户。落实乡村保洁员、护林员公益岗61人，其中2018年落实44人，2019年新增17人。落实幼儿到大学教育扶贫政策163人。

【实施保障性扶贫政策】 完善城乡居民基本养老保险制度，对建档立卡贫困人口缴纳基本养老保险实行缴费补贴政策。统筹城乡社会救助体系，加强低保对象精准识别动态管理，完善低保标准动态调整机制，把符合条件的建档立卡贫困人口全部纳入农村牧区最低生活保障范围，进一步完善残疾人扶助政策，落实建档立卡贫困残疾人特惠政策。聚焦特殊贫困人口精准发力，确保完全或部分丧失劳动能力的特殊贫困人口病有所医、残有所助、生活有兜底，落实特困户供养和低保兜底政策。

【建档立卡常态化动态管理】 2019年，全县1627名苏木镇（农场）扶贫干部、嘎查村（分场）“两委”成员、驻村工作队、第一书记共入户摸底排查农牧户4904户，其中，走访建档立卡贫困户4431户、非贫困户473户。经村民代表大会研判、村公示、镇审核、镇公示和县抽查验收，磴口县已于2019年10月30日完成动态管理线下采集工作，于10月30日至11月9日完成县级公告。需此次动态调整脱贫17户33人，清退9户27人，稳定脱贫31户70人，自然增加29人，自然减少191人。利用自治区大数据平台，及时将建档立卡贫困户数据进行比对。第一季度核实修改“贫困村无驻村工作队（一级规则）”“帮扶责任人联系方式为空或号码异常（二级规则）”“贫困户有创业致富带动但创业致富带头人产业项目未添加受益户（三级规则）”等322条。第二季度核实民政低保、车辆、住房等信息疑点数据3248条，修改处理17条。2019年6月底，对建档立卡对象登记有误、遗漏信息的及时做好更正补充，切实提高扶贫数据质量。

【自治区大数据平台建设】 2019年，设置县、苏木镇（农场）、嘎查村三级扶贫信息员。在人员配置上严格按照思想政治素质好，“四个意识”强，热爱扶贫工作，熟悉电脑办公软件操作，熟悉建档立卡、动态管理、数据清洗等业务，共配备大数据平台管理员58人，其中，县扶贫办配备2名专职扶贫信息员，包括大数据管理员1人；苏木镇农场10人，每个苏木镇农场1人；村（嘎查）级46人，每个嘎查村1人。各苏木镇（农场）及县扶贫领导小组成员单位提供相关材料，2018年政策文件资料已上传。

【清产核资】 2019年，磴口县于5月14日召开清产核资专题调度会，会上对清产核资工作进行安排部署，同时，县扶贫开发领导小组办公室印发《开展扶贫资金清产核资工作的方案》，对清产核资工作的范围、类型做具体的要求，该项工作已结束。

【脱贫攻坚项目库建设情况】 2019年，磴口县开展入库项目全面清理整改工作，按照规划先行、动态管理的原则，对2018—2020年脱贫攻坚项目进行清理完善。严格按照项目库村申报、乡审核、县审定的程序完善项目库，建设线下档案资料。对照项目，申报项目名称、项目类别、建设性质、实施地点、时间进度、责任单位、建设任务、资金规模和筹资方式、受益对象、绩效目标、群众参与和带贫减贫机制等13项要素，进一步规范项目库。对未明确绩效目标、未进行行业部门论证的项目进行清理，各苏木镇、嘎查村组织开展项目库清理，对2018年建设的产业扶贫、资产收益、村集体经济、教育扶贫、金融扶贫、易地搬迁、旧房修缮加固、基础设施和公共服务设施建设8大类339项脱贫攻坚2018—2020年项目库进行清理，对项目缺乏科学论证、论证不精准，不切合脱贫攻坚实际的项目进行清理，清理项目140项，清理项目资金规模3.9447亿元。

【创新金融扶贫工作】 2019年，落实“5万元以下，3年期以内，无抵押无担保政策”，对全县各苏木镇、农场和3家合作金融机构按照划片包干尽责的要求，推进金融精准扶贫工作，做到符合条件的建档立卡贫困户应贷尽贷。同时按照上级要求在3家合作金融机构建立贴息专户，存入贴息资金113万元，贫困户从2019年起只还本金不还利息，县扶贫办与3家合作金融机构就贴息划转的无缝对接进行实际操作。截至12月底，发放贷款848.2万元，无一例逾期。

【财政扶贫资金争取情况】 2019年磴口县投入各级财政扶贫资金4433.278万元。其中，中央财政少数民族发展资金150万元，中央财政国有贫困农场扶贫资金137万元，自治区财政专项扶贫发展资金2026.278万元，自治区财政少数民族发展资金60万元，市级财政扶贫发展资金1060万元，县本级资金投入1000万元。

【扶贫产业项目建设力度加大】 继续完善扩大扶贫产业项目建设规模和减贫带贫能力，启动实施扶贫产业项目14个，其中，新建磴口县易地搬迁产业园、补隆淖镇夹道村千亩西红柿种植产学研一体化扶贫产业园、沙金套海苏木活畜交易市场、纳林套海农场扶贫产业园、包尔盖农场苜蓿扶贫产业存储库库5个扶贫产业园，新建巴彦高勒镇南粮台鱼池、经济林和北滩村甘草产业扶贫基地2个特色产业扶贫项目，实施隆盛合镇民兴村、渡口镇东地村和哈腾套海农场二期、三期设施农业扶贫产业园扩建项目4个，配套建设隆盛合镇协成村、民兴村设施农业扶贫产业园路、电、井基础设施建设项目1个，实施渡口镇永胜村和补隆淖镇黄土档村新型主体扶贫项目2个，项目总投资3437.878万元（投入扶贫资金1877.878万元，自筹资金1560万元），带动贫困户816户1352人。2019年，除新建磴口县易地搬迁产业园、沙金套海苏木活畜交易市场、纳林套海农场扶贫产业园、哈腾套海农场三期设施农业扶贫产业园扩建项目，正在办理招投标和政府采购手续，其他项目正在实施中。

【巩固提升贫困嘎查村基础设施建设】 2019年，投入易地扶贫搬迁专项建设基金和一般债券资金806.475万元，重点围绕易地扶贫搬迁集中安置点基础设施配套和贫困村提升工程实施9个基础设施项目。包括易地扶贫搬迁生态光伏小镇基础设施和公共服务配套项目，渡口镇永胜村自然村内道路硬化项目，南滩村、东地村、大滩村砂石路项目，东地村扶贫产业园配套设施项目，沙金套海苏木阿茨嘎查、巴彦套海嘎查扶贫产业园道路硬化项目，巴哈线至阿茨嘎查水泥路建设项目，补隆淖镇新河村易地扶贫搬迁集中安置区基础设施和公共服务配套项目，河壕村扶贫产业园水泥路硬化项目，包尔盖农场二分场扶贫产业园道路硬化项目。9个项目完成招投标，已开工实施。

【驻村工作队建设】 2019年，磴口县派驻38支119人的驻村工作队和1627名帮扶责任人，为加大驻村帮扶力度，制定《磴口县驻嘎查村（分场）第一书记管理办法》和《磴口县驻嘎查村（分场）第一书记考核细则》，强化第一书记管理考核。第一书记能够做到每月驻村时间不少于20天，严格落实中央八项规定、自治区28条配套规定及市委26条具体规定。对考核情况进行全县通报，其中优秀16人，称职58人，基本称职9人。落实“第一书记”优先选拔、优先评先、优先评职的“三优先”政策，激发“第一书记”干事创业的热情，近三年县委评选优秀第一书记18名，7名第一书记因工作成绩突出被提拔任用。为每个驻村干部每天发放85～95元食宿交通通信补贴，为每个工作队安排1万元工作经费。举办各类扶贫培训班12期，共培训3085人次，其中县、苏木镇、农场党政领导150人次，扶贫系统干部406人次，行业部门干部92人次、第一书记和驻村工作队547人次，帮扶干部1662人次，嘎查村“两委”成员228人次。

（李海燕）

经济管理与监督

发展和改革

【机构改革】 磴口县发展和改革委员会的前身是磴口县计划委员会，1995年政府机构改革中将原经委和计委合并为计划经贸局，在2002年机构改革中，更名为县发展计划局，2006年，随着国家宏观调控体制的调整，为了与上级业务部门更好地理顺关系，更名为县发展和改革局。2019年机构改革中整合粮食和物资储备局（挂牌）重新构成，更名为县发展和改革委员会。县发展和改革委员会是县政府组成部门，负责制定全县经济和社会发展规划，推动落实各项综合性改革措施，是县委、县政府的参谋部、项目部和协调部。

【经济运行监测工作】 2019年全县地区生产总值完成54.09亿元，同比增长6.4%；公共财政预算收入完成2.1亿元；社会消费品零售总额完成18.7亿元，同比增长3.9%；城乡常住居民人均可支配收入分别达到31992元和19125元，同比增长7.6%和8.1%。

【争取项目支持】 2019年，争取到上级投资项目14项11879.6万元，分别是保障房配套工程项目4项2556万元，农林牧水项目5项7086.6万元，市政管网工程建设和改造项目1400万元，垃圾转运站项目297万元，公地卫生院项目204万元，政法类项目336万元。

【重点项目建设】 2019年，磴口县500万元以上固定资产投资项目已开复工47项，完成投资15.86亿元，完成年度目标88%，其中，农林牧水项目15项5.75亿元；工业项目12项4.6亿元；交通项目2项1.33亿元；城市建设10项2.78亿元；社会事业及商贸8项1.4亿元。

【重大项目进展情况】 2019年，磴口县列入全市重大项目（亿元以上）共15项（市下达4项，全县安排11项），计划投资16.4亿元，截至年底，重大项目开复工14项，完成投资5.67亿元，占全年投资计划的35%。

【粮食储备与物资工作】 2019年，对粮食统计进行专项检查，全面审核收储加工企业的台账，出动执法人员16人次，出动执法车8辆次，检查出隐患20项，下达整改建议书20份，责令限时全部整改，确保人员和粮食及其他财产安全，监督检查覆盖率达100%。

【价格收费重点工作完成情况】 2019年，协助纪检委及公安局办理价格认定案件33件，价格认定金额共计2569万元。完成2018—2019年度收费公示数据收集及上网填报，对农产品（玉米、葵花籽）进行成本直报调查、常规调查及专项调查，启动磴口县阶梯水价及污水处理费调价工作，健全并实施后续听证会等定调价程序。

（王丽芸）

工业和信息化

【工业经济】 2019年磴口县工业经济总体呈现平稳运行、增势趋缓的态势。全县17户规模以上企业实现工业总产值60.7亿元，同比增长31.1%；实现增加值14.2亿元，同比增长15.3%；17户规模以上工业企业中盈利企业11户，盈利额为3.7亿元，同比增加1亿元；亏损企业6户，亏损额为3.9亿元，同比增加1.8亿元；工业企业累计上缴税金1.4亿元，同比增长21.6%，工业用电量2.1亿千瓦时，同比增长46.2%。

【工业重点项目】 2019年，全县实施工业重点项目10项，其中续建项目2项，新建项目8项，完成投资4.87亿元。

【节能降耗与资源综合利用】 逐级分解节能目标，强化重点用能企业节能管理。与年综合能耗在10000吨和5000吨标准煤以上企业签订《节能目标管理责任书》，确保全县工业节能降耗指标按既定目标稳步推进；严格按照行业准入门槛，强化节能、环保、土地、安全等指标约束，紧盯双控目标，促使现有企业实施节能技改和产业升级。对重点用能企业开展单位产品能耗限额标准执行情况、淘汰高耗能落后机电设备情况、落后机电设备在用情况的监察工作和调查统计工作。

【增强企业核心竞争力】 组织蒙牛、圣牧高科、乌兰布和乳业、王爷地四家“两化”（以信息化带动工业化、以工业化促进信息化，走新型工业化道路）融合试点企业，在包头参加全区“两化”融合贯标及体系培训，从试点示范抓起，积极推动全县工业企业创新发展，转型升级。争取国家项目资金，为全县39个行政村和47个农场连队实施电信普遍服务工作。

（周轶锋　孙　婧）

自然资源

【机构改革】 根据巴彦淖尔市党委、政府批准《磴口县机构改革方案》和县委办、政府办印发《磴口县机构改革实施意见》文件精神，于2019年3月21日正式揭牌成立；2019年3月29日中共磴口县委员会办公室、政府办公室《关于印发磴口县自然资源局职能配置、内设机构和人员编制规定的通知》文件批准，同意磴口县自然资源局贯彻党中央关于自然资源工作的方针政策和自治区党委、市委、县委相关决策部署，在履行过程中坚持和加强党对自然资源工作的集中统一领导，主要负责履行全民所有土地、矿产、森林、草原、湿地、水等自然资源资产所有者职责；履行所有国土空间用途管制和生态修复职责；负责自然资源调查监测评价和自然资源统一确权登记、自然资源资产有偿使用、自然资源的合理开发利用、组织实施最严格的耕地保护制度、建立空间规划体系并监督实施；负责城乡规划管理工作、统筹国土空间生态修复、管理地质勘查、矿产资源管理、地质灾害预防和治理、测绘地系信息管理；组织开展自然资源各项法律法规政策的执法检查和县委、县政府交办的其他任务。

【机构设置】 县自然资源局内设办公室、政策法规股、自然资源调查确权股、国土空间规划管理股、自然资源开发利用股、国土空间用途管制股、矿产资源管理股、建设工程管理股、市政工程股、耕地保护监督股；下设土地收购储备中心、土地整理中心、不动产登记中心、国土资源综合行政执法局、城郊中心所、纳林套海中心所、隆盛合中心所、沙金中心所。

【建设用地有效供给】 2019年，征收集体土地、收回国有土地共4宗。储备国有建设用地3宗。完成组件报批各类建设用地项目4个批次1个单独选址，已全部批准，批准总面积16.3683公顷。办理建设用地预审6宗。完成供地18宗，面积

16.7699公顷，共收缴土地出让金1530.15万元。加大追缴拖欠土地出让金力度，已追缴回土地出让金452万元，还有11家用地单位15个地块欠缴土地出让金共计2745万元，已诉至县人民法院。核发《规划设计条件书》11份；发放《建设项目选址意见书》5份；核发《建设用地规划许可证》5份；核发《建设工程规划许可证》29份；办理建设项目规划竣工核实10项。

【落实耕地保护责任】 2019年，耕地保有量不低于5.03万公顷（75.45万亩），基本农田保护面积不低于3.96万公顷（59.4万亩）。严格落实耕地“占补平衡”工作。磴口县2019年报批新增建设项目用地未占用耕地，未跨旗县去补充耕地。按上级要求认真开展储备补充耕地项目库核查工作，与三调对接运用“国土调查云耕地实地核查软件”拍摄照片、视频，全面、真实反映项目区新增耕地现状，并形成自查报告上报上级部门。开展并完成磴口县2018年耕地质量年度更新工作；2019年耕地质量等别年度更新成果已上报自治区整理中心审核。开展永久基本农田储备区划定和整改补划工作，储备区划定成果已上报自治区国土资源厅审核。有序开展磴口县征地区片综合地价更新工作。

【高标准基本农田建设项目】 2016年高标准基本农田建设项目共计7个，2019年已全部通过市局竣工验收。2017年高标准基本农田建设项目，分为7个标段，2019年已完成5个标段工程。2018年高标准基本农田建设项目，分为6个标段，2019年已完成3个标段。

【开展土地矿山巡查】 2019年，综合行政执法局联合各执法中队组织开展土地矿山巡查190余次，排查各类违法线索430余条。立案查处土地矿产违法案件22起，拆除违法建筑12宗。对3起其他部门未批先建违法占用土地行为涉嫌存在公职人员违法违纪问题移交县纪委监委。

【违建别墅问题清查工作】 下发磴口县疑似违建别墅图斑36个，经核查，未发现违建别墅。另外，对磴口县境内11处饮用水水源保护区、湿地保护区等重点区域的实地排查，也未发现违建别墅。

【违法违规墓地及宗教用地情况】 联合民政等13个部门，排查民间公共墓葬用地6407个，总面积6950.58亩，排查宗教用地11宗，总面积12542平方米。开展乌兰布和沙区清理整顿工作。成立联合执法小组，全面摸底排查，涉及98家企业及个人土地面积75.65万亩。下达《责令停止违法行为通知书》和《责令改正违法行为通知书》55份，对3起未批先建违法行为，7起私挖滥采违法行为依法进行立案查处整改，查处违章建筑3宗。

【节约集约利用土地资源】 开展日常土地动态监测监管系统巡查，加大建设用地批后监管力度，消化批而未供土地22.99公顷，全县前三年供地率达90.09%。开展闲置土地大排查，清理闲置土地2宗，面积5.04公顷。

【地质勘查管理】 对未取得开采批准的依法予以停工，其中，临华参1井取得重大突破，2019年已见50米厚油层。采矿权管理工作。加强磴口县自然保护区内工矿企业有序退出，划定11片天然石英砂勘查开采区域，申请市局予以设置矿业权。环境储量工作。9家缴存环境治理保证金矿山企业完成在期或闭坑地质环境治理，通过市局组织专家组验收，返还了缴存的保证金。312省道两侧（磴口县段）废弃砂坑地质环境治理项目通过市局终验后，财政局出具批复意见，业主及施工资料已按照要求审核备案。筛选出16个废弃无主矿山，损毁面积16.65公顷，初拟矿山环境治理方案。督查企业在丹勒格沟内修建防洪砂石坝1条，投入资金37万元。

【窗口办证效率提高】 磴口县不动产登记中心共设6个综合受理窗口，简化办证程序，办理时限由20个工作日缩短至3至5个工作日，提高办证效率。发放不动产权登记证书1722本，已完成磴口县四镇一苏木共计17561宗集体建设用地使用权涉及的补测和数据入库工作。

【脱贫攻坚】 根据机构改革的要求，2019年4月，原国土资源局与原规划局合并为自然资源局，原国土资源局包扶包尔盖农场一分场，包扶贫困户13户21人，原规划局包扶补隆淖镇河壕村7个社的27户贫困户涉及人口44人，已全部脱贫。磴口县城乡建设用地增减挂钩结合易地扶贫搬迁项目，选取拆旧区地块29个，拆旧区面积26.6867公顷（400.03亩），复垦耕地111.41亩，复垦牧草地288.62亩。作业单位修改完善实施方案，上报土勘院进行成果核查。

【磴口县第三次国土调查工作】 全市各旗县区三调办及三调作业单位集中作业、集中整改、集中核查，经过两次集中攻坚作业，2019年，县三调初步成果已上报国家核查单位，并向作业单位拨付资金54.8万元。结合三调数据成果，开展磴口县自然资源（水流）统一确权登记试点工作并按照自治区要求，成立磴口县自然资源（水流）统一确权登记工作领导小组；编写工作实施方案，并于2019年9月7日通过自治区自然资源统一确权登记工作方案评审；完成自然资源（水流）统一确权登记技术服务单位招标工作，并签订合同；现内业判图、资料整理分析、权籍调查底图制作、预划登记单元、外业调查与核实等工作已初步完成。

【国土空间规划工作】 国土空间规划工作，按照上级部门要求，及时上报各项材料，上报质量和时间均在全市前列。

【普法依法治理工作】 利用“3·19”矿法宣传日、“4·22”地球日、“6·25”全国土地日、“8·29”测绘日及磴口县“12·1”第四届廉政文化主题宣传日活动、“12·4”宪法宣传日等活动大力宣传自然资源法律法规。实现综治维稳、法宣在线学习全覆盖。全面推行“双随机一公开”（即在监管过程中随机抽取检查对象，随机选派执法检查人员，抽查情况及查处结果及时向社会公开）制度，公开行政许可5项、行政处罚3项。严格执行“三务公开”制度，通过“三务公开”政务系统和局机关公告栏公开政务12项、党务10项。全面完成机构改革工作，按照全县机构改革统一部署，职能调整、人员转隶已全部到位。

（王集乐）

市场监督管理

【机构设置】 市场监督管理局内设办公室、人教股、党群办、财务装备股、政策法规股、行政审批股、企业监督管理股、价格检查和反不正当竞争股、商标广告管理股、质量计量监督管理股、药械化妆品监督管理股、食品经营监督管理股、食品生产监督管理股、特种设备安全监察股、稽查大队、产品质量计量检测所。派出机构：东风市场监督管理所、车站市场监督管理所、黄河市场监督管理所、隆盛合市场监督管理所、补隆淖市场监督管理所、纳林套海市场监督管理所。

【服务地方经济】 2019年，为推进“放管服”（即简政放权、放管结合、优化服务的简称）改革举措落实落地，推出一系列符合实际的“创新动作”，将城区注册登记和行政审批事项整合进驻县行政审批大厅集中办理，实现要让数据多跑路，群众少跑腿，“一个窗口发照”，大幅减少办事环节缩短审批时限。全县各类市场主体共有8332户，其中内资企业1475户，个体工商户6394户，农民专业合作社463户。2019年，全县新登记各类市场主体1262户，认缴注册资本总额17亿元。其中，内资企业231户，变更525户，注销133户；个体工商户1005户；农民专业合作社26户。

【企业监管】 2019年，26个使用平台的单位登录平台3702次；认领企业820家；录入行政许可

2536条，行政处罚993条，日常监管326条。建立健全各类市场主体名录库和执法检查人员名录库51人。制定“双随机”抽查任务112条，录入执法人员信息339条，抽查事项813条。办理动产抵押登记19件，帮助企业融资27850万元。

【服务农村牧区经济】 2019年，组织1户农膜生产企业和13户农资经营户参加全县“强党建、促振兴、惠三农”百日行动暨春耕备耕活动启动仪式。利用“3·15”国际消费者权益日、文化三下乡活动，现场发放宣传资料册2500份，宣传解答农牧民咨询6件。开展农资市场及成品油质量抽检专项行动，抽检化肥13个批次，农用地膜3个批次。抽查加油站5个，抽检成品油10个批次。抽检结果为化肥1个批次不合格，地膜3个批次不合格，成品油2个批次不合格，不合格处置率达到100%。查办违法案件6件。

【食品药品及工商质监监管】 2019年，成立由政府县长任主任，县委副书记、分管副县长任副主任，各相关党政部门一把手为成员的县食药安委会，健全完善党政同责工作机制。与17个苏木镇、农场及食药安委成员单位签订《食品药品安全责任书》，创建完成食品安全示范街2条，食品安全示范店27户，确保食品药品安全监管工作落实落地。开展安全生产隐患排查整治衣食住行领域专项整治、校园及周边食品安全专项整治、中药饮片、疫苗及血液制品、无菌和植入性医疗器械、执业药师挂证行为等10余项药械专项整治以及电梯、气瓶、危险化学品安全专项整治。做好内蒙古兵团文化艺术节等8次重大活动食品安全保障，加大食品药品监督抽检和风险监测力度，守牢食品、药品、特种设备和重要工业产品质量安全底线。全面推进扫黑除恶专项斗争，持续推进市场乱象专项整治；落实减税降费政策，开展违规乱收费变相乱涨价等问题专项整治。出动执法人员4849人次，下达监督意见书和责令改正通知书392份，查办各类违法案件80件。组织约谈药品经营单位告诫会1次，注销执业药师挂证药品经营企业12家。核查县扫黑办转办线索1条，排查出相关疑似线索2条，向公安机关移交2条。

【流通环节商品质量监管】 2019年，完成明厨亮灶升级改造549户，其中视频式154户，透明式395户，餐饮单位明厨亮灶率达到96.8%，学校及托幼机构和小饭桌明厨亮灶率达到100%，并实现远程电子监管；完成量化等级评定364户，量化等级A级（优秀）43户，占比11.8%，量化等级B级（良好）203户，占比55.7%，量化等级C级118户，占比32.4%。其中学校及托幼机构共量化27户，量化等级A级（优秀）13户，占比48%，量化等级B级（良好）14户，占比52%。

【食品生产企业监管】 2019年，取得食品生产许可证的企业有22家。将食品生产企业和食品生产加工小作坊按照风险等级从低到高分为A、B、C、D四个等级进行动态分类巡查监管。

【商标注册管理】 2019年，指导地理标志商标申请1件，商标注册申请29件。

【整治虚假违法广告】 2019年，检查经营主体7户，监测检查广告1756条次，检查印刷品3518份，检查户外广告牌216块，监测互联网广告126条次。通过广告提示、约谈等举措，从源头上控制虚假违法广告的发生。

【消费维权】 2019年，严格落实“12315”热线电话专人值班领导带班制度。受理消费者投诉、举报、咨询158件，全部按时调解，为消费者挽回经济损失19.3万元。

【网络监管】 2019年，制定印发《关于支持网络经营主体发展的实施意见》14条，支持自然人通过网络创业，支持电子商务产业园区发展。有26家电商企业和52名青年创客入驻园区。

【小食品行业监管】 2019年，对60家小作坊实行标准管理。完成食品小摊贩和小餐饮登记备案172户。会同教育局等部门对校外小饭桌等重点场所开展联合检查，完成流动餐车备案7户，并对

7 户流动餐车全部安装 GPS 定位系统和视频监控，实现全市流动餐车信息共享，校外小饭桌审查备案 19 户，完成食品网络交易第三方平台备案 2 户。

【质量监管】 2019 年，质量强县工作有序推进，将内蒙古蒙牛圣牧高科奶业有限公司、王爷地苁蓉生物有限公司列为磴口县高质量发展帮扶企业。开展消费品质量安全三进活动，对 4 家危化品、2 家食品生产企业、9 家儿童服装经营户和 3 所中小学学生校服进行专项检查。配合自治区、市局开展第一批产品质量抽查 2 种产品 6 个批次，约谈滴灌带生产企业 6 家，督促其健全执行规范标准。

【标准化管理】 2019 年，配合市局积极开展百千万对标达标工作，协助利川、圣牧、佳格、仁创等 5 家企业在百城千业万企对标达标提升专项行动信息平台上传对标达标信息。推荐初审仁创千亩水稻申报国家农业标准化示范区建设。

【计量管理】 2019 年，抽查电子秤 76 台，其他在用计量器具 6 台（件），抽查畅销定量包装商品 8 个批次，检定计量器具 2852 台（件）。对 8 家企业的 98 台（件）强制检定计量器具进行备案。开展环境监测机构和重点排污单位计量器具监督检查活动，共检查环境监测机构 1 家，重点排污单位 4 家，计量器具 28 台（件）。对辖区内 15 家加油站开展专项随机监督检查。磴口县东风路加油站、巴彦淖尔市腾洁燃气有限责任公司 2 家单位荣获“内蒙古诚信计量示范单位”称号。

【认证认可管理】 2019 年，持续推进有机示范县创建工作，对 7 家企业的 15 次认证认可活动进行现场监督检查。截至 2019 年 11 月，辖区内获证组织 13 家，证书 27 张，涉及有机产品包括植物性饲料羊草、青贮玉米、苜蓿、棉籽、小麦、大麦、稻谷、山药、冬枣、酿酒葡萄、鲜食葡萄、葵花籽和奶牛养殖及牛乳、灭菌乳、发酵乳加工。先后组织相关企业参与国内外有机产品专业展销会，大力宣传磴口生态有机农产品。

【特种设备安全监察】 2019 年，成立 9 个检查组对辖区内涉氨企业及商场、宾馆医院等单位的特种设备安全生产进行集中排查。对 54 家特种设备使用单位的 230 台（套）特种设备进行检查。检查电梯使用单位 20 家、164 台，对 1 家超期未检的单位下达《特种设备安全监察指令书》。检查 CNG、LNG 加气（注）站、液化石油气充装站 11 家，压力容器 11 台，危险化学品企业 12 家，未发现安全隐患。

【教育培训】 2019 年，制定学习培训教育方案，把每周一上午定为全员集中进行政策理论、法律法规、业务知识学习培训时间。全年集中和分类培训 48 期次，参训人员 2376 人次。全员对政策理论、法规和业务知识的理解和掌握程度得到进一步提升。充分利用“3 · 15”国际消费者权益日、知识产权宣传日和食品安全宣传周等节点，开展《中华人民共和国消费者权益保护法》《中华人民共和国食品安全法》等法律法规宣传活动，引导群众安全消费。组织开展食品安全法律法规、保健食品科普交流活动，在学校设立食品安全法制宣传阵地。对学校食堂、农村集体聚餐、流动餐车负责人及药品经营单位从业人员进行专题培训，培训 500 余人次，持续筑牢食品安全防火墙。

【规范执法行为】 2019 年，采取每周一课、以老带新、强化培训、案件评查等措施，提升全员综合执法能力。从日常检查、随机抽查、抽样检验、投诉举报中发现案源线索，分析深层次原因，提高办案能力。全面落实市场监管综合行政执法全过程记录、行政执法公示和重大执法决定法制审核等制度，确保依法行政。严格执行重大案件集体审议制度，从实体和程序上进一步规范执法办案行为。强化行刑衔接，对符合刑事追诉标准的案件，及时移交公安机关。

【队伍建设】《磴口县市场监督管理局职能配置、机构设置和人员编制规定》于 2019 年 3 月底顺利批复并实施。局党组对班子成员进行重新分工，实行 AB 岗责任制度。在严格执行《考勤制度》《干部休假制度》等制度的基础上，建立完善工作实绩考核细则，对各项工作进行全面化部署、系统化推进、精准化督导，上级的各项决策部署在市场监管局得到认真贯彻落实。

（张志强）

财　政

【收支情况】 2019 年，一般公共财政预算收入累计完成 20552 万元，完成年初预算的 85.6%，同比减收 3508 万元，下降 14.6%。其中，税收收入完成 15512 万元，同比增收 403 万元，增长 2.7%，占一般公共财政预算收入的 75.5%；非税收入完成 5040 万元，同比减收 3911 万元，下降 43.7%，占一般公共财政预算收入的 24.5%。全年一般公共财政预算支出完成 153105 万元，同比减支 5635 万元，下降 3.5%。

【财政政策】 2019 年，全面贯彻落实国家更大规模的“减税降费”政策，坚持普惠性减税和结构性减税相结合，进一步加大“减税降费”力度，切实为制造业、小微企业、个体工商户和其他个人减轻税费负担，促进供给侧结构性改革和实体经济、民营企业发展。始终把组织收入摆在财政工作的首要位置，积极稳妥处理好稳定财政收入增长和促进“减税降费”落地的关系，全力组织收入，积极向上争取资金，保障全县经济社会发展。

【三大攻坚战】 2019 年，完成年度化解政府隐性债务目标任务的 132.7%。民营企业账款清偿进度 50.58%，完成 2019 年底前清偿一半以上账款的目标任务。安排资金 5084 万元，用于精准兑现产业、就业、易地搬迁、教育、社会保障兜底等扶贫保障政策。拨付资金 7236 万元，重点支持水体污染防治、土壤污染防治、农村环境综合整治等项目建设，认真落实生态补奖政策，发放草原生态补奖资金，兑现森林生态效益补偿、天然林资源保护、退耕还林和森林植被恢复费补助等。

【基础设施建设】 2019 年，在财力十分有限的情况下，安排资金 1835 万元，重点支持工业园区产业升级、企业技术创新、节能环保和新兴产业发展，培育新的支柱产业和骨干财源，推动县域工业经济发展。市政建设方面投入 3922 万元，支持城市道路、排污供热管网、城区公厕、城镇园林绿化等惠及居民的民生工程。交通建设方面投入 12731 万元，用于沙拉毛道至鸡鹿塞公路、磴口至额勒斯太公路、农村牧区公路建设及公路养护。水利基础设施建设投入 961 万元，实施农牧区节水增效、高效节水灌溉等工程项目。

【财政保障服务】 2019 年，全县教育、社保、农林水等八项民生重点支出完成 118542 万元，占公共财政预算支出的 77.4%。投入教育方面资金 13977 万元，支持部分中小学校舍维修和学前教育校舍改建，全面保障义务教育全覆盖。拨付资金 398 万元，支持创业就业。全年拨付城乡居民养老保险补贴 2162 万元，拨付城镇低保资金 2283 万元，拨付农村低保资金 2684 万元，拨付五保户及孤儿补助资金 385 万元，拨付长寿保健金 261 万元，加大社会保障支持力度。拨付公立医院综合改革和基础设施建设等资金 3580 万元，拨付医疗保障资金 7226 万元，拨付基层医疗卫生机构补助资金 970 万元，拨付公共卫生资金 2010 万元，加强和改善医疗卫生基础建设和体制改革。落实各项惠农惠牧补贴政策。通过“一卡通”累计发放各项财政补贴资金 23113 万元。补贴种类涉及惠及民生的粮食补贴、退耕还林、危房改造、城乡低保、五保户等 9 大领域 38 类 49 项，36.5 万人次。

【依法行政理财】 2019 年，加强学法用法执法，组织学习《中华人民共和国宪法》《中华人民共和国预算法》《中华人民共和国会计法》等法律法规，不断提升法治观念、提高依法理财水平。严格执行经人大审议通过的财政预决算方案，积极办理人大建议、政协提案。深化预算管理改革。完善全口径预算，不断加大一般公共预算与政府性基金预算的统筹力度。强化推进国库集中支付电子化改革，进一步规范预算单位银行账户管理，稳步推进政府和部门预决算公开。充分发挥财政监督职能。组织开展减税降费政策措施实施效果专项检查、民生领域财政资金监管专项整治、惠民惠农财政补贴资金“一卡通”专项治理、扶贫项目资金绩效自评工作考核等专项检查，不断提高财政监督的覆盖面。全年完成采购金额31757万元，节约财政性资金3332万元，节约率10.5%。全年公开拍卖国有资产项目12项，成交收益1285.7万元，实现国有资产保值增值。会同县纪委举办培训班，不断夯实基层财务队伍人员整体素质。

（崔建强）

国有资产监督管理

【机构设置】 磴口县国有资产监督管理局属参照公务员管理单位，为正科级建制的独立核算事业单位，由县财政全额拨款。内设办公室、产权管理股、资产处置监审股。

【重点项目】 2019年，国有资产监管部门组织开展资产运营工作，及时申办资产经营公司注册资本的验资、审计、价格认定、各类证照年检审验及银行授信、抵押担保评估、信用等级评定申报等项工作。按期偿还市农投公司和畅通公司惠农富民产业基金和街巷硬化项目贷款本息2139.70万元，配合有关部门用农村信用合作联社改革转制消化不良贷款抵押资产的政策措施化解政府性债务。

【国有资产处置改革】 2019年，公开拍卖国有资产项目12项，国有资产公开拍卖成交收益1285.67万元，通过公开拍卖方式，实现国有资产保值增值。

【国有资产基础管理及检查监督】 2019年，国有资产监督管理部门认真贯彻执行国有资产管理法律法规，严格国有资产产权登记、资产清查、划转并归、筹资变现、债务处理、产权出售、资产处置等项申报审批制度，切实规范国有资产监督管理基础工作。配合有关部门推动农村信用合作联社改革工作，协助农村信用合作联社化解不良贷款抵押资产，促进农村信用合作联社实施农村商业银行转制工作。促进国企国资改革，强化国有企业运营管理，推进地方融资平台公司转型发展。按照《内蒙古自治区人民政府关于推进地方融资平台公司转型发展的指导意见》要求，制定《地方融资平台公司转型发展分类处置方案》，科学界定政府融资平台公司的债务界限，严禁融资平台公司继续承担政府融资职能，按规定逐步清理划转收回，退出公益性资产，妥善剥离，并注入经营性资产。完成2018年全县国有企业资产报表汇总编报工作，纳入资产统计范围的国有企业共10户，汇总国有企业资产总额13.75亿元，负债12.11亿元，所有者权益1.64亿元。同时，完成县属24户国有独资和参股企业基本信息和经营情况信息统计汇总上报工作。完成2018年度全县行政事业单位资产报表汇总编报工作，汇总编报146个行政事业单位实有资产总额16.55亿元，固定资产账面总价值8.43亿元，其中，土地房屋建筑物4.68亿元，通用设备1.68亿元，专用设备1.78亿元，家具用具0.25亿元，图书、档案0.04亿元。按要求完成磴口县滨辉水务有限公司固定资产清产核资和清查盘点工作，清核磴口县滨辉水务有限公司固定资产账面原值14740.11万元，在建工程账面原值857.48万元，存货账面原值1.38万元。推进农场办社会职能改革和农垦集团化、农场企业化改革，落实组建成立各农场产业化经营公司的各项工作，根据《磴口县人民政府关于成立磴口县兴垦农牧业有限责任公司的批复》文件精神，成立磴口县兴垦农牧业有限责任公司。配合机关事务管理局等有关部门认真开展国有企业公务用车制度改革实施摸底调查工作，经梳理，县属国有企业有18辆一般公务用车，分别为国有农场一般公务用车5辆，国有独资企业一般公务用车4辆，国有参股企业一般公务用车9辆，经调查核实，公车改革后保留15辆公务用车，取消并处置3辆公务用车。积极配合人社部门，按要求完成国有企业工资决定机制和负责人薪酬制度的工作。根据县长办公会议纪要，完成磴口县看守所及武警中队旧址的公开拍卖处置，推进全县资产处置化解债务工作。认真做好国有资产变价收入及各类国有资产收益收缴工作，累计收缴国有资产变价收入及收益1285.67万元，按规定时序足额上缴财政专户。

（白　雪）

税　务

【机构设置】 磴口县税务局内设办公室、人事教育股、财务管理股、法制股、社会保险费和非税收入股、纪检组、税政一股、税政二股、收入核算股、机关党委、纳税服务股、征收管理股、风险管理股；派出机构6个：第一税务分局、第二税务分局、巴彦高勒镇税务所、隆盛合镇税务所、沙金套海苏木税务所、补隆淖镇税务所；事业单位1个：信息中心。

【组织收入】 2019年，磴口县税务局组织入库税费收入61068万元。其中，税收收入30896万元（县级公共财政预算收入完成15903万元），社保费收入28523万元，其他规费及基金收入1649万元。

【征收管理】 2019年，贯彻落实“放管服”改革五年工作方案，税收营商环境持续优化。落实“便民办税春风行动”，办税质效得到提升。全面推行注销税务登记套餐式服务，注销登记效率加速。完成金税三期系统并库上线和特色软件清理优化升级工作，纳税人、缴费人办税体验明显。贯彻落实《税收征管操作规范》，确保税收征管操作实务规范。开展欠税清理工作，清理欠税3011万元、加收滞纳金734万元。

【减税降费】 2019年，把减税降费工作作为一项政治任务抓紧抓实抓细。成立减税降费工作领导小组、减税办、5个工作组、临时党支部，形成高效运行机制。通过广泛宣传、精准辅导、调查研究、纳税人座谈会等多渠道多形式培训辅导相关政策措施，确保减税降费工作落地生根，让纳税人充分享受减税降费政策红利。利用县长税课，向县委、县政府主要领导宣讲减税降费政策。2019年累计减免税费10483万元，出口退税1512万元。

【税制改革】 2019年，稳步推进个人所得税改革专项工作。加强税法宣传、培训辅导、上门服务、网上申报，六项专项扣除落实到位，个人所得税明细申报率99.99%。开展企业所得税汇算清缴工作，年度申报汇算清缴面100%，汇算清缴补缴税款547.98万元。完成4户企业土地增值税清算工作，审核补（退）税额应补39.43万元。撰写《资源税立法调研》《水资源税试点改革政策调研》《契税立法专题调研》三项报告，提出基层部门的意见和建议。完成存量房评估系统计税价格调整及新增工作，公平税负，促进房地产市场持续健康发展。

【纳税服务】 2019年，全面落实《纳税服务规范3.0》《税收征管操作规范2.0》，为纳税人有效节省时间和精力。推行电子税务局网上办税服务，让纳税人足不出户即可办理纳税申报、发票网上验旧领新等日常涉税业务。开展便民办税春风行动、纳税人学堂活动、纳税信用登记评定管理，提升纳税人税法遵从度和诚信纳税意识。办税服务厅实现“一窗通办”，为纳税人提供更加快捷的服务。落实上班前20分钟晨会制度，提高工作效率。围绕“落实减税降费、促进经济高质量发展”税宣主题开展多种形式的税法宣传，达到税法宣传全覆盖。开展问需求、优服务、促发展工作，不断提升纳税人和缴费人的获得感、满意度。

【依法治税】 2019年，开展内部控制监督工作，核查上级部门推送数据1386条，防范执法风险。邀请13户重点企业召开座谈会，保障纳税人和缴费人应享尽享减税降费红利。加强税收法律法规的宣传，提高纳税人税法遵从度。开展第三方借减税降费服务巧立名目乱收费行为专项排查整治工作，未发现税务干部违规参与、干预、诱导纳税人选择第三方涉税服务机构的行为，也未发现第三方借减税降费服务巧立名目乱收费的行为。开展“七五”普法教育、税法宣传、“12·4”法制宣传、法治在线学习、法制在线测试工作，依法治税水平逐步提升。

【精准扶贫】 2019年，按照县委、县政府精准扶贫工作总体部署和要求，成立精准扶贫工作领导小组和工作组。32名税干包联68户精准扶贫户，3名工作人员长期驻村扶贫。其他包联人员不定期深入精准扶贫户宣传扶贫政策，了解贫困原因，制定扶贫措施，高质量地完成各阶段脱贫攻坚任务，积极引导脱贫户走上脱贫致富道路。开展精准扶贫户慰问工作，送去米面油生活必需品，提高生活质量。

（杨海燕　赵含斌）

审　计

【机构设置】 磴口县审计局内设办公室、财金审计股、行政事业股、投资审计一股、投资审计二股、法制股、执行股、农牧审计股、社保股、计算机审计中心。2019年11月增设1个二级事业单位，经济责任审计服务中心。

【审计工作】 2019年，计划安排审计项目5大类，19项，完成38项（计划内19项，县领导交办10项，上级审计部门安排9项），开展7项（县领导交办6项，上级审计部门安排1项）。查出违法违规问题涉及金额430.53万元（追回应上缴资金430.53万元），管理不规范问题涉及金额5558.66万元（其中核减投资额1675万元）。反映的55个问题，其中52个问题已整改完毕，移送纪检监察部门立案处理问题1个，移送相关部门处理4个。

【报送审计信息】 2019年，向县委、县政府及上级报送信息、动态105篇，被采纳18篇（国家级2篇，自治区级2篇，市级7篇，县级7篇）；提交审计专报11项，被政府领导批转批示6项；完成审计案例并被市局采用4篇；完成调研论文4篇。审计报告反映的问题或事例被上级审计机关采用4项。地方政府采纳审计建议修改地方性规章政策2项，被审计单位采纳审计建议制定修改规范性文件6项。推进审计干部队伍职业化建设，有17人考取审计师、高级审计师、注册造价师等相关专业技术职称和执业资格。

【政策措施审计】 2019年，重点关注三大攻坚战相关政策落实、创新驱动发展战略相关政策措施落实、清理拖欠民营企业中小企业账款、减税降费政策措施落实、开展债务化解工作、拓展财政预算执行审计覆盖面、进行领导干部经济责任审计全覆盖、扎实开展民生工程与专项资金审计。通过审计及时发现的违规多征税款4.8万元全部退还纳税人，督促拖欠民营企业中小企业账款1.8亿元得到有效化解。“清理拖欠中小型民营企业债务情况”审计调查发现200余万元的账款未能拨付债权人，要求被审计单位整改落实，按时完成上级部门下达的化解任务。

【投资项目审计】 2019年，审结政府投资工程项目7项，审减多列工程款1675万元。针对存在的问题，要求项目业主按审定工程价与施工单位据实结算付款，管好用好政府投资项目资金。

【经济责任审计全覆盖】 2019年，开展13个部门单位领导干部任期经济责任审计，对机构改革单位各项资产进行全面清理核对。

【自然资源资产审计】 2019年，水资源资产离任审计对磴口县污水处理厂改造工程以及2016—2018年设施农业农民大棚建设贷款贴息项目开展专项审计调查；出台《磴口县领导干部自然资源资产离任审计实施意见（试行）》。

【专项资金审计】 2019年，开展体彩公益金、红十字会捐赠资金、巴镇农村公益基础设施建设一事一议的审计。

【脱贫攻坚】 2019年，将历年全县扶贫项目实施和涉农扶贫资金管理方面发现的问题设立问题整改台账，逐一销号。对4个苏木镇、4个农场13个产业扶贫项目进行跟踪审计，督促5个产业扶贫项目完工交付，20万元扶贫工程资金支付到位，保障国家惠民政策落到实处。

【审计整改落实】 2019年，审计报告反映的55个问题，其中52个问题已整改完毕，移送纪检监察部门立案处理问题1个，移送相关部门处理4个。对审计发现的问题建立整改台账和清单，通过边审边改、制度整改、联动整改等多种方式，推动被审计单位整改工作落到实处。

【机关党建】 2019年，扎实完成“不忘初心、牢记使命”主题教育。通过举办读书班、开展集中学习研讨、典型教育和辅导讲座的形式组织全局党员干部读原文、学原著、悟原理。举办主题教育读书班11次，组织集中学习研讨4次，开展典型教育4次，邀请党校老师开展辅导讲座1次。

【队伍建设】 2019年，2人参加审计署计算机中级培训，2人参加县委信息室调训，开展12次政治理论、法律法规测试；4人次被抽调参加审计厅重大项目的审计，6人次参加市县两级纪检巡查。局内有在职人员34名，其中审计业务人员23名，审计业务人员占总人数68%。审计干部45岁以下24名，有大学本科学历18人，本科学历达到90%以上，有专业技术职称的19名（其中高级2名、中级9名、初级8名），有4名干部通过审计署计算机中级考试。

（崔作如）

统 计

【机构设置】 磴口县统计局内设办公室、基层基础建设办公室、工业交通统计股、固定资产投资统计股、商贸服务业社会统计股、能源与环境统计股、国民经济综合统计股、农牧股、企业调查队、城市社会经济调查队、农牧民社会经济调查队、执法队、计算站。

【城乡一体化农村社会经济住户调查】 2019年，根据城乡一体化农村住户50户（移动电子信息网络记账34户，手工记账16户）抽样调查数据显示，2019年全县农牧民人均可支配收入19514元，比上年同期增加1822元，增长10.3%。其中，农民人均可支配收入19221元，比上年同期增加1700元，增长9.7%，牧民人均可支配收入20237元，比上年同期增加2119元，增长11.7%。

【城乡一体化城市社会经济住户调查】 2019年，根据城乡一体化城镇住户60户（全部采用移动电子信息网络记账）抽样调查数据显示，2019年磴口县城镇居民 人均可支配收入31715元，与2018年的29732元相比增加1983元，增幅为6.7%。

【贫困监测抽样调查】 2019年，磴口县抽中的苏木镇村有隆盛合镇公地村、隆盛合镇桃来村、渡口镇永胜村、哈腾套海农场六分场、沙金苏木阿茨嘎查。该调查设县级统计报表、村级调查表、住户基本情况调查表、住户收支情况调查表、个人调查表。住户调查采用移动终端采集记账、日记账（2019年全县采用移动电子信息网络记账34户、手工记账16户）和问卷调查相结合的方式采集现金收入与支出、实物收入与支出基础数据，上报采集数据以季报、半年报和年报的形式上报。贫困监测调查客观真实地反映全县农牧区居民生产、收入、消费、积累和经济社会扶贫活动情况。

【人口变动情况抽样调查】 2019年，调查的标准时点为2019年11月1日零时。调查对象为抽中调查小区内的全部人口（不包括港澳台居民和外籍人士）。在抽中调查小区内登记的人包括2019年10月31日晚居住在本调查小区的人；户口在本调查小区，2019年10月31日晚未居住在本调查小区的人。该次抽样调查磴口县共抽中4个苏木、镇、农场的8个调查小区。调查采用调查员手持电子终端设备（PDA）入户登记。调查表分为《2019年人口变动情况抽样调查表》《死亡人口调查表》《2019年人口调查村、居委会（社区）基本情况表》。经样本推算2019年磴口县常住人口11.75万人，其中城镇人口5.65万人，乡村人口6.1万人；出生率5.65‰，死亡率4.26‰。

【规模以上工业经济调查】 2019年，规模以上工业总产值为61亿元，营业收入为59.79亿元，利润总额为–0.13亿元。

【"两纲"调查】 妇女儿童与经济发展环境。2019年，磴口县人均地区生产总值为46803元，同比增长7.8%；城镇居民家庭人均可支配收入为31715元，同比增长6.7%；农牧民家庭人均可支配收入为19514元，同比增长10%。

妇女就业与社会保障。2019年，磴口县就业人员1.8万人，同比增长24.7%，其中女性0.8万人，同比增长26.9%，占就业人员总数的44%。2019年末，磴口县城镇登记失业人员820人，比上年同期减少5.5%，其中女性377人，比上年同期增长5.6%。城镇职工参加基本养老参保人数为30045人，其中女性为12018人，比上年同期分别下降19%、31%；城乡居民社会养老保险参保人数为32109人，比上年同期增长5.3%，其中女性为15845人，比上年同期增长75%；城镇职工基本医疗保险参保人数为17968人，其中女性为9882人，与上年同期相同；城乡居民基本医疗保险参保人数为80418人，其中女性为40128人，比上年同期分别下降2.4%、2.7%；城镇职工和居民基本医疗保险参保人数98386人，其中女性参保人数49193人，比上年同期分别减少2%、3.8%；失业保险参保人数6210人，与同期一致，其中女性2235人，比上年同期下降10%；参加工伤保险的人数为11900人，比上年同期增长24%，其中女性为4760人，比上年同期减少16.8%；参加生育保险的人数为8405人，与同期一致，其中女性为4791人，比上年同期增长1.7%。劳动保护权益得到保障。2019年城镇居民最低生活保障人数3595人，比上年同期减少6%，其中，女性1853人，比同期减少6.4%；农村居民最低生活保障人数8008人，比上年同期增长5.6%，其中女性4308人，同比增长9.3%；城镇居民最低生活保障标准635元/人·月，比上年同期增加44元/人·月；农村最低生活保障标准390元/人·月，比上年同期增加35元/人·月；城乡最低生活保障平均标准500元/人·月，比上年同期减少27元/人·月，农村特困人数为298人，比同期减少14人，其中女性33人，比同期减少4人。

妇女儿童与教育。2019年，磴口县国家财政性教育经费14706万元，比上年同期略减5%；城市公办幼儿园数5个，农村公办幼儿园数9个；在园幼儿人数1676人，比上年同期增长4.9%，其中女童772人，比上年同期下降3.9%；在园儿童中女童所占比例46.06%，比上年减少4.28个百分点。2019年小学在校生数3239人，其中，女生1652人；初中在校生1485人，其中，女生748人；普通高中在校生1045人，其中女生535人；小学学龄儿童净入学率、小学五年巩固率、初中入学率、九年义务教育巩固率均达到100%，高中阶段毛入学率94.86%。2019年由就业培训中心和民办职业培训机构举办的职业技能培训中女性所占比例为33%。

妇女参与决策和管理。女性民主参与能力继

续增强。2019年磴口县人大代表143人，其中女性49人，占34%；人大常委会委员数31人，其中女性5人，占16.13%；政协委员131人，其中女性48人，占36.6%；政协常委22人，其中女性7人，占32%。女干部配备率有所提高。乡级党委领导班子中女干部配备率8.88%。乡级政府领导班子中女干部配备率8%；县级政府工作部门领导班子配有女干部的班子比例70%，县级党委工作部门领导班子配有女干部的班子比例53.84%；县级政府工作部门领导班子配有正职女干部的班子比例为11.53%；县级党委工作部门领导班子配有正职女干部的班子比例30%；公务员中少数民族女干部比例2.31%；村民委员会成员中女性比重27.3%，其中，村委会主任中女性比重2.13%；村委会中有妇代会主任比重100%，居民委员会成员中女性比重87%，有力地推动民主政治建设的进程。

妇女儿童与卫生保健。2019年磴口县医疗卫生支出、妇幼保健经费、疾病预防控制经费同比分别增长10.9%、53.7%、1.7%。妇女健康水平不断提高。产前检查率97.51%，孕产妇系统管理率92.37%，婚前医学检查率92.42%，妇女常见病筛查率80.04%，农村高危孕产妇住院分娩率100%；婴儿死亡率和5岁以下儿童死亡率有所下降，2019年婴儿死亡率1.56‰，比上年同期下降1.8个千分点；5岁以下儿童死亡率为3.12‰，下降3.59个千分点。儿童常规疫苗接种率同比均略有下降。儿童卡介苗、脊髓灰质炎、百白破、麻疹、乙肝、甲肝、流脑、乙脑疫苗接种率分别为97.89%、99.83%、99.77%、99.59%、99.15%、99.67%、99.67%、99.67%，均达到目标要求。

妇女儿童与法律保护。2019年，磴口县深入贯彻执行《中华人民共和国妇女权益保障法》《中华人民共和国未成年人保护法》《中华人民共和国婚姻法》《关于预防和制止家庭暴力的条例》等法律法规切实增强妇女儿童的法律意识，严厉惩治侵害妇女儿童的各类犯罪。少年法庭1个，成功破获强奸案3起，妇女获得法律援助人数为31人，得到法律机构援助的未成年人数3人。

妇女儿童与生存环境。2019年，磴口县农村集中式供水受益人口比重为94.57%，提高1.8个百分点，农村自来水普及率95%，农村卫生厕所普及率84%，提高3.1个百分点。城市建成区绿化覆盖率35.76%，提高0.14个百分点，城市污水处理率为94.9%，提高3.4个百分点，城市生活垃圾无害化处理率97%，提高0.6个百分点。家长学校数13个，家长学校培训人数为1550人，儿童之家2个。

【规模以下工业抽样调查】 2019年，规模以下工业抽样调查目的是反映规模以下工业的基本情况、基本总量，调查范围为被抽中的目录企业和样本村（居委会）中个体经营单位。2019年度磴口县更换样本，企业样本为6户，个体样本2个村（居委会）。

【规模以上服务业经济调查】 2019年，调查的范围是辖区内年主营业务收入达到500万～2000万元以上的服务业企业纳入规模以上服务业调查。2019年规模以上服务业营业收入为1.58亿元，利润总额为685万元。

【规模以下服务业抽样调查】 2019年，国家统计局于2009年决定开展此项调查，调查范围为辖区内年营业收入500万～2000万元以下的服务业样本法人单位。2019年磴口县共抽中11户服务业企业进行调查。从2014年开始实行联网直报。

【夏季农牧业普查】 2019年，夏季农牧业普查主要数据分为农作物播种面积和牲畜头数。2019年农作物总播面积为121.73万亩，其中粮食作物是56.5万亩，经济作物是58.27万亩，饲草料是6.96万亩；主要牲畜存栏总头数为36.4万头，其中，大牲畜存栏9.29万头，猪存栏4.64万头。

【粮食产量抽样调查】 2019年，粮食产量抽样调查根据农作物成熟季节调查分为小麦测产和秋季农作物产量调查。小麦产量调查的范围为全县所有的农业生产单位，2019 年小麦总面积为 6.89 万亩，单产为 382 千克 / 亩，总产为 2631.7 万千克。玉米总面积为 47.45 万亩，单产 422 千克 / 亩，总产 20014.3 万千克。在养殖业的带动下玉米需求量大幅提高，种植效益相对稳定，种植面积略有增长。

【基本单位调查】 2019 年，统计范围包括全县企业、事业单位、机关、社会团体等，每个季度进行全面统计。统计内容包括组织机构代码、单位详细名称、单位负责人、地址、行业、开业时间、机构类型、从业人员、企业主要经济指标等。主要是利用统计、工商、税务、质监、民政、编办等管理部门的新增名录资源，通过实地走访核查，让新增单位填报《基本情况表》，县统计局名录库维护人员将其录入基本单位名录库平台完成维护工作。2019 年基本单位名录库中共有单位 1938 个，其中，法人 1574 个，产业活动单位 364 个。

【全国产粮大县】 2019 年，按时高质量完成面积遥感测量小麦和玉米实割实测、集中晾晒、脱粒、称重、上报数据等各阶段调查任务。

（王　廷）

农　业

农牧和科技

【机构设置】 2019年3月，原磴口县农牧业局和原磴口县科技局，根据巴彦淖尔市编委相关文件要求，合并为磴口县农牧和科技局，内设办公室、种植股、畜牧股、信息股、计划财务股、兽医股、质量安全绿色发展股、农田建设及发展规划股、农村牧区产业发展股、农村牧区社会事业促进股、科技股、水产渔政股、农牧业机械化管理股、政策法规改革股等13个股。下属农业开发办、磴口县农技推广中心、内蒙古农业广播电视学校磴口分校、绿色食品发展中心、磴口县农牧业经营管理站、磴口县农牧林水综合行政执法局、磴口县种子管理站、磴口县水产管理站、磴口县家畜改良工作站、磴口县动物疫病预防控制中心、磴口县动物卫生监督所、磴口县设施农业办公室、磴口县华莱士瓜研究所、磴口县农村生态能源环保站、磴口县农牧业机械服务站、磴口县农机监理站等16个二级单位。

磴口县农牧和科技局主要机构职能为落实并推进三农三牧和科技工作发展战略，发展规划、法律、地方性法规、规章制度。健全农牧业综合执法体系。负责农牧业生产过程中的监督、管理、病虫害防治、疫病预防、农牧业科技培训和推广等工作。

【农牧业新品种使用技术引进推广】 2019年，种植业新品种引进推广玉米（金创108、金创103、种星718、承950、金创L669、五谷638、宁单23号、五谷563、宁单19号、T808、强硕90、西蒙6号、利禾1、先玉335、先玉1225、科河30、西蒙168、登海618）等18个品种。引进泽甜1号、泽甜2号、泽甜3号等薄皮甜瓜新品种3个。

种植业实用技术，春小麦绿色高效集成栽培技术推广面积4.3万亩、春小麦绿色生产及麦后复种栽培技术推广面积1万亩、玉米“一株双穴”绿色增产栽培技术推广面积0.52万亩、玉米全程社会化高效栽培技术推广面积15万亩、向日葵扩行降密提质增效栽培技术推广面积2.2万亩、向日葵套种葫芦提质增效栽培技术推广面积0.53万亩、地膜二次利用免耕栽培技术推广面积10.2万亩、小麦套晚播向日葵栽培技术推广面积1.1万亩、膜下滴灌水肥一体化技术推广面积8万亩、盐碱地改良综合治理技术推广面积2.15万亩、玉米整株青贮增密增效绿色栽培技术推广面积5万亩、向日葵“六推一防”（此技术是一项从品种选择、播前整地、配方施肥、地膜覆盖、膜下滴灌、插盘晾晒收获、病虫害绿色防控等7个方面对传统的向日葵栽培技术）综合配套栽培技术推广面积5.2万亩。

【种植业结构调整】 2019年，根据国家供给侧结构性改革及市场供求分析，积极调整种植结构，加大科技创新和技术推广力度，种植业保持平稳态势。全县农作物播种面积 119.34 万亩，同比增加 0.55 万亩。粮食作物 53.04 万亩，同比减少 3.5 万亩，经济作物 59.98 万亩，同比增加 5.26 万亩，耕地内牧草 2.71 万亩，同比减少 1.16 万亩。总体表现为“五增五减”的格局，即花葵 44.82 万亩，同比增加 10.31 万亩，瓜类 3.77 万亩，同比增加 1.52万亩，脱水菜0.64万亩，同比增加0.56万亩，番茄 1.5 万亩，同比增加 0.33 万亩，葫芦 6.83 万亩，同比增加 0.14 万亩；小麦 4.3 万亩，同比减少0.79万亩，玉米47.3万亩，同比减少3.14万亩，油葵 0.73 万亩，同比减少 4.63 万亩，籽瓜 0.14 万亩，同比减少 0.42 万亩。

【畜牧业发展】 2019 年，完成新建及改扩建规模化养殖场 23 个，其中肉羊规模化养殖场 8 个，肉羊生态家庭牧场 5 个，奶牛规模化养殖场 3 个，生猪规模化养殖场 2 个，肉牛规模化养殖场 4 个，蛋鸡规模化养殖场 1 个。建成圣牧高科有机乳业和农益源肉羊养殖 2 个高标准示范园区，园区有机奶牛和肉羊存栏分别达到 5 万头和 3 万只，有机饲草料基地种植分别达到 14 万亩和 3000 亩。全县牲畜饲养总量达到 150 万头（只），牲畜存栏 81.4 万头（只），其中，羊存栏 65 万只，奶牛存栏 9.5 万头，肉牛存栏 1.2 万头，生猪存栏 5.5 万头，马属动物存栏 0.2 万头。

【设施农业发展】 2019 年，全县设施农业面积达到 30074 亩，其中温室 5881 亩，大棚 24193 亩。新增设施 2430 亩，其中温室 575 亩，大棚 1855 亩。

【渔业生产】 2019 年，全县水产品产量 8960 吨，渔业产值 24120 万元；繁育鱼苗 1000 万尾，培育优质鱼种 470 吨；落实名优新水产品养殖面积 31500 亩，池塘循环流水高产高效健康养殖示范基地养殖面积 350 亩；创建农业农村部水产健康养殖示范场 1 家，面积 810 亩，复查示范场 3 家，面积 15710 亩；落实渔业保险承保面积 4660 亩；水产品检测 32 个样本，合格率 100%；签订安全生产责任状 40 份，培训渔民 150 人次，发放宣传资料 500 份。

【农牧业标准化生产及品牌创建】 2019 年，全县有 21 家企业的 114 个产品通过三品品牌认证。建成千亩沙漠水稻基地，新建改扩建肉羊规模化养殖场 7 处，肉羊生态家庭牧场 3 处，奶牛规模化养殖场 4 座，生猪规模养殖场 2 处，肉牛规模养殖场 4 处，蛋鸡规模养殖场 1 处，完善种羊档案。

【动物疫病防控】 2019 年，完成口蹄疫免疫 64.002 万头（只）次，其中，免疫奶牛 9.591 万头，免疫肉牛 0.365 万头，免疫羊 49.85 万只，免疫骆驼 0.046 万峰，免疫猪 4.15 万口。完成猪瘟、猪高致病性蓝耳病免疫 4.15 万口次，完成高致病性禽流感免疫 31.093 万羽，完成鸡新城疫免疫 30.58 万羽，完成小反刍兽疫免疫 27.25 万只，完成羊痘、羊三病免疫 43.43 万只。重大动物疫病做到应免尽免，免疫密度 100%，苏木镇、国有农场免疫台账健全，免疫耳标佩戴率 100%。集中消毒使用消毒药 3 吨，消毒面积 75 万平方米。

【土地流转】 2019 年，全县四镇一苏木、五个国有农场累计流转土地总面积为 266308 亩，其中，转包 200263 亩，转让 1952 亩，出租 63183 亩，互换 910 亩。共涉及农牧户 5082 户，签订耕地流转合同份数 2450 份，签订流转合同的耕地流转面积 171504 亩，流转合同签订率 64.4%。

【科技培训】 2019 年，多次组织农牧业专家和高级农技人员深入到全县苏木镇农场，利用春播现场会、科技三下乡、专题培训班等形式，对苏木镇、农场科技人员、种养能手、设施农业种植户、协会成员、经纪人、村主任、村级动物防疫员等进行科技培训。共举办各类培训班 260 场次，召开现场培训会 65 次，累计培训基层农民骨干 1000 多人次，培训农牧民 32500 多人次，发放技术资料 38000 多份。

【民生科技】 2019 年，建成巴彦高勒镇南粮台村华莱士瓜提纯复壮原良种繁育基地、隆盛合民兴村千亩连片大棚香瓜高产高效示范园区、补隆淖镇夹道村600亩西红柿“四控”优质高效种植产学研一体化扶贫产业园区、纳林套海农场万亩优质甜瓜高效综合示范园区、包尔盖农场万亩连片优质苜蓿示范园区、沙金套海苏木温都尔毛道嘎查王爷地有机中草药材示范园区、沙金套海苏木巴音宝力格鑫紫润1.2万亩“四控”行动综合科技示范园区、圣牧高科有机乳业种植养殖示范园区等农牧业科技示范园区

【农牧业执法】 2019年，立案查处农牧业行政执法案件11起，结案11起。参加全市农牧业综合行政执法人员培训班2期，参加全市农牧业综合行政执法旗县互查3次。参加第二届全市农牧业综合行政执法技能大赛，获得第二名，同时报送1起种子行政执法案卷参加全市执法案卷评查活动，并获得三等奖。

【农机具拥有及推广】 2019年，全县农牧业机械总动力达到552256千瓦，拥有拖拉机16506台，配套农具39780台，配套比1∶2.4，农作物耕种收综合机械化水平达87.4%。共推广玉米精量播种机110台，激光平地机14台，自走式青贮机10台，打捆机29台，深松机15台，割草机12台，玉米联合收割机16台，小麦联合收割机6台，自走式向日葵收割机8台，自走式籽瓜葫芦收获机12台。

【四控两化】 2019年，全年化肥总用量降到5.27万吨，利用率提高2.6个百分点、达到37.3%。农药总用量降到169.89吨，利用率提高2个百分点，达到38%，全年共节水1280万立方米，农业灌溉用水系数0.44。通过推广使用50万亩国标地膜、10.2万亩地膜二次利用免耕栽培向日葵技术，建立0.3万亩国标地膜和降解膜示范园区，设立10个地膜回收点等措施，废旧地膜回收率78%。秸秆综合利用总量达到56.94万吨，其中，饲料55.1万吨，肥料1.84万吨。全县完成规模养殖场粪污处理设施设备改造升级17处和有机肥厂水肥一体化设施。

（姜兴东）

防沙治沙

【机构设置】 2019年3月21日，原磴口县林业局在机构改革中单位更名磴口县防沙治沙局，加挂磴口县林业和草原局。改革后磴口县防沙治沙局内设综合办公室、业务股、森林资源管理股、草原监督管理股、保护地湿地野生动植物保护管理股、改革发展和治沙产业股。3月29日起执行。

【林业生态工程】 2019年，全县完成营造林总任务15万亩，完成林业生态建设投资2.89亿元，其中完成人工造林5.6万亩，封山育林2万亩、退化林分修复3.4万亩、森林抚育4万亩。新发展各类经济林共6410亩，接种肉苁蓉1.35万亩。

【国家重点工程】 2019年，完成京津风沙源和天然林资源保护工程等国家重点林业工程1.4万亩，其中，乔木造林0.3万亩，灌木造林0.8万亩，工程固沙0.3万亩。

【重点区域绿化】 2019年，完成重点区域绿化6035亩。重点完成乌沈渠东侧6.3千米道路绿化、巴哈公路两侧10千米绿化工程、G6高速公路磴口收费口至服务区提标绿化两侧10千米绿化工程。道路绿化共栽植各类大干乔木5.2万株。主要树种为景观兼防护作用的香花槐、垂柳、河北杨、卫矛、山桃、金叶榆等。乡村绿化美化行动。完成22个村屯绿化，其中高质量完成巴彦套海四分场、隆盛合镇红旗村、巴彦高勒镇沙拉毛道嘎查和南粮台村、补隆淖镇新河村乡村等绿化美化行动8个精品示范村，3920亩的造林绿化美化，推荐上报巴彦高勒镇旧地村为国家森林乡村。

【蚂蚁森林中国绿化基金会合作造林项目】 2019年，蚂蚁森林中国绿化基金会合作造林项目，全

县有5家企业参与该造林项目，完成梭梭造林15010亩，完成任务的100%。蚂蚁森林项目的开展有效提高全县的森林植被盖度，促进乌兰布和沙区生态环境的改善。

【乌梁素海山水林田湖草生态保护修复试点工程】 2019年，乌梁素海山水林田湖草生态保护修复试点工程中磴口县实施的主要工程为乌兰布和沙漠防沙治沙示范工程和沙漠生态修复示范工程两部分，项目总投资64300万元。项目建设期三年，在全县乌兰布和沙漠境内完成沙障压沙造林4万亩，同时配套建设作业路、浇水设施、电力设施等基础配套工程。项目由内蒙古淖尔公司负责管理、中建一局中标实施。全县已经完成项目前期的环评、规划、土地批复、财政报告及纳入财政预算、工程资金筹措方案、社会稳定风险评价等工作。淖尔公司聘请的专业设计公司进行项目可研和作业设计的编制。

【草原生态补助奖励工作】 2019年，磴口县草原机制总规模为337.5万亩，其中禁牧236.4万亩，草畜平衡101.1万亩。草原补奖资金任务1620.6万元，其中，禁牧补贴资金1418.4万元，草畜平衡补贴资金202.2万元。草原生态补奖资金已发放1356.13万元，其中，禁牧资金1288.73万元，草畜平衡资金67.4万元。

【草原监测工作】 2019年，磴口县草原监督管理大队在全县范围内布设6个监测样地，返青监测数据显示牧草返青较2018年提前2～8天。荒漠类草原，春季降水少，牧草返青率平均50%，牧草已进入返青期，较往年提前2～5天；荒漠化草原类草原和草原化荒漠类草原由于春季降水较多，牧草返青率平均80%～90%，牧草已进入返青后期，较往年提前8天左右，监测数据已按照要求上报。

【疑似非法占用林地图斑和草原调查整改工作】 2019年，按照上级部门关于疑似非法占用林地图斑和草原调查整改文件精神，县委、县政府高度重视，制定出台《磴口县人民政府办公室关于印发〈磴口县林地变更判读疑似违法使用林地图斑核查专项行动工作方案〉的通知》，成立由政府县长任组长，分管副县长任副组长，相关部门为成员的专项行动领导小组领导推进整改工作。会同各苏木镇、农场及有关部门抽调专人逐一核查疑似违法占用林地线索，核实相关情况并积极进行整改销号。

【草原生态环境问题专项督查反馈意见整改工作】 2019年，根据落实中央环境保护督查回头看要求，通过摸底调查，全县尚未发现因矿产开采等原因非法占用草原和破坏草原的违法行为。无旅游景点及旅游项目配套建设的道路等设施占用草原和破坏草原的行为。同时，不断加强草原生态系统脆弱和超载放牧等方面的管理。在落实基本草原制度方面，严格落实草原保护三项基本制度，即基本草原保护制度、草原生态保护监测评估制度、草原禁牧、草畜平衡制度。已划定基本草原面积79.59万亩，分布于213省道以北山区。在禁牧休牧和草畜平衡制度执行方面，严格落实禁牧和草畜平衡制度，合理划分禁牧区和草畜平衡区，在禁牧区严格执行禁牧，在草畜平衡区按照核定的载畜量标准严格执行草畜平衡。与承包草原牧户签订草畜平衡责任状87份，签订禁牧责任状547份，并与草原补奖资金发放挂钩。聘请24名草原管护人员，并与管护人员签订责任状，进一步明确草原监管责任。实行属地管理和片长制管理。在临时占用草原的审批方面，2019年，严格按相关程序和要求办理临时占用草原1件。

【乌兰布和沙区联合执法专项行动】 2019年，按照《磴口县人民政府办公室关于开展乌兰布和沙区联合执法专项行动通知》要求，县防沙治沙局和自然资源局分别牵头带队，会同各联合执法单位，重点查处乱开、乱垦、非法采砂、违法占用和破坏林地、草原的违法行为。其间，检查118

家企业及个人，涉及土地75.65万亩。查处石英砂采砂点7处，其中，立案查处4起，完成恢复治理3起。依法对未取得相关手续的锅炉房、矿区临时彩钢房、私搭乱建等设施进行现场拆除。依法对34家未编制水资源论证报告、未取得取水批复的公司及个人下达限期整改通知书34份，要求限期办理取用水手续，需编制水资源论证的单位尽快编制水资源论证报告书。依法对破坏草原、林地严重的企业及个人下达《限期整改通知书》24份，要求限期办理相关手续，并严格按照规划恢复草原和林地。

【森林草原防火】 2019年，全面落实各级领导对森林草原防火工作的一系列重要指示精神，积极采取有效措施，狠抓森林草原火灾的预防和扑救工作，克服林区面积大、干旱少雨、机构改革职能转换等诸多不利因素，各项森林草原防火工作实现预定目标。全县无重大森林火灾、无人员伤亡，发生一般森林火灾3起，过火面积38.78亩，当事人均受到行政处罚。

【落实草原保护政策】 2019年，认真贯彻执行草原法律法规以及草原生态保护的方针政策，开展草原执法、草原确权、草情监测、草原监督管理等工作。开展草原生态奖补政策，发放禁牧和草畜资金1356.13万元。不断扩大牧草种植面积。立足草原生态保护与建设，坚持开拓创新，以人工种草为主抓手，积极探索草业发展的新途径，2019年完成人工种草30.028万亩。加强草原鼠害、虫害监测与防治力度。全年抓住最佳防治时机，完成虫害防治1.47万亩，为畜牧业持续健康发展提供强有力的物质保障。

【公益林管护】 2019年，磴口县防沙治沙局管护大队，下设12个管护中队，拥有公益林护林员137人，天保护林员423人，服务在造林管护第一线。

【种苗监管】 2019年，全年完成各类苗木质检260万株，新发放林木种苗经营许可证6份。

【病虫害防治】 2019年，通过营林防控和人工、生物、药剂防治相结合的方式，有效控制虫害发生范围和危害程度。全年复检乔木60万株、灌木200万株；清理光肩星天牛木、枯死木、火烧木、处理虫害木1.8万余株、悬挂人工鸟巢100个，地面喷雾防治光肩星天牛2次2.4万亩次，打孔注药2次0.78万株次，飞机喷雾防治2次0.8万亩次。

【林业行政执法】 2019年，森林公安共排查各类涉林案件线索163起，立刑事案件6起，依法采取强制措施6人，移送审查起诉5起；立林业行政案件15起，行政罚款11万余元；完成补植补造符合销号条件的疑似图斑排查129起；经过对县内农贸市场和野生鱼店、饭店等场所检查，未发现销售野生动物的行为。

【林草生态扶贫】 2019年，县防沙治沙局开展林草生态扶贫工作，坚决打赢脱贫攻坚。按照中央第八巡视组对内蒙古自治区脱贫攻坚专项巡视反馈意见积极开展整改。针对中央巡视组反馈的脱贫攻坚工作存在的主要问题进行全面查摆、追根溯源，通过举一反三，认真研究制定整改方案进行整改。加大林草扶贫工作力度，确保工作落实到位。组织召开林业扶贫工作会议4次，不断提高政治站位和思想认识。按照县委、县政府的安排部署，县防沙治沙局包扶隆盛合镇新地村、桃来村和海子沿村。全局包扶建档立卡贫困户92户148人，脱贫91户146人。派出驻新地村、桃来村和海子沿村2个驻村工作队3名干部，专职驻村开展脱贫攻坚工作。积极推进林业草原生态扶贫工作。通过天然林保护工程聘用贫困户为护林员，增加贫困户收入。2019年共选聘17名贫困户为护林员，3户贫困户享受退耕还林补贴政策，吸纳贫困户土地流转178亩，吸纳7户贫困户通过劳务雇佣增收，为全县贫困地区提供各类经济林苗木1.2万株。

（何文强）

水 利

【机构改革】 3月21日上午，磴口县水利局举行揭牌仪式。根据中央及自治区、市机构改革总体部署和《磴口县机构改革实施意见》的要求，对原磴口县水务局的部分职能进行划转和调整，原水务局的水资源调查和确权登记管理职责划转县自然资源局，农田水利建设项目划转县农牧和科技局，水旱灾害防治划转县应急管理局，编制水功能区划、排污口设置管理、流域水环境保护职责划转市生态环境部门，并将原磴口县水务局更名为磴口县水利局，作为政府工作部门。

【重点工程建设】 2019年，实施完成2018年未完续建项目5项，其中投资1270万元的2018年度京津风沙源二期工程水利水保项目、投资239万元的2018年饮水安全巩固提升工程、投资752万元的磴口县农村入户水表工程、投资1517万元的2017年度磴口县小型农田水利牧区节水灌溉项目和投资973万元的2018年度磴口县高效节水灌溉项目。实施完成2019年开工项目2项。投资872万元的磴口县乌梁素海综合治理项目骨干排干沟清障疏浚、二排干旁侧湿地连通净化工程，投资300万元的磴口县2017年水利发展基金项目。2019年正在推进实施项目5项。投资1690万元的2019年度京津风沙源二期工程水利水保项目，已完成投资255万元，受灌木栽植季节影响，项目计划2020年6月底完工；投资1120.09万元的2019年小型农田水利牧区节水灌溉（中央专项资金）项目，已完成总投资的80%，计划2020年5月底完工；投资1131.15万元的2019年小型农田水利牧区节水灌溉（自治区专项资金）项目，已完成总投资的80%。投资565万元的磴口县饮水型氟超标地方病防治工程和投资1251万元的磴口县脱贫攻坚改水工程，已完成总投资的80%，涉及贫困户已全部解决。

【防汛抗旱】 2019年，修订完善防洪预案，加强防汛值班，做好抢险人员组织、机械调运和物资储备工作，确保黄河磴口段安全渡过凌汛。建立健全抗旱服务体系，通过分洪区工程和连通工程利用分凌汛水向县域内湖泊进行生态补水2500多万立方米。进一步发挥磴口县山洪灾害防治非工程措施的运行效果，汛前请专业技术人员对监测预警平台、监测站、雨量站等监测系统进行维护安装和调度，确保防汛信息监测预警的实效性、准确性，为有效防御山洪灾害提供有力保障。

【法治宣传】 2019年，提升水资源保护意识，利用“世界水日”、“中国水周”和科技下乡等活动，对《中华人民共和国水法》《中华人民共和国防洪法》《中华人民共和国水污染防治法》《中华人民共和国水土保持法》进行深入宣传，在广场悬挂条幅8幅、发放宣传册3000余份、传单5000多张、宣传画500张、现场回答咨询120人次。坚持取水许可制度，加大水资源费收取力度，全面完善水资源费管理制度，纳入财政预算管理，实行收支两条线，专款专用。加强饮用水源地的保护，综合治理全县集中式饮用水污染源。做好水资源综合规划前期工作，科学利用、有效保护、有序管理水资源。开展水政执法，重点对乌兰布和沙区用水和河道非法采砂等涉水违法行为进行专项检查，下达《责令限期整改通知书》33份。深入开展“扫黑除恶”专项行动，共计制作条幅23条，电子标语2条，发放宣传单1500份。

【脱贫攻坚】 2019年，推进民生水利项目建设为重点，以进一步改善农业农村基础条件为目标，为全县脱贫攻坚助力。全力实施饮水型氟超标地方病防治工程、脱贫攻坚改水工程等水利扶贫建设项目，为全县脱贫攻坚提供项目支撑和水利保障。完善农业农村基础水利设施配套，改善农牧民生产、生活条件，带动农村产业发展，促进群众脱贫致富。

【水利体制改革】 2019年，农业水价综合改革试点项目。完成2017年、2018年水价测算；完成总投资44628万元的《2019—2025年农业水价综合改革项目规划》的编制，待批；编制完成投资130万元的《2019年度农业水价综合改革项目实施方案》，待批复和下达资金计划后组织实施。全面推行河湖长制工作。编制完成《磴口县水利工程及水库湖泊管理与保护范围划定工作实施方案》，完成一河（湖）一策的编制工作，并通过批复。组织开展全县河湖渠沟“四乱”（即乱占、乱采、乱堆、乱建）专项检查行动。开展河湖“四乱”专项行动，累计完成垃圾清运2560吨、河道清淤疏浚96千米，整改销号“四乱”问题62起。河湖岸线划定相关工作有序推进。根据中央及自治区、市机构改革总体部署和《磴口县机构改革实施意见》的要求，对原磴口县水务局的部分职能进行划转和调整，并将原磴口县水务局更名为磴口县水利局，作为政府工作部门。2019年3月21日上午，磴口县水利局举行揭牌仪式。

（刘　丽）

自然保护

【机构设置】 内蒙古哈腾套海国家级自然保护区管理局内设综合办公室、财务股、业务股、沙金套海管理站、哈腾套海管理站。

【脱贫攻坚】 2019年，在县委、县政府的领导下，按照纳林套海农场和扶贫办统一安排和包扶单位的工作职责，工作队长期入驻五分场开展扶贫工作。帮扶责任人按要求及时到位进行帮扶。主要有宣传扶贫政策、制定帮扶计划、确定帮扶措施，填写扶贫手册、监测台账，完善扶贫档案等。全面完成入户调查、顺利通过上级部门的检查，使扶贫政策落实到户，并取得显著成效。

【综合治理】 2019年，全面贯彻落实社会管理综合治理和维护稳定工作。深入社区排查各类纠纷和社会矛盾，并及时化解和就地处理。确保矛盾不激化不上交，维护地方稳定，保一方平安。结合保护区管理工作及时制止违规采沙、棚圈建设，叫停个别非林业审批建设项目。加强单位安全保卫工作，做到24小时有人值班，并且安装监控探头。无偷盗案件发生，无灾害性案件发生。加强访问者中心（管理站）管理，24小时安排人员值班，确保正常安全运行。

【信访工作】 2019年，为加强信访工作，成立信访工作领导小组，制定信访工作实施方案，分步组织实施。并安排专人负责信访联络工作，确保上下信息畅通无阻。长期坚持执行零报告，有特殊情况及时上报。另外按照上级要求进行隐患排查，及时制定突发事件应急机制。年内为上访群众解答2次。

【依法治理工作】 2019年，根据“七五”普法规划，开展普法工作，订购“七五”普法教材，组织全体干部开展法律学习，在自然保护区建设管理中，贯彻落实《中华人民共和国自然保护区条例》《中华人民共和国森林法》《中华人民共和国环境保护法》等法律法规。年内参加全国保护区培训2次2人，维修宣传牌30块，警示牌5块，发放宣传材料3000份。年内参加法宣在线学习15人，公务员学习11人。

【问题整改】 2019年，按照国家林业局办公室《关于国家级自然保护区“绿剑行动”监督检查结果的通报》精神，磴口县积极行动，坚决贯彻执行自然保护区法律法规和生态环境部、国家林业局等10部委《关于进一步加强涉及自然保护区开发建设活动监督管理的通知》精神，及时对自然保护区内存在矿产资源开发企业、工业企业、探矿企业、旅游企业及其他开发建设活动等34处问题进行整改，其间，国家林业和草原局驻内蒙古自治区森林资源监督专员办事处进行检查验收，并出具验收报告，为下一步顺利申报项目奠定基础。继续对保护区内中央环保督查“回头看”21处问题进行整改，完成20处问题的整改任务，3个矿产资源开发企业“采矿许可证”注销，完成整改。14个探矿证全部注销。所有平硐已全部回填封闭，完成地质环境治理，已完成整改。4家工业企业按照《内蒙古自治区自然保护区内工矿企业退出方案》要求，加快整改进度，确保企业在自治区规定的时限范围内（2020年底前完成整改）全面完成问题整改任务。内蒙古中川矿业有限公司、磴口县鑫兴铁精粉有限公司、磴口县欧凯红柱石矿业有限公司全部完成厂房设备的拆除，进行场地清理，完成整改。富邦红柱石矿业公司待达成一致意见后进行整体拆除。

【退耕还湿】 2019年，继续实施3000亩2015年退耕还湿试点项目，10户退耕还湿有9户完成土方工程并进行补水，完成工程所有任务，经林业、财政进行联合验收，剩余1户完成土方工程，可进行补水。积极争取2019年度退耕还湿项目，完成地块落实任务。

【行政审批】 2019年，对位于保护区实验区内的南粮台35千伏变电站、纳林湖生态旅游等11个公益性质及旅游项目开始行政许可手续的办理工作，逐级组件上报至自治区林业和草原局审核通过后上报至国家林业和草原局审批。

【补助资金建设】 2019年，实施内蒙古哈腾套海国家级自然保护区2018年自然保护区补助资金建设项目，完成访问者中心窗户更换和外墙保温工程及保护区宣传橱窗，购置野生动物监测设备。

【疫源疫情监测工作】 2019年，编制重大野生动物疫情防控应急预案，在春防、秋防阶段，管理站人员24小时对境内湖泊湿地鸟类的活动情况进行全面监测，确保全年无任何疫情发生。

【防火工作】 2019年，根据《中华人民共和国森林防火条例》落实防火责任制，管护人员加强野外火种管理，完成专项检查10次，无火灾发生。

【野生动植物及其生存环境保护】 2019年，保护好野生动植物，禁止在保护区内乱砍滥伐、乱捕滥猎、乱采滥挖。加大管理站巡查力度，安排管理站长期驻站并对保护区进行全面巡查，对发现的问题及时反馈和处理。与县防沙治沙局、自然资源局、水利局、农牧林水综合行政执法局、环保局等部门开展为期1个月的联合执法活动，依法从严打击各种乱捕滥猎、乱采滥挖等破坏生态安全的违法行为，确保自然保护区内野生动植物资源的安全。

【确界立标工作】 2019年，按照中央环保督查及“回头看”反馈意见、自然保护地大检查专项督查反馈意见要求，开展确界立标工作，已编制实施方案，完成论证，完成招投标工作，着手开始施工，确保在规定的时限内完成此项工作。

（吉木斯）

乌兰布和灌域管理局

【工程建设】 2019年，沈乌灌域水权转换工程投入运行，重心转向挖潜力、补短板，全面夯实水利设施基础，做好工程日常观测养护和生态护堤建设。

【灌排保障】 2019年，乌兰布和灌域从4月12日放口开灌，至11月17日秋浇结束，管理局全年计划引水4.8亿立方米，实际引水4.28亿立方米，完成浇地178.49万亩次，浇地效率360亩/日。全年一、二排干共排水量567.48万立方米，其中，一排干共排水306.55万立方米，二排干共排水260.93万立方米。

【水费计收】 2019年，乌兰布和灌域管理局完成水费任务3780万元。

【所站提标建设】 2019年，累计投入人工1700余工日，投入资金90余万元，翻挖平整土地近30亩，硬化院落、道路1000多平方米，栽植各类风景树、果树2660余株，9个所站基础建设工程基本全部完成。饲养猪、羊、牛、驴、鸵鸟、地蹼、鸡、鹅等畜禽300余头（只）；开辟3个鱼塘，投放鱼苗1500余千克。

【信息化建设】 2019年，结合已建成的26座网络传输通信铁塔和4处4G基站以及灌溉调度中心，将8座干渠雷达式自动测流监测站及主要干渠、分干渠、支渠和各级水工建筑物上的44套水位、闸位自动采集系统与53套视频监控系统，实施全面的细化配套并逐步并网开始运行。建成墒情采集观测系统10套、全自动在线气象观测站3处。

（丁竹冉）

农业综合开发

【机构设置】 磴口县农业综合开发办是参照公务员法管理的事业单位，为正科级建制。2019年3月机构改革中，磴口县农业综合开发项目建设中心行政职能归入磴口县农牧和科技局，单位内设办公室、财务股、工程股、规划设计股、项目股5个股室。

【开发项目投资】 2019年，磴口县农业综合开发分盐碱地高标准农田建设、农业生产专项两个项目实施，项目总投资11226.92万元，其中，中央财政投资9848.18万元，地方配套资金1378.74万元。

【土地治理项目建设】 2019年，进行农业生产发展专项资金项目建设4万亩，进行盐碱地高标准农田建设项目建设5万亩。项目总投资11226.92万元，其中中央财政投资9848.18万元，地方配套资金1378.74万元。共完成开挖疏浚渠道165千米，衬砌渠道49.3千米，滴灌19700亩，修建渠系建筑物1961座，修复配套机电井57眼，修筑道路564.97千米，营造农田防护林66.2千米，土地平整及改良46700亩。

【盐碱地高标准农田建设项目】 2019年，磴口县通过水利、农业、林业、科技四大措施，实施盐碱地高标准农田建设项目5万亩，分别是渡口镇新地村、东地村、永胜村2万亩，包尔盖农场二、三分场2万亩，隆盛合镇塔布村1万亩。

【农业生产发展专项资金项目】 2019年，磴口县通过水利、农业、林业、科技四大措施，实施4万亩高标准农田建设项目，分别是渡口镇新地村0.5万亩，乌兰布和农场四分场0.5万亩，沙金套海苏木圣牧中以园区0.5万亩，沙金套海苏木巴彦套海嘎查1.1万亩，补隆淖镇团结村、友谊村0.4万亩，巴彦套海农场三、六分场1万亩。

【项目资金管理】 2019年，磴口县农业综合开发项目资金管理，严格遵照《国家农业综合开发资金和项目管理办法》，实行专人、专账、专户管理的县级报账制。

（宋立兵）

林科院沙漠林业实验中心

【机构设置】 沙林中心下设6个职能科室，3个研究室，4个实验场。分别为办公室、党委办公室、科技处、计财处、基建处、资管处、荒漠化防治技术研究室、荒漠生态监测研究室、沙旱生植物资源研究室、第一实验场、第二实验场、第三实验场、第四实验场。

【科技发展】 制订“沙林中心中长期科技发展规划”，先后与国内外研究所、高校、企业和地方政府及相关部门签订科技合作协议5项。2019年度中心在研项目共计34项，其中主持20项，协作14项。全年签约项目经费901万元。发表科技论文44篇，其中1篇EI。荣获第八届梁希科普活动奖1项。

【绿洲建设】 2019年中心共完成各类更新造林、新植和恢复造林5600余亩，栽植各类苗木约62.45万株，总投资350余万元。

（赵纳祺）

交 通

交通运输

【概　况】 2019年，完成交通基础设施建设投资1.1亿元，建设规模87千米，其中，省道311建设至查素沟口公路工程完成投资0.8亿元，农村牧区公路建设完成投资0.3亿元，新改建农村公路52千米；村道公路安全生命防护工程49千米；乡道以上公路危桥改造1座；村道危桥改造1座。完成投资1.12亿元。

【机构设置】 磴口县交通运输局内设办公室、法规宣教股、业务股、质量安全监督股、运输服务股（地方海事处）。

【公路状况】 2019年，境内公路总里程2118.20千米，其中高速公路91.52千米，国道26.73千米，省道127.36千米，县道250.58千米，乡道280.35千米，村道1341.66千米。累计完成投资1.12亿元，完成公路建设里程152.4千米。

【公路建设】 2019年，省道S311磴口段及乌拉特后旗段公路建设项目。该项目路线全长35.4千米，境内26.2千米，乌拉特后旗境内9.2千米，合计总投资21600万元，上级补助资金14868万元，完成全线征地工作，施工单位完成驻地和实验室及拌和站建设，完成投资8000万元。沙拉毛道至鸡鹿塞公路工程建设项目。该项目路线全长40千米，年内完成改建段，新建段完成水稳、基层及桥涵工程。完成投资1572万元。捆绑实施四好农村公路项目。争取上级补助资金1048.4万元。按照上级交通部门建设四好农村公路要求，结合县旅游业发展需求，将上级补助资金捆绑使用，巴镇北滩村、旧地村、磴二线、乌兰布和农场场部、纳林套海农场场部等5处道路打造成四好农村路，总投资970万元，该项目于10月底全部完工通车。110国道磴口绕城段项目前期工作。该项目由巴彦淖尔市政府组织实施，负责项目规划选址、环评、土地勘测定界及预审、防洪评价等11项前期工作。年内完成土地勘测定界报告，项目规划选址研究报告编制，环评报告第一次公示，地震安全评价取得自治区地震局复函同意先期开展可研工作。

【乡村公路养护与管理】 2019年，对全县269千米的公路进行彻底养护，并重点完成穿沙路等主干道清理沙阻和养护工作，确保道路畅通。强化治超管理。2019年5月16日，在拦河闸收费站举行超限超载联合执法启动仪式，成立磴口县车辆超限超载治理指挥部。由公安、交警、路政执法监察大队、地方路政管理大队、行政综合执法局5个部门，对拦河闸入口过往车辆进行集中整治，有效治理超限超载车辆。拦河闸联合治超点检查道路运输车辆2900余辆，查获扰乱货运市场超限超载车辆40台，查获扰乱货运市场车辆全部责令其转载分车拉运，共转载货物450余吨，消除违法状态后，由交管部门和运管部门进行行政处罚。

【海事工作】 2019年，海事处执法人员每月定期对县域内7处水域，36艘船舶开展水上安全大检查，每逢重大节假日均开展水上安全防范意识宣传活动，为加强小学生水上交通安全教育，普及安全知识，增强安全意识，于“五一”国际劳动节假日之前开展水上安全知识进校园活动，进行水上交通安全大检查工作4次，全年无重特大水上交通安全责任事故。

【安全生产矛盾纠纷排查】 2019年，全程落实安全生产目标，严格落实责任，深化“平安工地”创建活动，确保全年安全生产无事故，新增安全标识牌46套，发放宣传资料2100份，悬挂宣传标语累计30条幅。

（燕雪娜）

火车站

【客　运】 2019年，进站旅客列车6对。其中，K396（乌海西—北京西）、K395（北京西—乌海西），K7901（包头—乌海西）、K7902（乌海西—包头），1133（北京西—乌海西）、1134（乌海西—北京西），2635（呼和浩特—兰州西）、2636（兰州西—呼和浩特），2701（呼和浩特—银川）、2702（银川—呼和浩特），6851（包头东—乌海西）、6852（乌海西—包头东）。每日平均发送旅客810人次，最高日发送旅客1630人次，全年发送旅客29.5万人次。

【货　运】 2019年，货运站货场占地面积3000多平方米，全年发货136643吨，装车2610车。

（杨　硕）

汽车站

【概　况】 巴运磴口新汽车站位于巴彦高勒镇贺兰路西、利民北街、河套大市场南，占地面积5.8万平方米，是国家二级客运站，隶属于内蒙古巴彦淖尔市汽车运输有限责任公司。有发往临河、五原、陕坝、乌海、左旗、银川、大武口、鄂前旗、民勤等12条营运线路（11月开始大武口停运），有进站营运车辆42辆，日发班次34次，全年完成旅客发送量7.2万人次，完成客运营收116万元。

【机构设置】 磴口汽车站编配站长兼党支部书记1名，值班站长1名，内设安检科、综合科和财务科3个科室，在职职工9名，其中女职工5名，男职工4名，中共党员3名。

【指标完成情况】 2019年，磴口站营收完成1159480元，完成计划的38.65%；共运送旅客72251人次，是2018年同期的73.36%，利润计划亏损1076589元，实际亏损1126021.93元；小件快运计划收入6.5万元，实际收入22601元。

（王文娟）

高速公路收费

【概　况】 京藏高速公路收费所老爷庙—麻黄沟磴口段至巴拉贡段磴口互通匝道收费所，位于京藏高速公路K935+630处。该所共有6条通行车道（其中入口2条，出口4条），日平均收费额为26.91万元，出入口日平均车流量5967辆次。全所有职工61人，其中党员4人，共青团员8人，平均年龄33岁，青年职工占90%。具有本科学历15人，大专以上学历35人，中专11人。所内下设办公室、财务室、监控室及5个收费班组实行五班三运转。

【通行费收取管理工作】 2019年，针对下半年ETC车道改造工程中出现的堵车现象，磴口收费所积极应对，妥善处理，工作中有序疏导，做到稳、准、快，保障车辆快捷通行，防止出现车辆堵塞、长时间占用车道等现象发生。开展打击恶意偷逃通行费行为专项治理活动。截至11月

26日，收取车辆通行费88447460.25元。“绿通车”通行12008辆，日均30余辆，免收通行费3250695元，查获假“绿通车”297辆，挽回经济损失88586.75元，查获假收割机5辆，挽回经济损失2691元。

【稽查管理】 2019年，根据公司星级收费所、星级收费员考核实施方案，通过审带及日常稽查，针对每日公示费收取过程中违规违纪行为，下发处罚决定书，及时整改，取长补短。磴口收费所创新工作机制，由值班所长、监控中队长、审带员、监控员组成评选小组，对当班收费员每日、每班次、每人进行全面考评，评分表中翔实记录扣分原因，每日公示，由评审人员、当班班长签字确认，以保证评选工作的公平、公正。以此激发员工工作热情，提高文明用语、手势的标准化、效率化，促进员工素质和工作能力的整体提高。

（李　洁）

磴口县道路运输管理所

【概　况】 磴口县道路运输管理所是巴彦淖尔市道路运输管理局下设的科级建制的驻县单位，主要负责磴口县辖区的道路运输市场的监督管理工作。宗旨为维护道路运输市场秩序提供管理保障。业务范围为道路运输、机动车维修与检测、机动车驾驶员培训管理。单位有在职工作人员17人，男职工11人，女职工6人。承担着磴口县辖区的一家客运企业，2家等级客运站、2家出租客运企业、2家机动车驾驶员培训机构、204户机动车维修业户、8家货运企业的日常运行监管和安全生产监管任务。同时还承担对磴口县辖区的27台营运客车、93台客运出租车、38台教练车和48个教练员、1205台货运车辆的日常监管工作。

【机构设置】 磴口县道路运输管理所级别为正科级建制，内设办公室、财务部、综合执法股、驻站办和运输股。

【行业管理工作】 2019年，扎实开展安全生产监管工作。进行安全生产检查145次，排除安全生产隐患23处，下发整改通知书3份。开展交通运输行业营运客、货车辆普查及重点车辆抽样调查工作，此项工作历时三个半月圆满完成。对磴口地区47个行政村开展村村通车推进工作及47个建制村建档立卡，此项工作得到市运管局和自治区交通厅的充分认可。按要求按时完成磴口地区农村客运班车及巡游出租车燃油补贴审核上报工作。做好节假日“两客一危”（是指从事旅游的包车、三类以上班线客车和运输危险化学品、烟花爆竹、民用爆炸物品的专用车辆）的隐患排查工作。深入开展“打非治违”和扫黑除恶工作。纠正违法行为78次，查处黑车32台次。做好每年40天的春运工作，春运期间运送旅客10814人次。着力精简审批事项。严格按照省、市、县三级审批服务事项要求，通过自查清理、业务初审、法制审核等方式，对原有的审批事项进行全面清理、规范和优化推行行政审批标准化建设。进一步规范行政审批内部运转流程，规范行政审批事项的名称、条件、流程、环节和申请材料等，全面清理繁文缛节和不必要证明。所有进驻事项办事流程统一为受理、审核、办结三个办理环节，所有进驻事项的承诺办理时限按照不同事项压缩为即办件，减少法定50%个工作日，审批效率提高接近50%。

（王金兰）

城乡建设　环境保护

住房和城乡规划建设

【**城镇基础建设**】 2019年，完成投资3.9亿元，推进城镇基础设施建设、供热主管网改造、平房区改造等民生工程进程，深入推进全面从严治党，全面加强党风廉政建设，继续夯实工作作风建设。

【**平房区综合改造工程**】 2019年，磴口县卫干校平房区综合改造工程项目完成投资1488.8万元，工程于2019年8月15日开工建设。该工程建设内容包括排污、供热、巷道硬化、道路硬化等，涉及改造住户424户，工程于10月30日完成排污、供热工程。完成混凝土路面硬化3572平方米，巷道硬化21395平方米，铺设排污管道2491米，供热砌筑检查井127座，安装路灯35盏，极大改善老百姓的生活条件；旧城建局南侧、二工地、林业局南侧平房区综合改造项目，项目完成投资2550万元，完成林业局南侧平房区、旧城建南侧平房区、二工地平房区等3片区域，共计510户平房区改造。项目前期手续全部办理完成，供热工程已完工。

【**建设项目**】 2019年，西区广场项目投资1784.32万元，于2019年7月10日开工建设。占地23197平方米；主要完成硬化14500平方米、绿化7522平方米、水景300平方米、亮化112盏景观灯，附属工程5项、喷泉系统656米。金色港湾养生养老产业园项目，金色港湾养生养老生态社区总面积为45834平方米，总造价为4809万元。年内A区房建已全部完工，具备竣工验收条件。导航站工程，投资500万元完成导航站办公区和信标台建设。项目所有手续已全部办理完毕，完成招投标，进行地基施工。

【**老旧小区改造项目**】 2019年，老旧小区改造项目，计划投资790万元，主要改造人行住宅楼、光华印刷厂住宅楼、水厂住宅楼、工商局住宅楼和农行住宅楼5个小区，建筑面积24386.1平方米，主要改造供热、供电、供气、排水管道、小区道路、绿化等配套基础设施，已完成招投标工作。

【**既有建筑节能改造项目**】 2019年，既有居住建筑节能改造项目，总投资264万元，主要改造磴口县翠源小区1#、2#楼住宅楼，磴口县国税局职工住宅楼1#、2#、3#楼，健安小区3#、6#楼，电力花园A2#楼，馨苑家园10#楼，改造面积22000平方米，改造内容为小区外墙保温、屋面保温防水、更换窗户及单元门等，9月底完成开标，施工在建。

【**重点公建项目**】 2019年，新建公建项目4项，分别为磴口县一中幼儿园园舍新建项目、磴口县妇幼保健计划生育服务中心综合楼、新华书店改扩建项目和磴口县拘留所建设项目，总建筑面积11168.58平方米，总造价3128.2412万元。磴口县妇幼保健计划生育服务中心综合楼完成基础工程施工，其他3项工程主体全部完工；续建公建项目3项，分别为全民健身中心、磴口县检察院办案和技术用房工程和蒙中医医院附属工程，总建筑面积17428.82平方米，总造价11863.7887万元。年内续建工程全部完工。

【**集中供热供气**】 2019年，完成3千米燃气中压管道铺设，新接入燃气用户720户；新铺设DN900供热管网6.5千米，改造老旧供热管网13千米。完成投资5810万元。

【**美丽乡村建设**】 2019年，完成建档立卡贫困户的房屋改造清零任务，在危房改造实施中与各苏木镇、农场签订房屋安全责任状。2019年建档立卡贫困户房屋安全，全面进入房屋安全动态监控。制定磴口县《农村人居环境整治三年行动实施方案（2018—2020年）》。聘请国策众合（北京）建筑工程设计有限公司编制完成《巴彦淖尔市磴口县农村牧区人居环境整治三年实施方案（2018—2020）》《巴彦淖尔市磴口县县域农村生活垃圾治理专项规划（2019—2025）》。完成3个压缩式垃圾中转站选址和可研报告，补隆3个、渡口3个、乌兰布和1个垃圾中转站进入施工，其中1个完工正在试运行，2个土建工程完工。全年完成投资900万元。对全县精准扶贫户进行房屋居住安全排查，共完成4398户贫困户住房鉴定工作。全县完成农村牧区3个垃圾中转站建设，分别是城关村、北滩村和北粮台村。

（陶春科）

供 电

【**农网改造升级**】 农网改造升级第二批10千伏及以下工程总投资10859.27万元，新建及改造10千伏线路197.37千米，其中，10千伏架空线路196千米，10千伏电缆线路1.37千米。新建及改造0.4千伏线路330.524千米，其中，0.4千伏架空线路330.30千米，0.4千伏电缆线路0.224千米。新建及改造配变159台，容量19500千伏安。配备柱上断路器18台，电能表箱3746个。

【**机电井通电工程**】 机电井通电工程（低压部分）总投资148.35万元，新建0.4千伏线路9.91千米，其中0.4千伏架空线路9.23千米，0.4千伏电缆线路0.68千米。

【**老旧计量储备改造工程**】 老旧计量储备改造工程总投资15.25万元，改造大客户配电检测计量终端23块，关口表22块，计量箱21个。

【**配电自动化建设改造储备工程**】 老旧计量储备改造工程总投资331.75万元，新增ZW–32型柱上断路器3台，新建“三遥”FTU终端29台，新建架空录波型故障指示器90组，新立ф190×15×M×G电杆17基，新建架空暂态型故障指示器66组，更换柱上断路器26台。

【**配套电网改造项目**】 工程总投资181.04万元。呼和浩特铁路局移交“三供一业”配套电网改造项目：新建10千伏电缆线路0.03千米，新建10千伏架空线路0.15千米，新建柱上断路器1台。

呼和浩特铁路局职工家属区移交“三供一业”供电设施改造项目，新建0.4千伏架空线路0.55千米，新建0.4千伏电缆线路1.38千米，新建箱式变压器1台，总容量400千伏安。新建公变采控终端1块、变台表1块。新建低压电缆分支箱11台。更换柱上成套变压器1台，容量400千伏安，更换单相智能费控电能表303块，三相智能费控电能表2块。更换电表箱64个，其中单相六位表箱34个，单相四位表箱7个，单相二位表箱7个，单相一位表箱14个，三相一位表箱2个。

【**安全生产**】 2019年，电网年度安全运行365天，跨年度安全运行6143天。未发生电力生产人身事故，未发生由于人员责任造成的六级及以上电网、设备、信息系统事件，未发生火灾事故，未发生负同等及以上责任的一般交通事故，安全生产形势总体平稳。综合电压合格率99.74%，同比提高0.074个百分点，城市供电可靠率99.93%，城市用户系统平均停电时间6.56时/户，完成全年安全生产目标。完成各类重大保电任务。修编、完善应急预案6种、应急处置方案13种，组织开展各类反事故演习8次。完成元旦、春节、清明节、劳动节、端午节、中秋节、国庆节等节假日的保电值班工作。

【隐患排查】 开展防鸟害、防火灾、树线矛盾、防洪防汛、防沙、裂纹电杆、输配电线路缺失标示牌等隐患排查及消缺工作，处理4处10千伏配电线路交跨公纳线隐患，24处10千伏与0.4千伏交跨隐患，更换危杆、处理对地距离不够电杆86处。

【完善设施建设】 编写现场运行规程53份；完成4条配电线路标准化建设工作，补充各类标示牌11800块，安装电杆防撞桶40个，补充电杆反光贴540处、电缆防火封堵49处、正杆56基、配电线路绝缘封闭84处。

【营销指标完成情况】 2019年，报装接电1657户，其中，居民照明1054户，非居民照明67户，非普工业35户，大工业6户，商业用电224户，农业271户，新增负荷47905千瓦。年售电量完成5.05亿千瓦时，同比增售1.75亿千瓦时，增幅为53.03%。线损率完成6.08%，同比升高0.43%，比年计划6.2%降低0.12%。销售收入累计完成1.67亿元，同比增收4737.33万元，增幅为39.60%。平均电价完成330.32元/千千瓦时，同比降低31.66元/千千瓦时。

【电力营销工作】 持续开展国民经济行业普查"回头看"，对2018年6月至2019年5月新报装用户进行排查，共排查用户2054户。磴口县供电分局联合县工信局及应急管理局检查20755户，下达缺陷通知书156份，全部整改完毕。乌兰布和、沙金、纳林湖、渡口供电所4台自助缴费机已全部安装调试完成。完成乌兰布和供电所、纳林湖供电所、沙金供电所为期1个月的"工作+带动，全业务稽查"现场核查工作。完成电价电费审计工作，整改问题户19户。合理安排业扩报装流程，加快业务办理速度，业扩报装超时率为0。营销系统微信绑定20430户，绑定率28.09%。

【巴彦淖尔市康立电力安装有限责任公司磴口分公司概况】 巴彦淖尔市康立电力安装有限责任公司磴口分公司是以电力线路安装为主营业务的企业。分公司2019年有职工31人。下设综合管理部、物资供应部、财务管理部、工程管理部、安监部。管理110千伏变电站1座，110千伏线路38千米，容量10000千伏安。2019年新架及改造10千伏线路130.55千米，新建变压器128台，容量27605千伏安，新建0.4千伏线路115.291千米。拥有固定资产1338万元，累计折旧850万元，固定资产净值488万元。流动资金1548万元，2019年全年实现净利润11万元，上缴各项税金合计227万元。

（张延伟　薛　晨）

房屋产权交易

【机构设置】 磴口县房屋产权交易中心内设办公室、住房保障中心、房地产市场监察与管理室、物业市场管理室、房屋交易大厅、财务室、党建室、质量监督检查室。主要承担着全县房地产市场管理、物业管理、住房保障、房屋交易等工作。

【住房保障建设】 2019年，廉租住房租赁补贴发放情况按照年初计划安排，第一季度已发放，发放户数88户，发放补贴资金71820元；第二季度发放户数102户，发放补贴金额89670元；第三季度已审核完毕共114户，已交由财政拨付，发放补贴金额103020元；第四季度审核121户，发放补贴金额金额94070元。

【在建工程建设】 2019年，天然丽景二期公租房项目，建设公租房396套，建筑面积1.9万平方米，已完成主体封顶，6号楼、7号楼内墙抹灰完毕；东亿新天地公租房项目，建设236套，建筑面积1.4万平方米，11#、12#、13#、14#已完成内墙抹灰、外墙保温涂料，11#、12#楼室内已开始做排水。

【房地产市场监管】 2019年，全县有房地产开发企业18家（当地2家、外来备案企业16家），其中贰级资质企业1家、叁级资质企业4家，肆级资质企业10家，暂定资质企业3家。严格执行商品房预售许可制度，2019年，分别为中央公园、新元小区、如意一期、盛隆小区、鑫盛家园、秀水嘉苑二期、溥德苑酒店、金雄商厦共计8个小区办理预售许可证，总面积为106767.07平方米，总套数为849套，其中住宅544套、面积60554.2平方米，门店169套、面积42720.74平方米，车库132套、面积3283.89平方米，自留4套、面积208.24平方米。同时严格网上销售系统管理，切实维护回迁户及购房户的利益不受侵害。严格执行《住宅专项维修资金管理办法》，全面落实新建商品住宅建立住宅专项维修资金制度。住宅专项维修基金共计缴2970.15万元。收缴维修基金205.95万元，使用维修基金6.83万元。

【物业服务管理】 2019年，为民生、学府、新天等31个小区，共计安装104台充电设备，能同时供1040辆车使用。空中“飞线”整治工作。联合相关单位对小区“飞线”情况进行排查，坚持“不留安全死角”，重点锁定老旧小区，对楼顶“飞线”、下拉及脱落的线路进行贴墙捆绑固定，对各空中搭挂“飞线”梳理整治，推进主干道路管线入地改造，让空中电缆“下地藏身”，将废旧光缆拆除。加强物业管理服务，提升物业管理的服务技能、文化品质等，经进一步筛选，选定东亿新天地、中央公园、嘉泰华府3个小区，将其打造成物业管理示范小区，3个小区规划设计合理，设施设备配置完善，从小区绿化、美化、人性化等方面为业主营造优美宜居的居住环境。

【房屋交易工作】 2019年，房屋交易完成初始74件、存量房买卖665件、新建商品房1090件、变更登记107件、遗失补证11件、档案查询3690件、抵押登记86件、预告登记176件、注销登记526件、法院查封185件、解封40件。

（李文迪）

环境卫生管理

【机构设置】 磴口县环境卫生管理所内设办公室、财务室、市政站、排污站、清扫队、清运队、机电设备管理站、垃圾处理场、市政环卫监察队、收费站、公厕办11个队、站、室。

【市政管理】 2019年，对城区道路、人行道、路侧带等进行精细化修补，随坏随修，校正花岗岩路沿石1450米、水泥道牙840米，修补沥青路面2120平方米，修复街道硬化带3000平方米，清理废弃混凝土底座等70余处。更换城区排污管道，检查井圈、井盖49套，单独更换井盖4个、雨水井13套、盖板25个，抢修塌陷断裂排污管道14处，春季利用一周时间清掏城区所有雨水井、收水井，为雨季防涝做好准备。日常维护、维修路灯1800余盏，维修路灯配电柜、变压器26套，道路亮灯率达到95%以上。通过排查，贺兰路、西环路、迎宾街等12条道路电缆绝缘层老化严重，绝缘层存在开裂甚至脱落情况，存在安全隐患。将此情况及时上报，县政府同意将涉及的652盏路灯灯杆两端4米电缆（两端各2米）进行更换并重新处理接口，此工程材料于2019年6月17日完成招标，全部改造完成。

【环境卫生】 2019年，机械化清扫面积达到95万平方米，机械化清扫率达到70%以上。针对不同路段，进行错时洒水。利用高压清洗车不间断清洗道路上的雨水篦子、收水口。城区83座水厕全天开放，安排专人管理，做到“六净五无”（路面净、道沿净、树窝净、雨水口净、人行路净、绿化带净；无人畜粪便，无砖石瓦块，无冰棍杆、果皮、纸屑等杂物，无清扫后遗留的垃圾痕迹，无浮尘积水和残雪），对5座年久的水厕进行升级改造，维修公厕1800余次。适时对城区出入口、城乡接合部、小街背巷内的卫生死角、管理盲区大力实施城区环境卫生综合整治，其中突击清理积存垃圾15次，共计130多车次。清理整治小街背巷乱堆乱放建筑垃圾杂物等9次，清理绿化带12次。清理小区内废旧家具30余车次，与县行政执法局等部门联合清理小区僵尸车。

【城镇排污】 2019年6月，原来由污水处理厂一期承接的污水处理及再生水生产运营业务于6月18日全部交由污水处理厂二期承接。完成在线监测设备720小时运行调试，8月19日完成氨氮、总磷、总氮、pH的验收。8月22日，委托巴彦淖尔环保投资有限公司对出水水质进行检测，符合一级A排放标准。8月26日，巴彦淖尔市环境保护监测站开展2019年重点排污单位监督性监测，经监测，出水水质符合一级A标准。10月18日，完成化学需氧量在线监测设备验收。投资7625万元，实施城区老旧排污管网改造工程，改造老旧排污管网27.377千米。项目分两年实施，完成排污管网改造13千米。从2017年开始，结合非成套改造项目，先后对卫干校平房区、导航站东平房区、二工地平房区、林业局南侧平房区实施改造，将平房区污水全部纳入城区排污系统。通过以上工程措施有效提高污水收集率，污水收集率85%，处理率达到100%。磴口县处理污水397.47万吨，产生再生水377.57万吨，已全部回收利用。其中，电厂回用153.05万吨，市政道路及园林绿化使用23.42万吨，湿地补水201.1万吨。投资7716.62万元，建设再生水管道39.281千米，其中工业用水再生水管道12.171千米，园林绿化用水再生水管道27.11千米。完成铺设30.28千米。

（余　剑）

园林绿化管理

【机构设置】 磴口县园林绿化管理所内设办公室、财务股、规划设计室、园林服务中心、园林养护队、公园广场管理所、园林监察队。

【绿化工程】 2019年，完成绿化面积13.65万平方米，其中当年新增绿地面积3.57万平方米，种植各类乔木1.5万株，主要是国槐、香花槐、金叶榆、河北杨、桧柏、樟子松等，种植侧柏绿篱6000平方米，共计20万株，种植小榆树5000平方米,300万株。投资43万元完成养老产业园（沿小青河）两侧占地1万平方米的精品绿化工程任务。投资28万元完成全民健身中心占地1.64万平方米广场绿化工程建设任务。投资100万元完成中蒙医院0.63万平方米特色景观绿化工程建设任务。投资30万元完成打造圣牧北侧新苗圃0.86万平方米花海建设任务。投资50万元将贺兰路进行提档升级，打造特色景观带。投资30万元完成学府路0.3万平方米绿化工程建设任务。完成县城内街路绿化带死缺树木的补植任务。投资105万元完成城区14条道路绿地给水工程，道路绿地面积3.5万平方米，配套道路绿地给水管道长度2.2万米，新打给水井5眼。

【人民公园升级改造工程】 对人民公园绿地进行升级改造，完成1.4万平方米草坪直播任务。投资30万元对西翠湖进行升级改造，起到良好效果。对水系进行清淤，完善配套基础设施，在湖中投放鱼苗1万千克、观赏鱼1100千克。

（苏　悦）

生态环境

【机构设置】 磴口县生态环境局内设办公室、生态综合股、水生态环境股、大气环境股、土壤固废管理股、排放管理股。

【建设项目环境管理和排污许可证】 2019年，审批建设项目环境影响评价文件14个，均按程序按时办结，将审批的事项在国家企业信用信息公示系统、巴彦淖尔市信用信息共享平台进行公示。按照放管服工作，对行政许可清单进一步梳理，将环境影响评价行政许可确定为最多跑一次事项。按照排污许可证管理要求，对2019年需要核发排污许可证的行业及锅炉行业进行摸底调查。配合市生态环境局完成磴口县中涵水务有限公司、隆盛合镇污水处理厂、丰华供水供热有限公司、内蒙古永兴食品有限公司排污许可证核发，其他行业排污许可证正在填报中。

【水污染防治】 2019年，完成加油站双层罐改造。全县双层罐改造任务涉及23家加油站，2018年完成15家加油站双层罐改造任务，2019年完成7家改造任务并通过验收，剩余1家加油站双层罐改造正在进行。农村环境综合整治。按照《巴彦淖尔市农村牧区环境综合整治方案（2018—2020年）》，开展农村环境综合整治，完成隆盛合镇黎明村和同心村、渡口镇东地村和新地村、沙金套海苏木巴音毛道嘎查和宝勒浩特嘎查、补隆淖镇坝楞村7个嘎查村的环境综合整治，完成户改厕400户，建设垃圾转运站3个，垃圾转运点40个，配套垃圾筒135个。完成集中式饮用水水源地保护区划分工作。按照巴彦淖尔市水污染防治工作领导小组办公室下达的《关于限期完成万人千吨饮用水水源地保护区划定工作的督办通知》文件要求，年底前完成万人千吨以下集中式饮用水水源地保护区划分技术报告的编制。委托第三方公司编制《磴口县乡镇农村集中式饮用水水源保护区划分技术方案》，拟划分13个集中式饮用水水源地保护区。划分方案已由巴彦淖尔市生态环境局报送至自治区生态环境厅，准备进行专家评审。进行乌梁素海点源污染治理。按照中共巴彦淖尔市委员会巡察工作领导小组办公室《关于移交〈关于乌梁素海点源污染综合治理专项巡察对磴口县的反馈意见〉的函》文件要求，制定《磴口县环境保护局乌梁素海点源污染综合治理专项巡察反馈意见整改方案》，并上报整改进展情况。按照巴彦淖尔市乌梁素海源头治理领导小组办公室《关于报送乌梁素海点源污染治理2019年工作计划和月度工作总结的通知》文件要求，制定《磴口县环境保护局乌梁素海点源污染治理2019年度工作计划》，明确环境监管、监测具体措施。

【大气污染防治】 2019年，完成金牛煤电2#燃煤机组超低排放改造工程。金牛煤电2#燃煤机组超低排放改造工程于4月15日开工，6月1日完工开始试运行，完成验收。开展建成区生产经营性燃煤小锅炉淘汰工作。按照《巴彦淖尔市2019年大气污染防治工作要点》要求，2019年9月底前淘汰建成区6台生产性经营性燃煤小锅炉。完成2家洗浴中心及泰顺兴业（内蒙古）食品有限公司、内蒙古乌兰布和乳业有限公司等共6台小锅炉的淘汰任务。开展非道路移动机械登记编号工作。对全县范围内的非道路移动机械进行摸底调查，调查信息于6月20日上报市生态环境局。7月12日开始，组织全县非道路移动机械保有单位和个人在内蒙古非道路机械监管平台登记注册并发放号牌。开展内蒙古磴口金牛煤电有限公司灰渣场生态治理和储煤场扬尘污染治理工作。内蒙古磴口金牛煤电有限公司按照《灰渣场生态环境保护与恢复治理方案》实施灰场顶部、四周边坡覆土以及绿化工程；储煤场封闭库可研报告已通过华润集团有限公司批准，开始环评和项目的立项。开展磴口县声环境功能区划分工作。8月5日完成招投标，编制《磴口县声环境功能区划分技术报告》。

【土壤固废污染防治】 2019年，实施内蒙古黄河铬盐股份有限公司土壤修复工程。内蒙古黄河铬盐股份有限公司历史铬渣堆场土壤及地下水修复工程一期工程于2019年6月28日开工，湿法解毒生产线改造、检修、设备安装、调试阶段已完成，已进行运行前的准备工作。开展重点行业企业地块基础信息采集工作。按照自治区《关于落实土壤污染防治行动计划的实施意见》要求，开展全县重点行业工业企业用地调查工作，完成6家重点行业企业地块基础信息采集工作。开展固体废物管理工作。完成全县工业企业固体废物系统申报、全县医疗废物系统申报、危险废物经营单位经营情况年报工作。开展固废堆场地下水污染监控。对铬盐公司专用渣场、县垃圾填埋场、一般固废物渣场、电厂灰场、园区一般固废填埋场等固废堆场周围地下水观察井开展监督性监测工作。

【空气环境质量】 2019年，运行359天，其中优良天气300天，占总天数的83.6%，轻度污染天气50天，占总天数的13.9%，重度污染天气8天，占总天数的2.2%，由于风沙大，光照时间长，造成PM_{10}、$PM_{2.5}$及臭氧超标，主要污染物为颗粒物和臭氧。

【水环境质量】 2019年，巴彦高勒镇新水源地水质除氟化物、氯化物、钠超标外，其他各项指标均符合《地下水质量标准》Ⅲ类水质要求。乡镇水源地包括沙金苏木水源井、渡口镇水源井、补隆淖镇水源井、乌兰布和农场水源井及那仁宝力格饮用水水源地。沙金苏木水源井水质除氨氮，其他监测项目均达标；渡口镇水源井水质超标指标有砷、铁、锰和耗氧量4项超标；补隆淖镇水源井水质超标指标有硫酸盐、氯化物、砷、铁、锰、硬度、浑浊度、钠、溶解性总固体、肉眼可见物、耗氧量和氨氮12项超标；乌兰布和农场饮用水水源地水质耗除氧量超标，其他监测项目均达标；那仁宝力格饮用水水源地水质氨氮超标，其他监测项目均达标。

【声环境质量】 2019年，巴彦高勒镇各功能区噪声等效声级符合《声环境质量标准》（GB 3096—2008）；交通噪声等效声级符合《声环境质量标准》（GB 3096—2008）4a类。

【生态环境质量】 2019年，磴口县生态环境状况级别较差，与2018年相比无明显变化。植被覆盖指数与2018年相比无明显变化。

【环境执法监管】 2019年，磴口县环境监察工作不断强化环境执法检查，严厉打击各类环境违法行为。共检查大小企业260余家次，出动530余人次；按要求制定《磴口县2019年环境执法大练兵活动实施方案》，持续开展《中华人民共和国环境保护法》实施年活动，共办理行政处罚案件6件，处罚金额43万元。集中对工业园区、城镇污水处理厂、垃圾填埋场以及集中式地下水饮用水水源地开展地下水环境保护执法专项检查。对辖区内的石英砂洗沙厂进行全面排查，对未办理环保审批手续的10家洗沙厂下达《责令整改违法行为决定书》，并按照县政府专题会议精神，与国土、安监、供电等部门联合执法，对10家洗沙厂实施断电。加强环境信访工作，24小时开通“12369”环保举报热线，做到件件有登记、有落实，事事有回音，并及时转办，将信访矛盾化解在基层。共受理环境信访案件48件，办结48件。

【环境监测】 2019年，主要监测任务包括污染监督监测、环境质量监测，完成有效监测数据2895个。其中污染源监督监测19家共取得有效监测数据714个，环境质量监测共取得有效监测数据2181个。按照RBT 214—2017《检验检测机构资质认定能力评价检验检测机构通用要求》的要求，对原有的质量手册进行换版，自2019年1月1日起实施，确保质量管理体系持续有效运行。根据内蒙古自治区环境监测中心站2019年全区生态监测方案，磴口县环境监测站于2019年9月开始，开展乌兰布和沙漠、库布其沙漠及河套黄灌区地面生态监测任务。共监测17个样地，布设99个植被监测样方，并制作完成植物标本。

【在线监测工作】 2019年，配合市局对辖区内自动监控设施进行每月一次的监督检查，督促企业对存在的问题进行整改，并按要求将整改报告报送市局。针对自动监控设施运行中出现的问题，向各相关企业下达《关于加强污染源自动监控设施运行维护的通知》，要求企业和第三方运维机构高度重视，加强污染源自动监控设施运行维护，确保运行正常。磴口县滨辉水务有限公司未按要求安装总磷、总氮自动监控设备，2019 年 4 月 11 日，自治区环保厅进行现场督察，并要求完成设备安装，上传数据；5 月 27 日，市生态环境局针对该问题进行约谈。由于磴口县滨辉水务有限公司承接的污水处理及中水业务已移交至磴口县中涵水务有限公司，根据整改方案，将总磷、总氮在线设备安装于磴口县中涵水务有限公司废水总排口的在线监控室内，6 月 22 日开始安装调试，8 月 19 日市生态环境局环境信息监控中心组织人员对磴口县中涵水务有限公司总排口氨氮、总磷、总氮在线设备进行验收。

【第二次全国污染物普查】 2019 年，按照国家及自治区、巴彦淖尔市第二次全国污染源普查工作总体安排部署，对专网数据进行进一步的核实修改，对不符合纳入普查要求的工业源进行删除，同时对照第四次经济普查名录、2017 年度电网目录、环境信访举报等，对普查名录库再次进行查遗补漏。共完成 79 家工业源、2 家入河排污口、3 家集中式处理设施以及生活源（93 个行政村、14 家生活源锅炉）和移动源（22 家加油站）的污染物产排量核算、审核工作。对污染源普查数据进行汇总、比对，形成磴口县第二次全国污染源普查工作总结，完成污染源普查档案归档工作。

（余　剑）

城市管理行政执法

【机构设置】 城市管理行政执法局内设办公室、财务室、法督室、城管指挥中心、一中队、二中队、三中队、四中队、综合中队、市容中队、工业园区中队。在编城市管理执法人员 54 人，城市管理协管人员 12 人。

【市容市貌管理】 2019 年，对店外店、流动摊点进行管理。各中队经常性对辖区商户进行宣传教育，向城区商铺门店、流动商贩印发宣传资料 5000 多份，其中印发《巴彦淖尔市城市市容和环境卫生管理条例》2500 多份，在城区主干道、便民市场等人员聚集区广告张贴栏张贴《巴彦淖尔市城市市容和环境卫生管理条例》500 余份；对迎街商户的店外店下发违法行为通知书 360 份，取缔店外店经营 3500 个次，清理流动摊贩占道经营 5280 个次，清理整治钉子户 2 户。拆除有碍市容观瞻物 238 处。清理主次干道两侧建筑物、构筑物上的各类小广告及商铺门窗贴字 25600 多条（处）。充分利用摄像机、照相机、执法记录仪等设备，将乱摆摊设点违规情况全部记录下来，为违规者建立违规档案，保存其违规证据，建立首违不处罚规定。使违规者自觉地纠正违规行为，也为屡教不改者的日后处罚提供了原始证据。

【违章建筑】 2019 年，按照《磴口县人民政府办公室关于开展集中整治私搭乱建和非法占地行为专项行动的通知》要求，及时成立以局长为组长，两位副局长为副组长，中队长、股室负责人为成员的执法局开展集中整治私搭乱建和非法占地行为专项领导小组。并制定切实可行的《执法局开展集中整治私搭乱建和非法占地行为专项行动方案》，进行城区私搭乱建和非法占地行为专项整治，城区私搭乱建和非法占地行为得到有效遏制。依法下达《责令限期改正（停工）违法行为通知书》15 份，依法拆除违章临时建筑 16 处，208.51 平方米。

【建筑垃圾】 2019 年，与城区各施工工地签订《建筑垃圾及渣土处置协议》11 份；与城区商砼站、砂（沙）场签订《磴口县城区商砼站、砂（沙）场运输物料车辆管理协议》15 份；综合中队通过日常巡查和专项检查，查处不苫盖、遗撒、扬尘等违法运输车辆 58 台次，遵循教育为主罚款为辅的原则，依据《城市建筑垃圾管理规定》给予4辆次违法运输车辆罚款处罚，给予54辆次违法运输车辆警告处罚，并在磴口电视台对违法处罚情况进行现场报道，加大宣传力度。渣土、建筑垃圾运输车辆不苫盖、遗撒、扬尘污染现象得到有效控制。先后13次彻底清理城区周边散倒的渣土、建筑垃圾4000立方米；先后15次平整、苫盖消防队对面和金牛大道北侧建筑垃圾倾倒点，有效改善城区周边环境。

【城管指挥中心建设】 2019年，磴口城管指挥中心与公安“平安城市”建设后台对接投入使用，城管指挥中心投入使用后主要负责城市管理问题现场信息和处理结果信息的采集、分类、处理和报送，随时掌握城市管理现状，极大提升城市管理效率。

【执法队伍建设】 2019年1月25—30日，开展为期1周的法律法规规章和业务知识培训。由分管副局长和法督室人员上场讲课，组织全体干部职工学习各职能部门委托的执法事项和相关的法律法规规章和法律文书制作，并进行闭卷考试。对考试不合格者进行补考，还有10名补考不合格者，通过加强学习继续进行补考。开展“春季大练兵”活动。为全面贯彻落实《中共中央、国务院关于深入推进城市执法体制改革改进城市管理工作的指导意见》和住建部强、转、树专项行动精神，苦练基本功，增强队伍凝聚力，端正工作作风，提高执法队伍的执行力，推动城管执法工作。

（张存海）

教育　科技

教　育

【概　况】2019年，全县有中小学校13所，其中，完全中学1所，初级中学1所，完全小学8所，教学点3个。在校生5621人，其中，义务教育阶段在校生4613人（小学3181人，初中1432人），高中阶段在校生1008人。学前教育机构中有公办园2所，校办园12所，许可民办园4所，在园幼儿1857人。全县2019年在岗教职员工951人，其中，小学525人，初中263人，高中120人，国办园43人。

【学前教育】2019年，认真落实学前教育第三个三年行动计划，公办、校办、民办“三位一体”的学前教育公共服务体系进一步健全，幼儿学前三年入园率95%以上，学前一年入园率达到99%以上。争取上级投资650万元，完成建筑面积为3000平方米的磴口一中阳光幼儿园主体建设工程。投资50万元，完成实验小学幼儿园、沙金苏木幼儿园室内外场地的软化工程。

【义务教育】2019年，统筹推进城乡义务教育一体化改革，县域内城乡义务教育学校在校舍配建标准、经费定额标准和基本装备标准实现三统一，对推进义务教育均衡发展存在问题进行进一步整改。全县小学共设班级124个，在校学生3183人；初中设班级47个，在校学生1485人。平均班额为城区小学40人/班，乡村小学5人/班，城区初中32人/班。小学阶段入学率100%，初中阶段入学99%以上。小学辍学率控制在0.8%以内，初中辍学率控制在1%以内。投资38.5万元，为实验小学购置学生用计算机110台；投资205万元，维修改造磴口县第一中学、磴口县诚仁中学校园地下供暖管道；争取上级投资101万元，完善农牧区8所学校同频互动设施配套项目；上报储备拟规划新建5000平方米磴口一中综合楼项目；投资77万元，实施城镇2所中学、3所小学和农村牧区3所学校的校舍、给排水等维修改造工程；投资22万元，争取上级配套30万元，实施国家关工委、中国关心下一代教育基金会5个创客教室项目。

【高中教育】2019年，磴口一中参加高考学生415人，普通文科参加高考人数250人，本科上线43人，上线率17.2%；普通理科参加高考人数165人，本科上线76人，上线率46.06%。高考文科550分上线3人，理科600分上线2人，实现高考文理科自2006年和2007年以来该分数段零的突破。

【特殊教育】2019年，残疾儿少受教育年限基本达到15年，适龄残疾儿少义务教育入学率96.6%，并在磴口县第二完全小学设立特殊教育资源教室2间，用于残疾儿少的康复活动。

【队伍建设】2019年，建立全县城乡学校捆绑式帮扶发展模式，磴口县实验小学、磴口县第二完全小学、磴口县第三完全小学各选派4名优秀骨干教师到6所农村学校进行交流支教，6所农村学校各选派2名教师到城镇学校培训学习，有效地提高城乡义务教育均衡一体化发展水平。制定《磴口县公开选聘中小学、幼儿园校（园）长实施方案》，完成全县15所中小学、幼儿园校（园）长、副校（园）长选拔聘任工作，公开选聘中小学校（园）长、副校（园）长41名，为教育发展提供有力组织保证。在第35个教师节之际，县教育局对新选聘的校（园）长进行聘任，并对一年来在教育工作中做出突出贡献的4个教育工作先进集体和69名先进个人进行表彰。根据自治区特岗教师计划和市人社局事业单位教师招聘要求，招聘特岗教师24人，招聘事业单位编制内教师66人，缓解教师紧缺的矛盾，达到优化年龄和专业结构的目的，为提升教育质量提供有力的师资保障。磴口县人民政府办公室印发《磴口县提高中小学校班主任津贴标准实施方案》的通知，班主任津贴标准由过去的每月100元提高到高中每月1000元、初中每月800元，根据全县各小学班容量不均衡等因素，小学20人及以上班容量每月700元，20人及以下班容量每月600元。提高后的班主任津贴从2019年1月1日起给予兑现执行。在2019年底第四轮岗位设置中，将2016年职称制度改革后全县评出的1名正高级、11名副高级及2016年职称制度改革前已评未聘的77名中级职称教师全部纳入聘任范围并上报人社部门进行审核。2019年暑期，邀请区内教育专家为全县城乡专任教师举办为期3天的心理调适及技能提升培训班，累计派出500余人次参加国家及自治区、市各级教育培训学习。

【教育教学】 2019年，继续加强与陕西宝鸡、包头九原区的合作交流，深化“生本课堂”和“小学生主题诗文诵读”实践活动。组织第二届全县城乡学校“主题诗文诵读”展示评比活动，对优胜集体和诵读课优秀教师进行表彰奖励。选送的3件作品在中华经典诵写讲大赛中入围全国复赛（全区入围作品60件，入围作品占全区的5%），获巴彦淖尔市教育局和市文明办授予的优秀组织奖。磴口一中和诚仁中学2所中学在与北京林业大学、内蒙古大学等大学开展研学活动的基础上，积极同当地名校临河一中、临河五中建立对口帮扶机制，进一步借助外力提升教学质量。为促进全县教育事业又好又快发展，进一步学习借鉴周边地区教育发展、教育管理和校园文化建设等方面的先进经验，组成学习考察团分别到乌拉特前旗、五原县和乌拉特中旗进行参观学习。为加快教育体制改革步伐，尽快破解教育发展中的瓶颈和难题，寻求提升教育教学质量的好办法，选派教育局班子成员及校长代表、教师代表参加县政协牵头组织的教育工作考察团，分别赴鄂尔多斯市伊金霍洛旗、山西晋中市和顺县、朔州市朔城区和呼和浩特市北京四中呼市分校进行考察学习。

【体卫艺工作】 2019年，组织参加全市中小学生田径运动会、全市中小学艺术展演和研学旅行活动。组织举办磴口县第22届中小学生田径运动会、教育系统庆祝建党98周年师生文艺会演，举办第二十七届华莱士节教育系统专场文艺演出，组织110名教师合唱队参加全县庆祝新中国成立70周年大合唱并获二等奖。在内蒙古自治区中小学生艺术展演活动中，磴口县选送的《当那一天来临》荣获舞蹈类二等奖。

【信息化建设】 2019年，结合磴口县实际，制定《磴口县实施“互联网+教育”提升教育质量工作方案》，组团赴山西太原学习智慧教育工作。借助教育信息化手段，充分利用城域网城乡学校全覆盖的资源，全面开通并实现城镇小学与农村各学校的“通频互动”拓展工程，有133名教师参加“一师一优课”活动，共上传实录课件60节，为提高教师的教学水平和课堂效益提供技术支持和手段保障。利用“梦想课堂”资源，在城镇中小学普遍开齐开好“梦想好课堂”的基础上，积极探索“梦想课堂”理念与学科课堂的融合，助推学科课堂的理念变革和方法更新。

【安全工作】 2019年，将学校食品安全防范教育和隐患排查纳入学校工作日程，制定突发性应急措施方案，在领导、制度、人员、措施和成效上做到“五到位”，全力维护校园安全稳定。组织开展监督检查、明察暗访12次，整改安全隐患问题180件。校园安防基础设施逐步完善，校园监控系统实现全覆盖。

【教育扶贫】 2019年，为849名大学生办理生源地助学贷款564万元；为28名家庭经济困难大一新生发放交通补贴1.8万元；主动对接民政、扶贫部门，严格把关、互相配合，核定74名2018届城乡低保、建档立卡家庭、孤儿大学生继续享受2019年自治区普通高校家庭经济困难学生上学资助金额74万元；受理认定65名2019届城乡低保、建档立卡家庭、孤儿大学新生享受自治区普通高校家庭经济困难学生入学资助金额65万元；为3名建档立卡家庭和42名残疾家庭的大一新生办理自治区“泛海助学行动计划”资助金22.5万元；磴口人民教育基金会为34名各级各类学生发放扶贫资助资金6.3万元。

（李廷华）

第一完全中学

【概　况】 全校初中有17个教学班，593名学生，专任教师63人，适龄少年入学率、巩固率、合格率100%。高中有24个教学班，1017名学生，专任教师84人，适龄青少年入学率92%，巩固率97%，合格率98%。

【学校建设】 2019年，加大对校园绿化美化，春季种植垂柳、山桃、山杏、香槐树、松树等900多株，种植各种花卉约2000株，有绿地面积42108平方米。

【德育工作】 2019年，深化和落实“德育三部曲”为阵地的德育教育活动，依托校团委、学生会对德育工作深入拓展，持续贯彻行为规范教育、品德教育、纪律教育、感恩教育、安全教育、心理健康教育等，树立“全员育人，全科育人”的教育理念，发展和培养学生的核心素养，持之以恒抓德育常规管理，促进学生养成良好的行为习惯，塑造学生形成高尚道德品质，力争使学校的德育工作有创新、有特色、有突破、有成效。通过多渠道、多途径的班主任培训学习、自主学习、经验交流、组织各种活动等提高班主任的教育管理水平和班主任工作能力；通过心理健康课程的开展、学校心理咨询室的定期开放，以及调查问卷等形式多样的活动，帮助学生进行心理调适和心理建设。以班团队会为平台，让学生有展现自己才能的空间，把素质教育的形式丰富起来，提高学生自主教育、自主管理、自主发展的能力；通过丰富多彩的社会实践活动，有针对性的、序列化的主题教育活动，各种竞赛和评比活动，进一步调动学生参与班级建设的积极性，增强学生的集体荣誉感和责任感，增强班级凝聚力，锻炼和培养学生的综合能力；通过对学生常抓不懈的常规管理、进一步细化《磴口一中班主任量化管理考核细则》，加强养成教育、行为习惯教育、品德教育、目标教育等，从而形成良好的班风和校风。

【教育教学】 2019年，教改工作不断推进，制定“优化教学模式，构建高效课堂”的教改实验实施办法，打造高效课堂。跟踪了解学校多个课题的实施情况，积极开展课改经验交流活动，以课改为抓手，以教研组为依托，开发校本课程，在部分年级开设符合学校特色的校本课程。加强名师带徒工作，发挥骨干教师的引领作用，强化蓝青工程的实施。加强与临河区第一中学、临河区第五中学之间的校际交流与合作，借助学科结对、教师牵手、教研合作、互通信息、资源共享等多元途径，开展全面的校际帮扶交流，实现共赢发展。

【电教实验】 2019年，有学生计算机专用教室

3间，配备计算机155台，3名专任教师，全校所有任课教师每人配备电脑1台。通过电教设备不断充实学校的教学资源公共服务平台，将学校各位教师的教学视频、工作视频等上传到云平台上，便于老师们查看下载。强化实验室安全意识，确保实验室安全。做实做好日常实验仪器的保管、维护、清理、使用等工作，准备好各个演示实验及学生分组实验，为实验教学提供服务。分别完成物理、生物、化学学生分组实验22个、18个、8个，演示实验64个、25个、42个。

【艺体工作】 2019年，结合学校教育教学的实情，制订艺体工作计划，打造、突显艺体教学特色。以艺体特长生和专业班的招生、训练、竞技、高考升学等为抓手，开展艺体课教学活动，提高学生的艺体水平。全面加强艺体教师队伍建设，明确艺体老师的岗位职责，安排艺体教师参加各类活动、培训和比赛，提高艺体教师整体水平。加强艺体宣传，组织并开展好校内外各类常规艺体活动，引导学生积极参加艺体活动，营造一个积极、健康、向上的校园氛围。磴口一中获全市中小学生田径运动会初中团体第三名，高中组单项获全市四项金牌的好成绩，其中高二年级390班潘文伟获参加全国第二届青少年田径运动会资格，有5名田径特长生获国家二级运动员称号；参加“天赋河套——巴彦淖尔市中学师生美术作品联展”活动，获得优秀组织奖，教师孙鑫、马慧君获得优秀指导教师奖，孙鑫油画作品《女孩》获教师组三等奖，7名学生分别获得学生组一、二、三等奖及优秀奖；先后获自治区篮球传统特色校称号、自治区篮球锦标赛初中组男子获团体第七名、巴彦淖尔市第十二届青少年科技节暨科技创新大赛高中科技制作竞赛获一等奖、全市中小学生篮球赛初中组男女亚军，全市中小学生篮球赛高中男子组第五名的好成绩。

【团委及少先队工作】 2019年，一中团委全面落实团委、少先队工作，开展全校团支部书记会议18次，充分利用广播电台和校门口电子大屏幕，向全校师生宣传扫黑除恶、“不忘初心、牢记使命”主题教育、魅力内蒙古等内容。通过17个主题的国旗下讲话，活跃校园文化生活，发挥教育作用；组织涉及垃圾分类、反校园欺凌、传统文化等主题团会活动11次，主题道德早餐活动3次；转出初三、高三14个班毕业生团籍共482份，转入高一年级6个班团籍共79份；利用智慧团建管理、评价支部59次，评价团员1506人次。根据团中央的要求，完成“青年大学习”活动每周约150人次。开展学雷锋“榜样学生”评选、清明节网上祭奠、五一劳动节摄影大赛、端午节主题班会、教师节微视频征集、中秋节小报征集等多项活动。开展“青春心向党，建功新时代”第六届“金话筒”主持人大赛纪念五四运动100周年。举办包括主题升国旗仪式、“我和我的祖国”系列征文、“庆祝建队70周年”主题队会联评、“演绎经典、感悟人生”课本剧大赛等多项“爱祖国、担大任、做新人”系列活动，庆祝中华人民共和国成立70周年。编纂磴口一中德育三部曲“校本读本”——道德早餐读本、认真练字本、道德日记本。办好《磴口一中》校报，与其他学校团委开展交流活动。

【幼儿教育】 一中阳光幼儿园占地面积658平方米，户外活动场地面积399平方米，图书3442册。2019年建设中的新园占地面积7168平方米，建筑面积302平方米。2019年有8个班级，226名幼儿，教职员工33人，专任教师学历达标率100%。

（李海军）

诚仁中学

【概　况】 2019年，磴口县诚仁中学有教学班30个，在校学生853人，在职教职工191人，适龄少年入学率100%，合格率100%。

【机构设置】 磴口县诚仁中学内设有办公室、教务处、政教处、总务处、工会、团委、住管办。

【学校建设】 诚仁中学占地面积92400平方米，校舍建筑面积22315平方米，绿化面积18639.8平方米，2019年继续加大校园绿化美化工作力度的同时对校舍、教学楼进行维护和修缮，给教师的教学工作和学生的学习活动搭建一个现代化的教育平台，为县域义务教育均衡发展起到促进作用。2019年度，学校进行绿化美化校园，新增各种树木300余株，绿化面积增加近300平方米，绿化总面积39500平方米，占校园总面积的42%。继续修缮建成使用的师生室内体育馆。

【德育工作】 2019年，学校团委、政教以德育工作为首。加强学生的理想信念教育，坚持把社会主义核心价值观融入学生思想教育的全过程，进一步深化中国梦宣传教育，培养学生良好的学习、卫生、行为习惯，做到以德育促智育。以养成教育为主线，注重培养学生良好的道德品质和良好行为习惯，强化学生自我教育管理的能力。

【行政后勤工作】 2019年，加强校产管理，努力厉行节约。强化班级财产管理，使财产管理逐步走上规范化、明细化，严格班级财产考核制度，做到奖优罚劣。做好对固定资产增减工作的登记，定期定时进行固定资产的核对工作，做到账物相符，严防学校财产的流失。走访看望生病住院的教职工、困难家庭，对教职工直系亲属病故进行安抚，举行教职工趣味体育活动。

（李红霞）

实验小学

【概　况】 2019年，磴口县实验小学有教学班30个，在校学生1292人，适龄少年入学率100%，巩固率100%，合格率100%。教职工105人，其中，自治区学科带头人1人，市级名教师1人、市级学科带头2人、市级优秀骨干教师2人、市级先进教育工作者2人、市级优秀教师5人，县级优秀骨干教师2人。高级教师38人、中级教师48人。专任教师91人，专科及以上学历91人，占专任教师比例的100%。

【机构设置】 学校设教务处、工会、大队部、总务处4个职能管理部门。

【主题活动】 2019年3月，开展学雷锋系列活动，包含“同心共筑巾帼梦”“我与小树同成长”“世界水日”“安全教育日”等教育活动。4月，开展网上祭英烈系列活动。5月，开展感恩教育活动、“525”暨“心之翼”心理健康宣传活动，形式多样。“童心向党，扬帆起航”主题教育活动、“传承红色基因，争做新时代好队员”主题教育系列活动、“我骄傲，我是少先队员；我自豪，争当领头雁！”第二届大队委竞选活动和“争做新时代好队员”第一届少先队员代表大会等活动提高队员的自主管理能力。参加“超越梦想再创辉煌”科技文体艺术节系列活动、学生社会实践研学旅行活动，与协成和渡口学校联合开展“守望相助传递师生情·城乡结对共圆少年梦”手拉手活动。

【安全工作】 2019年，根据学校安全工作的具体形势，把涉及师生安全的各块内容进行认真分解落实到人，与相关责任人签订相关安全责任合同，严格执行责任追究制度。做到每一项工作都有对应的专（兼）管人员、专管领导和分管校长。强化安全检查，及时整治整改，把安全教育工作作为重点检查内容之一，积极配合卫生部门对学校食堂、饮水卫生进行检查。加强对校园周边环境的综合整治。对存在的隐患及时向社区反映，及时整改。

【基础设施建设】 2019年，学校投资3.2万元购置体育馆体育器材，花费6万元购置足球训练器材，支出1.5万元为音乐教室配置钢琴，投资47万元改造2间电脑教室，配备110台电脑、110个凳子，使专用教室、运动场馆设施更完善、齐全，投资 11 万元维修暖气管道，保证师生的良好教学环境，投资 3 万余元改造综合楼水冲厕所，使住宿环境更舒心。投资 18 万元进行幼儿园室外软化工程，为幼儿们创造安全的活动场所。

【特色教育】 2019 年，实验小学继续坚持做好“阳光体育”——大课间工作（每天锻炼一小时）。早晨课间锻炼 40 分钟，下午第三节课锻炼 40 分钟。全校 1400 余名师生一起跑步、大摆臂，做武术操、国颁操、自编操、啦啦操、艺术操、足球操等。大课间艺术操在全县中小学运动会开幕式大型节目表演比赛中，获总分第一。实验小学足球队男足获得自治区主席杯西部赛区第 13 名、巴彦淖尔市市长杯第 4 名、磴口县“县长杯”第 1 名，女足获磴口县“县长杯”第 2 名。

【教育与教学】 2019 年，安排骨干教师指导培养 2019 年新入职青年教师，通过师徒结对形式使新教师尽快胜任工作。重新修订以落实岗位责任为主要内容的教师绩效工资考核制度。通过广泛征求教师意见，体现公平合理、规范有序、优绩优奖的原则，制定符合实际的考核办法。深入开展教师岗位大练兵活动，积极参加教育局组织的各项教学展评活动。组织教师 39 人次到北京、海南、福建、呼和浩特、鄂尔多斯、临河、五原、杭锦后旗等地参加高效课堂观摩、英语语音教学培训、足球集训、听名师讲课讲座、梦想二星教师培训等，拓宽教师学习空间。4 月开展教研组长课堂示范课活动，10 月开展骨干教师示范。开展“生本课堂”教改实验活动。组织教师进行“生本课堂”理论学习、专题研讨、观看教学实录、集体研备课、观课评课等活动，于 11 月开展“生本课堂赛课活动”，通过“好课引领”充分发挥教师的引领示范作用，就“生本课堂”不同阶段所遇到的突出关键性问题开展专题研讨活动，教师交流意见、制定措施、共同解决问题。开展“导学案”展评活动。3 月 25 日启动的校园第六届读书节活动持续时间一个多月，评选表彰“书香班级”和“书香家庭”。6 月 4 日，开展三至六年级“中华经典书写大赛”活动。4 月，在巴彦淖尔市小学生朗读能力大赛上实验小学 4 人获奖，占获奖总人数的 20%，其中一等奖 1 人，二等奖 2 人，三等奖 1 人，获奖人数为全市各校之首，学校获得优秀组织奖。

【电教实验】 2019 年，学校不断更新设备，投资 47 万元改造 2 间电脑教室，配备 110 台电脑、110 个凳子。完善计算机教室、录播教室、梦想教室、班级电子白板使用制度，将远程教育及多媒体使用情况进行详细记载。分管校长、主任定时检查、指导。

（孟庆芳）

第二完全小学

【机构设置】 磴口县第二完全小学内设机构有教务处、工会、大队部、总务处。

【办学条件】 2019 年，学校有标准化图书馆、阅览室、书法室、美术室、音乐室、琴房、电脑室、实验室、仪器室、准备室、心理咨询室、真爱梦想教室、录播教室（同频互动室）和文印室及室内体育馆。教学仪器设备齐全，实验室设备、仪器配备符合国家标准。

【德育工作】 2019 年，学校设计大课间活动，保证学生每天一小时体育活动时间。开展校园足球活动、武术进校园活动。为孩子设置课间十分钟活动，学校出资为每班购置各种棋类、跳绳、毽子等活动器材，为孩子课间活动提供硬件设备。

【教育教学】 2019 年，推进学校课程建设。统筹国家课程，开齐开足课程。地方课程开展微课堂。校本课程根据学生生源情况及学校发展和科任教师能力情况开发校本课程。如国学经典、书法、特色足球、梦想课程。学校安排练字课。学校每周五下午利用两节课进行二课活动，开展武术、乒乓球、足球、篮球、乐器、舞蹈、声乐、绘画等课程。开展与名校“手拉手”工程，资源共享、联合办学，引进先进理念，提升教师的主动性与研修能力，加强信息技术的运用，共享同频互动、梦想课堂、移动学习、自主授课等方式。开展学科竞赛活动。学校组织开展经典诵读比赛、作文比赛、写字比赛、优秀作文展评、乐曲演奏、书法绘画作品比赛等赛事。

【安全工作】 2019年，建立安全领导小组，定期进行安全检查，开展安全教育活动及“扫黑除恶”相关活动，提高师生、家长的安全意识。规范化管理，明确责任目标，加强后勤制度建设。学校建立由校长负总责、分管领导专门抓、总务主任具体抓的工作领导小组，建立健全有关后勤管理制度。建立健全食品卫生制度，改善环境，确保师生健康安全。严格执行相关法律法规，强化后勤员工的服务和安全意识，不断提高服务质量。

【特色教育】 2019年，推进国学经典、书法和足球特色活动的建设和发展，新开发武术和乒乓球活动课程。创建精英特色体校，由巴彦淖尔市体校、北京师范大学联合办学，申请传统体育项目，成立乒乓球教师学生队。成立书法学习组，教师利用业余时间练字，活动列入绩效考核加分项目。

（陶玉珍）

第三完全小学

【概　况】 2019年，第三完全小学有教学班26个，在校学生1201人，教职工104人，适龄少年入学率100%，巩固率100%，合格率100%。教育局根据自治区特岗教师计划和市人社局事业单位教师招聘要求，为三完小招聘事业单位编制内教师6名，彻底缓解教师紧缺的矛盾。

【学前教育】 2019年，尊重幼儿学前教育，以关注幼儿的个体差异，促进每个幼儿富有个性的、主动的人格为发展方向，坚持以幼儿教育工作为重点，以素养教育为目标，以发展幼儿个体差异，培养和张扬幼儿个性为主题教育，注重开拓幼儿思维。

【队伍建设】 2019年，校幼儿园组织教师学习校幼儿园各项规章制度。组织多种多样的培训活动。组织教师开展园内公开课评比、美术、手工、游戏设计、区域角环境创设、区角游戏活动。校幼儿园拍摄部分班级照片，粘贴到文化墙上。加强教师礼仪的培训。

【教育教学】 2019年，落实各学科教学计划、教案检查工作，以“赛”促“练”，提升青年教师的综合素质。做好提优补差工作，贫困生80%以上实现转化，全校各学科成绩合格率95%以上。提高四十分钟的课堂效益，减负增效。在2019年县教育局组织的质量统测综合评价中处于城镇小学前列。每月一次家长开放日活动，向社会开放所有课堂。校领导参与指导教学活动，分别承包年级，进入班级听课，课后及时和教师沟通交流、点评，对课堂中暴露出来的问题及时改进，不断提升教师的课堂教学水平。通过课改实验加快师资队伍建设，通过参加校本培训、校本教研、县市级以上教研活动和各种教学比赛，提高教师的业务素质和课堂教学水平，进一步转变教育理念。

【特色教育】 2019年，开展“诵读古诗词，传承中华优秀文化”活动，每班每周一节国学课，讲经典故事、演讲及辩论。通过德育教育、智育教育、文体娱乐活动、劳技教育开展综合社会实践，积极组织学生参加社区服务、科技活动、社会调查等社会实践活动；鼓励和引导学生走向社会、接触社会、了解社会，提高适应社会的能力。通过少年交通警察学校广泛开展“小手拉大手，安全进万家”活动。学校每天15分钟固定的练字时间。

【信息化建设】 2019年，利用城域网城乡学校全覆盖的资源优势，与渡口、公地、包尔盖学校开展“同频互动”教学教研活动，30名教师参加“一师一优课”活动，上传实录课件。

【安全工作】 2019年，学校签订目标管理责任书和安全工作责任清单，形成学校、教师、家长层层负责的责任体系，落实“党政同责、一岗双责、齐抓共管、失责追责”制度，将学校食品安全防范教育和隐患排查纳入学校工作日程，制定突发性应急措施方案，在领导、制度、人员、措施和成效上做到“五到位”，全力维护校园安全稳定。校园安防基础设施逐步完善，校园监控系统覆盖校园重点区域，与市教育局视讯平台、磴口联网报警系统联网。校园欺凌防治等专项综合治理力度深入推进，平安校园建设成效显著。

（胡经伟）

学前教育

【概　况】 2019年，磴口县幼儿园内设大中小班12个班级，在园幼儿400余人。建立科学的一日保教活动常规，细化每一环节的管理，每一环节都有具体明确的要求，严格操作，发现问题及时解决。规范经费收支，在经费收支方面每学期开学时都将收费标准在园内公示栏中公示。开展各年级教学、区域游戏观摩活动、中大班幼儿体检、家长半日开放、大班毕业典礼、每月一次的安全演练、幼儿健康运动会、家庭知识讲座、教职工安全知识培训、迎新年幼儿表演秀等活动。

【基础设施建设】 2019年，幼儿园操场西墙新增绿化长廊40米，维修幼儿园三楼楼顶，做好防水。购置冰柜、消毒柜、电脑主机5台，显示屏1台，彩印机2台，有线扩音器15个，功放1套，音响1台，电动三轮车1辆，室内外足球场围栏各1套，户外体育器械小车类30辆，幼儿户外游戏玩（教）具18种（260个）。新增二楼图书角设备1套，补充区域材料23套，购置幼儿绘本图书1300册。

【安全工作】 2019年，实行安全岗位责任制，签订责任书，专职安全员定期检查房屋及各类设施设备；采取多种形式加强师幼安全教育，对教职工定期进行安全知识培训；组织幼儿每月进行消防安全演练、防震减灾演练、防诱拐演练。做好食品和药物的管理以及幼儿接送安全工作。盥洗室、厕所保持干燥，以免幼儿滑倒。与厨工签订安全责任状，采购原料新鲜、无变质。保证厨具干净整洁，做好消毒工作。建立有关食物中毒事件的应急处理和报告制度。加强门卫职能意识，做好校园巡视、晨检、消毒隔离、食堂卫生安全的管理和检查等工作，对发现的安全隐患及时汇报、及时维修和排除，杜绝不良事故的发生。

【教育教学】 2019年，通过幼儿一日保教活动常规的渗透、特色活动的开展、家园工作的有效配合来实现教育目标。通过教学大比武、优质课观摩活动、教师外出学习回来之后的二次培训活动，以研促教，帮助教师解决教学中的困惑，提高教育教学能力。根据《幼儿园一日保教活动常规》，充分利用一日生活的各个环节。通过“现场观摩”“专题讲座”“送教下乡”等活动，结合县教育局幼教股的“区域联动”的安排，加强与各幼儿园的联动互助。

【特色教育】 2019年，幼儿园特色活动有幼儿创意美术、幼儿科学实验、幼儿舞蹈、幼儿足球。幼儿创意美术，在愉悦的创意美术游戏活动中，激发幼儿感受美、表现美的情趣，提升幼儿美术技能和审美能力，促进孩子们身心健康、和谐发展。通过科学实验，培养幼儿对科学的兴趣和探索，提高幼儿的思维能力和创新能力。幼儿舞蹈可以提高幼儿身体协调性、敏感性、灵活性，使孩子的形体、气质得到训练，纠正孩子不良站姿，促进孩子身体健康，培养陶冶美的情操，培养幼儿自信心。幼儿园将幼儿足球作为特色之一，主要采取寓教于乐的方式进行教学，将足球与各种游戏结合，循序渐进地进行一些简单的足球基础练习。

【队伍建设】 2019年，促进教师专业成长，多方面进行培训，坚持“走出去请进来”，通过与同伴学习相结合等方式，提高教师理论水平和教学素养。引进南京康轩幼教集团最前沿的幼儿区域操作材料并请专家入园指导培训。园长、副园长、保教主任、后勤主任、一线教师30余人多次赴海南、北京、呼和浩特、鄂尔多斯、巴彦淖尔等地学习，成效显著。每周至少开展1次教研活动，每月开展2次园本培训、1次集体备课。通过教学大比武、优质课观摩活动，为教师成长搭建平台。教研活动形式多样，有小组教研、年级教研、集体教研、集体备课等。通过送教下乡、讲座等形式深入帮扶园研究帮扶幼儿园教师在教学中遇到的问题，寻找解决问题的方法，强化提高课堂教学的有效性，从而不断提高教师自身的业务素养。

（温　艳）

气　象

【机构设置】 磴口县气象局为正科级单位，内设综合管理科、防灾减灾科2个行政管理科室。气象台（副科级）、气象灾害防御中心为直属事业单位。

【重点工作完成情况】 2019年，每日多渠道推送各类天气预报信息，及时向社会公众发布多种类气象预警信息，遇有重要天气，通过电话、微信、网络等渠道及时通知县委、苏木镇、农场及相关部门，积极组织防御。2019年汛期，严格落实领导带班制度，强化业务值班制度，保证基础业务质量的稳定和提高。为做好汛期气象服务，组织人员开展区域站检修，检查维护网络、设备，组织业务学习，梳理规范相关流程和制度；积极参加市局培训，开展智能网格预报业务；配合上级开展汛前业务技术检查；传达贯彻上级汛期动员会精神，认真落实思想、责任、组织、制度、技术、装备等“六到位”。加强人工影响天气工作。2019年汛期，磴口县公地、包尔盖农场和巴彦套海农场炮点开展防雹作业7点次，消耗防雹弹93发，作业保护区未出现雹灾。组织服务人员深入农业生产一线，调研气象服务需求，为磴口县诺民葡萄基地和圣牧高科草业基地，提供月、旬的降温预报信息，针对春季大风滚动提供旬和72小时预报信息，针对暴雨冰雹提供预报预警信息服务。开展磴口县重大社会活动专项气象服务。第二十七届华莱士节，印制宣传服务产品2000余份，专题服务产品受到县委、县政府领导的重视与肯定。将安全生产工作作为重点工作认真开展，召开2次安全生产专题会议，传达相关文件精神，要求全体职工牢固树立责任意识，将安全生产工作放在第一位。组织召开1次安全生产问题整改会议，根据市局安全生产检查组开出的问题清单，提出整改措施，明确安全生产责任人和岗位职责。每月开展一次安全生产大检查活动，汛期前组织人员开展汛前安全生产大检查。根据工作实际情况积极开展网络安全自查，不断加强信息安全管理，全面提升网络安全水平。每逢重要节日前开展安全生产检查，确保节假日期间无安全隐患。与县应急管理局联合开展人影安全检查1次，进一步加强人影安全工作。2019年共组织开展消防安全知识培训2次，观看安全生产警示教育片2次。通过微信公众号、三下乡活动、世界气象日宣传活动、“安全生产月”咨询日活动等广泛宣传气象防灾减灾知识。认真履行防雷安全监管责任，组织执法人员利用2周时间对全县范围内41家易燃易爆场所开展一次摸底式排查，建立安全问题台账。组织制作企业《防雷安全管理档案》，按照相关要求确定档案目录，制定防雷安全管理工作计划、预警信息接收和响应制度、雷电灾害应急预案等内容模板，指导监管企业建立健全本地化防雷安全管理制度。利用“三下乡”、“3·23”世界气象日、“5·12”防灾减灾日等开展气象科普和气象法律法规宣传活动。

【加强信息资源共享】 2019年，与中国林业科学研究院沙漠林业实验中心深化合作，共同开展课题研究，进一步促进知识成果的转化，更好地为磴口县乌兰布和沙漠治理和生态文明建设提供决策服务。与圣牧高科草业基地开展洽谈，双方将在气象为农服务、卫星遥感监测服务等方面继续深入合作。与县农牧和科技局、财政局、安华农业保险股份有限公司、相关苏木镇联合开展灾情调查1次，在信息共享、灾情直报、现场调查、组织勘验和保险理赔方面密切灾情调查合作机制。开展助理员、信息员、公众监测员培训1次。与磴口县应急管理局签订《关于建立应急管理与气象监测预报预警服务联动工作机制的合作协议》，与磴口县教育局联合发布《关于建立灾害性天气中小学停课联动工作机制的通知》。

【完成新增区域站建设】 2019年新增磴口县紫润农业开发有限公司、圣牧高科生态草业有限公司有机肥厂2个区域站，磴口县紫润农业开发有限公司完成建设，10月正式投入业务运行。

（岳　瑞）

卫 生

卫生健康

【机构设置】 磴口县卫生健康委员会，于2019年3月21日正式挂牌成立，由原卫计局和爱卫办重组而成，是政府组成部门，正科级建制，加挂磴口县蒙中医药管理局、磴口县爱国卫生运动委员会办公室牌子。内设办公室、财务规划与监审股、疾病预防控制与应急股、医政医管体制改革股、基层卫生股与妇幼健康服务股、政策法规与综合监督股、蒙中医药管理股、信息化建设股、宣传股、计划生育基层指导与家庭发展股。卫生健康委直属事业单位：健康教育所、计划生育协会。卫生健康委二级单位：磴口县人民医院、蒙中医医院、妇幼保健计划生育服务中心、疾病预防控制中心、卫计监督综合执法局、隆盛合镇中心卫生院、沙金套海苏木中心卫生院、渡口镇卫生院、补隆淖卫生院、协成卫生院、公地卫生院、沙金苏木包勒浩特卫生院。

【健康扶贫工作】 2019年，开展“清零达标文件名称”行动，苏木镇卫生院按照“清零达标”要求，缺少的医疗设备通过扶贫专项资金160万元，经公开招投标，购置DR、便携式彩超仪、血尿分析仪、心电图机、除颤仪、熏蒸床等设备，使农村牧区贫困人口看病“有地方、有医生、有医保制度保障”。达到“一村一室”标准，基层卫生院全科医生17名、中医3名、村医38名。落实基本药物制度，全部按要求配备和使用国家基本药物，并实行“零差率”销售。县直医院基本药物使用率为56.29%，乡镇卫生院为72.3%。

开展大病集中救治，定点医疗机构对县域内的建档立卡贫困人口实行“先诊疗，后付费，一站式结算”政策，截至2019年12月24日，全县建档立卡贫困人口住院人数为1990人次（1108人），医疗总费用1292.3万元，基本医保报销765万元，大病保险报销37.75万元，医疗救助241.91万元，商业补充保险报销61.71万元，报销比例为85.61%，其中县域内一站式结算1382人次（877人），医疗总费用为675.11万元，基本医保报销432.93万元，医保报销比例为64.13%。落实家庭医生签约服务，分级分类管理，100%签约，对四种病（高血压、糖尿病、严重精神障碍、肺结核）一年4次随访。2019年，全县组建30个家庭医生服务团队，常住人口签约66471人，签约率57.1%，其中贫困人口签约4280人，签约率100%，重点人群签约23461人，签约率77.5%。

【基本公共卫生服务稳步推进】 2019年，全面提升公共卫生服务水平，开展12类45项工作，投入公共卫生资金554.75万元。为105544人建立居民电子健康档案，建档率90.67%；全县设置健康教育宣传栏75个，全年更换宣传栏581次；开展健康教育讲座329次、健康咨询活动206

次；为全县特殊人群开展个性化健康教育指导工作。为适龄儿童免费接种国家免疫规划疫苗，建卡建证率100%，以苏木、乡镇为单位，适龄儿童扩大国家免疫规划疫苗报告接种率98%以上。截至2019年12月，磴口县适龄儿童建证建卡率100%。儿童保健服务对象为辖区内居住的0 ~ 6岁儿童。服务项目和内容：新生儿家庭访视614人，访视率95.64%；0 ~ 3岁儿童系统管理1823人，管理率91.01%；0 ~ 6岁儿童健康管理3841人，健康管理率96.9%。投资4万余元新建20平方米的标准化冷库，购置大小冷藏运输箱各1个，购置冷藏车1辆，用冷链设备设置自动温度，监测系统能与自治区免疫规划信息管理系统对接。2019年，磴口县孕产妇556人，活产数568人，孕产妇系统管理535人，孕产妇系统管理率94%，孕产妇死亡0人，住院分娩率100%，筛查评估高风险孕产妇232人。老年人保健。管理65岁及以上老年人15578人，接受健康管理10438人，健康管理率67%；高血压患者11389人，规范管理率78.92%。慢性病患者管理。糖尿病患者2999人，规范管理率71.12%；高血压患者8988人，规范管理率78.92%。严重精神障碍患者管理。全县登记在册严重精神障碍患者506名，按照应管尽管的原则，磴口县管理严重精神障碍患者506人，患者报告患病率为4.34‰，患者规范管理率89.13%，面访率89.92%，患者服药率86.17%，体检率22.92%。结核病患者健康管理。肺结核患者53例，同期辖区内已完成治疗的肺结核患者77人，按照要求规范服药的肺结核患者77人，服药率100%。中医药健康管理。老年人中医药健康管理率56.82%。0 ~ 36月龄儿童中医药健康管理服务1835人，管理率62.18%。传染病和突发公共卫生事件报告和处理。传染病疫情报告及时率、突发公共卫生事件信息报告率100%。卫生监督协管。开展饮用水卫生安全、学校卫生、非法行医和非法采供血实地巡查61次。

【疾病预防控制工作】 2019年，传染病防治工作稳步进行，制定《磴口县鼠疫疫情应急处置预案》，全面启动应急监测、排查、灭鼠灭蚤、宣传教育等工作，设立5个户外体温检测点，县财政拨付30万元，主要用于鼠疫防控所需设备等应急装备物资的补充、完善，切实做好突发疫情应急准备，磴口共检测147598人次，无鼠疫类发热人员报告。建立县委办督查室、卫健委、防沙治沙局、农牧和科技局等部门组成的督查组，不定期对各苏木镇、农场及各相关部门开展鼠疫防控工作进行督导检查。布病监测。全县共检测重点人群血样2928人，检出阳性血样125份，确诊病例71人，全部建档归口管理，随访率100%。各类人群布病知晓率90%以上，加强布病患者的规范管理工作，布病病例流调率、随访率、建档率100%。结核病防治工作质量全面提高，全年确诊登记结核病患者66例，其中涂阳患者22例，分子生物阳性10例，涂阴患者27例，结核性胸膜炎5例，肺外结核2例。共追踪患者110例。艾滋病管理工作进一步推进。管理艾滋病感染者（病人）15人，抗病毒治疗11人，均已按时报告、随访。传染病报告管理工作有序开展。2019年磴口县网络直报法定传染病669例。发病率为573.76/10万，无甲类传染病发生，乙类578例，丙类91例，无死亡。农村环境卫生和饮用水监测工作成效显著，全面完成5个苏木镇、20个监测点的20份土壤监测和100户入户调查工作，并按时上报。对巴彦高勒镇6个监测点与10个苏木镇、农场的24个监测点以及农村学校的3个监测点，共33个监测点的枯水期和丰水期的66份水质进行检测，并按要求上报。完成碘缺乏病及碘盐监测项目，对全县5个苏木镇的100名孕妇及8所小学的221名8 ~ 10岁儿童进行尿碘，204名8 ~ 12岁儿童进行盐碘检测，结果均已网报。死因监测报告工作质量逐步提高，身份证号码填写正确率99.62%。实验室检测能力大幅提高。全年共检测HIV标本946人份，其中娱乐场所干预、自愿咨询检测54人份，被羁押人员检测150人份，外来务工人员检测39人份，其他人员检测702人份，县医院初筛阳性复检1人份。全年共检出HIV抗体阳性1例，送确证实验室1例。梅毒初筛54人份，阳性2人份、丙肝初筛327人份。对城区内的生活饮用水中微生物指标进行监测，共检测样品320份。地方病氟、砷检测122份。共检验生活饮用水样品440份，检验8 ~ 10岁儿童碘盐、尿碘碘含量221份，孕妇食盐碘、尿碘含量100份，茶氟520份，磴口县盐业公司碘盐碘含量108份。检验土壤中的重金属、pH值、虫卵21份。

【卫生服务能力建设】 2019年，建成蒙中医医院7000平方米门诊综合楼，于7月15日完成整体搬迁。磴口县妇幼保健计划生育服务中心综合楼3500平方米建设项目、磴口县公地卫生院850平方米门诊楼建设项目开工建设，完成主体工程。加强卫生人才队伍培训培养。选派20名医务人员赴三甲医院进修、267人次专业技术人员参加短期培训。县级医疗卫生机构开展培训讲座66场次，参加培训3800余人次。全县开展“三基”（基层建设、基础工作和基本功训练）理论考试2次，参考419人次，合格率89%。选派基层技术人员到上级医院进修学习，其中康复医学进修4人，基层全科医师转岗培训4人，基层技术人员能力提升培训2人。全县2019年继续医学教育总人数560人，达标人数516人，达标率92.1%。落实订单定向医学生毕业就业安置工作。2010—2019年磴口县签订订单定向医学生19名，截至2019年底毕业9人，其中上岗3人，参加住院医师规范化培训6人。

【推进县级公立医院改革】 2019年，全面加强公立医院党的建设工作，坚持公立医院的公益性，完善公立医院党组织领导下的院长负责制，县医院建立党总支，产生总支书记，充分发挥好院级党组织把方向、管大局、作决策、促改革、保落实的领导作用，组织开展新一轮公立医院领导班子公开竞聘工作，通过公开报名、竞聘演讲、组织考核、考察提名等程序为县直三家医院选聘院长3名，副院长11名，全部到岗。不断完善县级综合医院的龙头带动作用，加强县域医共体建设，优化资源配置，积极推进分级诊疗。加强公立医院绩效管理和考核，按照公立医院绩效考核管理办法，对医改核心指标进行监测和考核。全县医疗收入为11009.4万元，医疗费用增长率-9.32%，总诊疗227741人次，较2018年同比上升31.7%。其中门急诊172796人次，较2018年同比上升22.1%，预约诊疗2597人次，较2018年下降50.8%，出院13283人次，较2018年下降15.8%，门诊次均费用236.3元，相较2018年上升22.1%，住院次均费用4236.84元，相较2018年下降10.1%，平均住院日7.29天，达到医改要求的小于8天标准，药占比17.42%，达到医改要求的低于30%标准，检查化验占比26.17%，较2018年下降5.06%，卫生材料占比6.14%，较2018年下降3.08%，百元医疗收入（不含药品收入）消耗的卫生材料17.3元，达到医改要求的低于20元标准。基层就诊率44.23%。

【促进人口长期均衡发展工作】 截至2019年9月末，全县总人口103276人，流入人口5904人，流出人口7087人。全县已婚育龄妇女16748人，流入已婚育龄妇女1222人，流出已婚育龄妇女1471人。2018年10月至2019年9月末出生人口633人，出生率6.12‰，死亡人口417人，死亡率4.03‰，自然增长人口216人，自然增长率2.09‰，婴儿出生性别比为97.81（女为100），生育妇女平均生育指数1.57。自实施全面两孩政策以来，2019年全年磴口县二孩出生同比增加71人，二孩及以上出生占总出生的51.97%，同比增长9.41个百分点。

【推进老年健康服务工作】 2019年6月，磴口县被确定为全区老龄健康西部行项目单位，磴口县卫健委印发《磴口县2019年老龄健康西部行项目试点实施方案》，成立项目实施工作领导小组，专门负责项目的落实。2019年6月11日举行项目启动仪式，县政府副县长韩志业对项目进行专门安排部署，明确实施的目标、任务和措施。组织开展老年健康宣传周活动。利用基层卫生院和社区卫生服务中心开展送老年健康理念进社区、进养老院、进老年大学、进家庭的“四进”活动，共举办宣讲活动57场次，群众参与8214人次。举办老年健康大讲堂，在各苏木镇集中举办老年健康大讲堂活动，组织专门宣讲团队以介绍现代老年医学发展理念、老年健康内涵、老年健康服务为重点内容进行讲解。组织开展老年人健康体检服务。结合公共卫生项目的落实，依托家庭医生签约服务，为全县65岁以上特别是患有高血压、糖尿病等疾病的老人进行体检，共体检1010人次。

【开展“敬老月”宣传服务活动】 磴口县卫健委于2019年9月30日印发《磴口县2019年“敬老月”活动方案》，明确工作要求、活动时间、服务内容，并要求各苏木镇认真组织学习，抓好落实工作。此次活动期间，全县共计开展慰问、义诊、健康讲座14场次，慰问192人，慰问投入23600元。

【开展世界人口日宣传活动】 2019年7月12日，磴口县卫健委、磴口县计划生育协会组织巴彦高勒镇卫计办、巴彦高勒镇计生协会、巴彦高勒镇社区卫生服务中心、各社区卫生服务站、村卫生室在小游园开展第30个世界人口日“牢记为民初心，共建幸福未来”为主题的宣传义诊活动，积极倡导科学、进步、文明的婚育观念和健康理念。此次活动共发放各类宣传册1000余份、避孕药具100余盒，义诊200余人次。

【全面推进医养结合工作】 2019年，磴口县养老机构有4家，占地面积54293.47平方米，建筑面积12474.6平方米，房间数252间，床位数602张，入住399人，工作人员66人，护理人员35人，开通就医绿色通道3家。建成老年病诊疗中心1家，占地面积900平方米，建筑面积900平方米，房间数13间，床位数24张，VIP床位数4张，执业医师6人，护士11人，护理人员2人。磴口县补隆淖镇友谊村幸福互助院1家，占地面积3500平方米，建筑面积1015平方米，房间数24间，床位数24张。

【计划生育工作】 2019年，落实计划生育特殊家庭关心关爱政策。为9户精准扶贫特殊家庭全面落实扶贫保障政策，落实扶贫资金14.05万元。为132户202名特别扶助对象发放磴口县计划生育特别扶助家庭服务联系卡和心理慰藉书集，开展“国策暖心·关爱特殊家庭”活动，发放慰问金10.26万元。为符合政策失独家庭购买住院护工补贴保险。由家庭医生开展一年4次的健康访视服务，每年为特殊家庭成员进行1次健康体检。以苏木镇、社区为单位，组织开展节日走访和健康宣教活动。将所有符合条件的项目人群全部录入项目管理系统，实施精准管理。

【健康教育及宣传工作】 2019年，县卫健委组织系统内的30名健康巡讲员深入社区、机关、企业、村镇、学校等地方，共举办健康知识讲座502场，受益人群26393人次，发放各类卫生健康宣传资料10.21万份。将“健康素养66条三句半”“说唱健康素养66条”表演送到基层，在隆盛合镇合同村、渡口镇新地村、巴彦高勒镇城关村等16村进行巡回演出。借助重点宣传日进行集中宣传。启动职业病防治宣传周、世界高血压日等60余个重点卫生健康宣传日活动，以推进深化医改、健康扶贫、婚育新风、改善医疗服务、构建和谐医患关系、倡导健康生活方式、慢性病预防、合理用药等为主要内容的主题健康教育宣传活动311次，覆盖人数22354人次，发放健康教育宣传品、宣传册（折页、单）10万余份。全面开展全民健康素养监测问卷调查工作，按照国家卫生健康委员会《贫困地区健康促进三年攻坚行动方案》要求与创建健康促进县指标要求，对2529名目标人群进行健康素养监测问卷调查，全县居民健康素养水平为17.8%，并由各医疗卫生机构成立县、乡、村三级组成的家庭医生签约服务团队，为每个贫困户家庭每年至少提供一次“一对一”健康教育服务。借助新闻媒体和各类宣传载体，扩大影响力。在全县居民住宅小区、平房区、建筑工地围挡、公交站牌、阅报栏、指路牌设立以健康素养66条、健康教育技能、慢病管理等重点基本防治知识为主要内容的健康教育宣传栏151个，并由专人负责，定期更换。在微信平台编发信息440期，《中国人口报》采用15篇，市卫健委网站采用44篇、市政府网站采用21篇、县政府网站采用25篇、《内蒙古晨报》刊发2篇、《巴彦淖尔日报》刊发25篇、《黄河晚报》刊发48篇、《磴口时事》刊发31篇。按照国家健康促进县建设指标，2019年成功创建为自治区健康促进县，国家级健康促进县正在全面建设中。

【医政医管工作】 2019年，开展整治医疗乱象专项行动。联合网信办、发展改革委、公安局、市场监管局、医保局制定印发《磴口县开展医疗乱象专项整治行动实施方案》，通过开展医疗乱象专项整治行动，有效打击违法违规行为，发现违法行医线索5条，立案处理2件。加强医疗质量安全管理工作。加强全县医疗质量控制，在磴口县人民医院建立医疗质量控制中心，下设3个分中心，分别是医疗质量控制中心、护理质量控制分中心、感染管理质量控制分中心。贯彻落实《医疗纠纷预防和处理条例》，建立完善《医疗纠纷处理制度汇编》21项，印发《磴口县医疗纠纷应急处置预案》。简政放权，优化服务。加快推进电子化信息注册工作。完成磴口县电子化注册系统与国家电子化注册系统互联互通，实现医疗机构、医师、护士注册电子化管理，医师完成注册72人、护士注册65人，完成100个医疗机构电子化注册。积极推进行政许可“一站式”审批。2019年通过互联网受理业务1098条，一孩生育登记467例，二孩生育登记414例，再生育审批34条，户籍人口婚育证明278条，母子健康手册登记受理1168例。

【蒙中医药工作】 2019年，全县医疗机构开展中医工作达100%，个体医疗诊所开展中医工作占比31%。蒙中医医院于2019年7月通过自治区专家组二甲复审。2019年7月2日，举行中国针灸学会专家磴口工作站、世界针联磴口教育基地、精准帮扶实践基地揭牌仪式。蒙中医医院2019年与巴彦淖尔市中蒙医院成为对口帮扶单位，并协议重点帮扶建立脑病与疼痛重点学科，促进基层蒙中医药服务能力提升。启动第四批蒙中医药普查工作并有序开展。已通过自治区卫健委组织的第三方专项资金审查，完成中药植物资源市场调查、传统医学调查、种植植物调查，完成2次传统路线与样地调查，采集标本270余种1100余份。

（郭　芳）

疾病预防控制

【机构设置】 磴口县疾病预防控制中心内设流病科、健教课、财务科、办公室、免疫规划科、质控科、公卫科、检验科。

【传染病管理】 2019年，磴口县按属地管理网络报告法定传染病共682例，报告发病率584.91/10万，居前三位的分别是病毒性乙型肝炎285例、肺结核106例、布病83例。加强不明原因肺炎、鼠疫、流行性感冒、艾滋病、结核病、布病、手足口病、人禽流感等传染病的管理，及时处理突发疫情、食物中毒及化学中毒事件，并按规定及时上报上级主管部门，做到早发现、早报告、早诊断、早治疗。

【免疫规划】 2019年，继续做好常规免疫接种工作。12月龄内儿童“七苗”接种率100%，新生儿乙肝疫苗首针接种及时率达到98%以上，特别加强流动儿童和农牧区儿童的基础免疫工作，并确保接种质量。按时完成AFP哨点医院主动监测工作，同时做好AFP、麻疹和新生儿破伤风疑似病例旬月报告。

【布病防治】 2019年，布病监测防治工作稳步进行。全县检测重点人群血样2928人，检出阳性血样125份，确诊病例71人，全部建档归口管理，随访率100%。深入持久地开展布病健康教育宣传工作，各类人群布病知晓率达到90%以上，加强布病患者的规范管理，布病病例流调率、随访率、建档率达到100%。

【碘缺乏病监测】 2019年，按照《全国碘缺乏病监测方案》要求，完成批发企业108份碘盐监测任务，盐样碘含量符合标准。

【农村环境卫生和生活饮用水监测】 2019年，农村环境卫生和饮用水监测工作成效显著，全面完成5个苏木镇、20个监测点的20份土壤监测和100户入户调查工作，并按时上报。对巴彦高勒镇6个监测点及10个苏木镇、农场的24个监测点以及农村学校的3个监测点，共33个监测点的枯水期和丰水期的66份水质进行检测，并按要求上报。

【疾病预防与控制宣传】 2019年，充分利用各种宣传日，走上街头，走进社区，采取多种形式，加强慢性病防治知识的宣传。严格要求上报单位网络畅通，有病例及时上报，对重症精神病患者及时随访。提高人们的健康水平及预防保健意识，积极参加上级卫生部门组织的慢病防治培训班、疾病监测培训班，以提高工作能力和效率。

【死因监测工作】 2019年，根据《全国疾病监测系统死因监测工作规范》，完善居民全死因登记报告工作，死亡信息报告系统按录入日期共上报702人。积极协调相关部门，努力降低漏报率，提高登记报告质量，为研究当地发病原因和发病规律提供科学依据，为制定当地疾病预防控制规划打好基础。

【结核病防治】 2019年，认真完成全球基金一期结核病控制项目工作，辖区内DOTS覆盖率100%。发现确诊患者66例，涂阳肺结核病人的治疗覆盖率达到100%，新涂阳肺结核病人治愈率保持在100%。加大病人追踪力度，提高追踪率和追踪到位率。

【病媒生物防治】 2019年，开展常见重要病媒生物的监测工作，为防治病媒生物传播疾病提供科学依据。按照《巴彦淖尔市病媒生物监测方案》的要求，中心制定《磴口县病媒生物监测实施方案》，按照全市统一方法、统一调查工具、确定监测点、确定时间开展调查监测工作。

【食源性疾病监测】 2019年，报告食源性疾病128例。7月16日发生1起食源性疾病暴发事件，同餐患病3人，无危重病例，采集食品样3份、便样1份，均未检出致病菌。

（何 楠）

卫生计生综合监督执法

【机构设置】 磴口县卫生计生综合监督执法局内设综合办公室、总务计财股、稽查股、公共卫生监督股、计划生育监督股、医疗卫生监督股、学校卫生监督股、蒙中医药监督股。

【规范医疗市场执业行为】 2019年，在全县整治医疗乱象过程中，查办非法行医案4件，罚款和没收违法所得27440元，没收药品器械价值4万余元。全年查办其他行政案件15件，罚款9.1万元。对全县各级医疗卫生机构依法执业及非法行医情况进行监督检查，出动卫生监督执法工作人员200余人次、车辆50余次，监督检查各级各类医疗场所102家，发出监督意见书306份，行政处罚立案12件，罚款10.5万元。对消毒隔离措施不到位、医疗废物处置不规范等开展拉网式监督检查，做到案件查处、责任追究、措施整改“三到位”。

【生活饮用水卫生安全】 2019年，对城区2家自来水公司和苏木镇、农场18家供水站及1家二次供水部门进行重点监督检查，下达监督意见书67份，要求各供水单位认真贯彻执行饮用水卫生法规、标准，强化内部管理和水质监测工作，切实做好饮用水卫生安全保障工作。

【公共场所卫生监督管理】 2019年，对全县213家公共场所开展卫生监督管理，全年下达监督意见书400余份，新办理卫生许可证51份、健康证341份。全年公共场所下达行政处罚9起，罚款金额10500元。开展国家双随机任务检查16家，监督完成率100%。抽检15家，完成率93.75%，完结率100%。共立案处罚6起，总罚款金额6400元。按照创卫要求，监督检查各类公共场所137家。

【学校卫生、传染病防治和放射卫生】 2019年，对13所中小学学校传染病防控、常见病与多发病防治及突发公共卫生事件等进行综合监督评价，下达监督意见书70份。同时开展校外培训机构教学环境监测及近视防治场所非法开展近视治疗情况监督检查。2019年发生鼠疫疫情后，加强各医疗机构的监督检查力度，对全县各级各类医疗机构的预检分诊、个人及患者防护用品、个人消毒用品、场所消毒、发热门诊设置、县医院传染病房的流程布局等进行不间断检查，对发现的问题现场提出整改意见，责令立即改正。对2家县直医疗机构开展放射卫生专项监督检查，对放射诊疗许可证和工作人员资质、防护用品的配备情况，放射工作人员职业健康监护情况，危害告知、危害警示标志设置情况以及职业健康监护监测档案等情况进行监督检查。及时消除安全隐患，更好地保障放射工作人员和患者的健康与安全。

【职业病卫生监督工作】 2019年，深入各企业、学校及社区举办专题讲座14场次，通过宣传活动提高公众对健康知识的知晓率，营造良好的崇尚健康的社会氛围。按照尘毒危害专项治理工作方案，对粉尘危害严重的煤炭、建材、冶金、化工等行业进行监督检查，监督检查企业17家，下达意见书20余份，职业病危害申报审核5家。

（赵　伟）

文化　传媒

文体旅游广电

【概　况】全年接待游客143.07万人次，实现旅游综合收入10.41亿元，分别同比增长10.2%和6%。

【机构设置】按照党政机构改革要求，原磴口县文化体育广播电影电视局与原磴口县旅游局合并，2019年3月2日磴口县文体旅游广电局正式挂牌，内设办公室、文化体育市场股、广播电视股、文化艺术股、旅游股，全局有干部职工105人。

【文旅产业项目建设】2019年，争取到资金2126万元。其中，旅游重点项目建设完成投资1729万元，纳林湖景区、三盛公国家水利风景区、金马湖、穿沙越野基地、北海湿地等景区基础设施建设不断提升；投资164万元，在旅游景区、旅游沿线、乡村旅游接待点新建旅游厕所5座；绿家园开心农场入选2019年自治区旅游扶贫示范项目，争取项目奖补资金10万元；完成河套风情特色小镇申报自治区文旅特色小镇项目的初审及推选工作，争取自治区旅游发展资金150万元；争取金马湖旅游扶贫项目资金13万元；争取自治区旅游扶贫专项资金60万元，在隆盛合镇海子沿村建设3栋5亩温室大棚并投入使用；全民健身中心全面完工，正式投入使用。

【公共文化服务】2019年，在春节、元宵节、端午节等传统节日期间，组织举办元宵节系列活动、“强党建、促振兴、惠三农”为主题的文化下基层志愿者服务活动、“4·23”世界读书日、图书馆服务宣传周、全县中小学生书画作品展、全县书画摄影作品展、全县干部职工运动会、全县广场舞大赛等丰富多彩的系列文化活动。文化场所建设不断完善。文化馆总分馆制建设，年内完成6个分馆建设，成立文化志愿者服务队3支。图书馆总分馆制建设年内完成10个文化站及社区分馆建设的前期工作。同时，争取上级资金和器材，为各苏木镇农场、部分嘎查村、分场配送篮球架8件，乒乓球台14台，健身器材40件，小音响70台，满足城乡群众公共文体活动需求。持续做好免费开放工作。文化馆全年接待服务人数15000多人次，苏木镇文化站服务项目4项，嘎查村（社区）文化室服务项目3项。图书馆根据读者需求，新增图书、报纸、杂志1700册（种），开展免费讲座15次，接待读者借阅图书15479人次，读者办证总数为1091人次，全年办证增加251人次，办证增加率为23%，开展服务咨询工作5次。内蒙古兵团博物馆共接待参观人数5万余人次，接待周边市、县以爱国主义教育为主题的参观团体100余个，接待兵团老战士、老知青2万余人次。冯玉祥西北军粮仓博物馆接待人数66015人次，接待青少年1994人次。

【文艺创作演出】2019年，全年新创节目9个，其中舞蹈6个、小品2个、器乐1个。原创民族专场晚会2场。其中，小品《公事家事》、原生态组合《泉水》、呱嘴《天赋河套魅力磴口》分别获优秀节目奖、优秀创作奖，乌兰牧骑荣获第16届中国河套文化艺术节暨全市第二届乌兰牧骑艺术节团体二等奖，个人创作奖18项。原创作品数量、质量达到历史之最。组织乌兰牧骑深入各苏木镇农场、社区、武警中队、敬老院开展“2019年文化惠民走基层文艺演出活动”、“我的中国梦文化进万家活动”、“扎根群众、服务基层主题群众文化实践活动”、“扎根草原情系人民”磴口县乌兰牧骑“六进”暨“百团千场”惠民演出工程等138场次，惠及全县农牧民观众3万余人。开展“不忘初心、牢记使命”专题演出、庆祝新中国成立70周年群众专场文艺演出、扫黑除恶专场文艺演出60场次。

【文创产品开发】 2019年，开办《磴口故事》专栏，深受大众喜爱。设计编写《大漠里的知青岁月——兵团战士生活漫画集》，制作50周年兵团系列纪念徽章，受到广大知青、兵团战士的喜爱。研发锁阳普洱茶、苁蓉茶，圣牧有机奶挚醇荣获“2019中国特色旅游商品大赛”银奖、中国国际有机产品博览会年度有机产品金奖，漠北金爵葡萄酒荣获“2019世界沙漠葡萄酒节大赛”金奖。挖掘磴口民俗文化，将非遗烙画、工艺葫芦、手工剪纸、固彩沙画、蒙古族刺绣、铁艺雕塑等作为特色文旅商品打造包装和对外宣传。

【文化遗产保护】 2019年，内蒙古兵团博物馆被国家关工委命名为“全国关心下一代党史国史教育基地”，“河套糖画”“发面馍制作技艺”等4项代表性项目，晋级为巴彦淖尔市第七批非物质文化遗产代表性项目名录，传统小戏《秀姑劝母》入选巴彦淖尔市社区文化节“弘扬经典、传承精神”全市戏剧优秀节目展演。投资229万元的阴山岩画安防工程，一期工程已安装调试完毕；鸡鹿塞修缮续建工程接近尾声，完成西北军粮仓、兵团一师旧建筑群一团礼堂墙体等文物保护性修缮；完成“国宝”单位及长城“四有”档案资料整理和信息平台上报工作。对重点文物保护单位巡查及博物馆安全隐患自查检查5次，做到各部门联合检查、单位自查巡查相结合，防微杜渐，消除安全隐患。举办磴口县“2019年国际博物馆日”主题宣传活动、“2019年文化和自然遗产日”磴口县非物质文化遗产日宣传活动及“草原文化遗产日”活动，现场进行《中华人民共和国文物保护法》宣传、咨询，发放宣传资料2000多份。

【文化旅游市场】 2019年，加强综合治理，全力推进“扫黑除恶”工作。对旅游文化场所的黑恶乱现象进行深入排查，发放扫黑除恶调查问卷300余份、宣传资料3000余份。通过各类渠道，收集相关线索3条，移交公安局线索2条，实现扫黑除恶专项斗争工作线索报送零的突破。2019年，开展消防及安全生产应急演练活动1次，组织开展法律法规宣传活动10次，接待群众10000余人次，发放法律法规宣传资料13000余份，例行检查900余次，派出执法人员2700余人次，办理案件38起，发起或与多部门开展联合检查15次。加大处理游客投诉工作的管理力度。受理旅游投诉案件，建立旅游小长假、黄金周等旅游旺季值班制度，保持旅游投诉电话24小时畅通，及时处理旅游投诉工作。全年未接到旅游投诉案件，接到旅游咨询电话60人次。

（胡雪悦）

旅游资源

【阿贵庙】 阿贵庙位于磴口县沙金套海苏木境内。该庙建于清嘉庆三年（1798年），占地面积100余公顷，海拔1500米。阿贵庙内藏有藏文《大藏经》，此经包含1108种、101部。有跳鬼面具10副、五尺高佛塔一尊、塑五尺高莲花生像。阿贵庙全称拉西布仁·嘎定林阿贵，阿贵，蒙古语意为山洞，因此处奇洞攀岩、仙境妙笔而得名。阿贵庙属藏传佛教中的红教庙宇，红教也称宁玛派（藏语“宁玛”译为古、旧），是藏传佛教四大传承之一，属于密宗教派，该派僧人均戴红色僧帽，俗称为红教，尊莲花生为师祖。阿贵庙是中国西北地区最大的红教庙宇，也是内蒙古红教喇嘛唯一的活动场所，是自治区12个重点寺庙之一。

【阿贵神泉】 阿贵神泉位于磴口县沙金套海苏木境内的狼山山脉之中，有矿泉水眼数处，日流量上千吨，但最负盛名的要数格尔敖包沟矿泉水，日流量达110吨。泉水可以直接饮用，被当地人称为“神泉水”。

【三盛公天主教堂】 三盛公天主教堂位于磴口县巴彦高勒镇西南1.5千米处，是外籍传教士在中国西部最早落脚的地方，是中国西北地区最大的天主教堂。清光绪十九年（1893年）竣工落成。教堂属西洋哥特式风格，以诺亚方舟为原造型，面积达675平方米，堂基入地2米，用块煤压基，煤块上砌着条石，高出地面0.80米，墙壁由精致的蓝砖砌成，顶部全部由铁皮覆盖，36扇尖拱形窗户全部由带有图案的小块五色玻璃和铭条镶嵌而成。附属建筑有修道院、修女院、明正女校、果树林园等，风格独特，自成一体。每逢重大教务活动，当地及银川、平罗、定边、包头及巴彦淖尔市各旗县的教徒聚集教堂，教堂可容纳3000余人。

【奈伦湖】 奈伦湖景区位于磴口县乌兰布和沙漠南部，是巴彦淖尔市最大的人工湖。占地面积45万亩，其中水域面积10万亩，是自治区4条精品线路上黄河水利风景的核心景点和重要组成部分。

【观光瞭望塔】 观光瞭望塔位于拦河闸至奈伦湖沿黄公路14.50千米处，紧邻奈伦湖景区，是九曲黄河的制高点。瞭望塔总投资190万元，基础占地面积1.95亩，塔身通高24米，共5层，为钢结构。

【黄河三盛公国家水利风景区】 黄河三盛公国家水利风景区位于磴口县巴彦高勒镇东南2千米处，是国家AAAA级地质公园景区，景区总面积129平方千米，主景观区8.30平方千米。依托三盛公水利枢纽工程而建，黄河三盛公国家水利枢纽工程始建于1959年，竣工于1961年，是亚洲最大的、黄河上唯一的以灌溉为主的一座特大型引水平原闸坝工程，同时兼有交通、发电和旅游等多种功能。

【冯玉祥西北军粮仓博物馆】 冯玉祥西北军粮仓博物馆位于磴口县巴彦高勒镇城南1.5千米处。该粮仓博物馆占地面积5500平方米，建筑面积1260平方米。2014年9月，被自治区政府批准公布为重点文物保护单位。粮仓博物馆主题主要突出的是冯玉祥的爱国主义精神，重点围绕磴口地区粮食仓储发展变化历史，通过左宗棠平定新疆驻队运粮、西北军军粮仓储与流转、计划经济时代的粮食仓储文化三大展区，全面向世人展示磴口乃至河套地区厚重的粮食仓储文化。磴口县投资1000余万元，建设冯玉祥西北军粮仓博物馆，对原有建筑进行修复重建，新建配套设施，完成博物馆的展厅布展，2015年7月底正式向游人开放。

【金马湖】 金马湖位于磴口县隆盛合镇海子沿村。金马湖水域占地面积2750亩，其中自然湖泊占地2100亩，机械开挖池塘370亩，标准化池塘280亩，较好地保存原始生态风光。金马湖中养殖区育有草鱼、鲢鱼、武昌鱼、螃蟹和黄河土著鱼类等多个品种，年产鱼5万余千克。

【金堂庙】 金堂庙又名慈云寺，位于磴口县隆盛合镇，始建于清康熙二十年（1681年），是河套地区首座汉佛寺院。该寺大雄宝殿居中，殿内1.50米宽的净台上，有5座彩绘金身的佛像。屋顶四角上翘，浮雕悬空，顶层雕有“二龙戏珠”，前壁彩绘满墙，两侧各有一个小陪殿，厢房在两侧纵列，各10余间。1980年，建起土木结构的念经堂。1989年，重建金堂庙。

【金胡杨】 金胡杨位于磴口县隆盛合镇合同村。村内的3株高大挺拔、枝繁叶茂的胡杨树，俗称为水桐树，已有千年历史。这3株胡杨树属自然生长，最大的一株树围达4米多。

【鸡鹿塞】 鸡鹿塞位于磴口县沙金苏木哈隆乃山口。据史料记载，鸡鹿塞是秦汉时期屯垦戍边的重要军事要塞。鸡鹿塞呈正方形，边长68.5米，下基宽4.5米，现上基宽2.5米，残墙高7～8米，占地面积4692.25平方米。鸡鹿塞由天然的花岗岩、砂、石块夹砌而成，城四角各有加固工事，城门向南，是中国最早的瓮城之一，易守难攻。在鸡鹿塞的左边有9座大体完好的烽火台。2006年被列为全国重点文物保护单位。

【乌兰敖包】 乌兰敖包位于磴口县沙金苏木巴音乌拉嘎查阴山山脉狼山段苏木图沟隘口台地。乌兰敖包用石头人工堆砌，2009年春，磴口县将乌兰敖包重新修复。修复后的乌兰敖包共69座，中间建有主敖包1座，三阶构筑，直径33米、高13.90米，四周建有68座环拱小敖包，水、路、电、林、蒙古包全部配套。每年农历五月十三，蒙汉群众在乌兰敖包前举行大规模祭祀活动。

【阴山岩刻】 阴山岩刻集中分布在磴口县境内沙金套海苏木辖区内狼山山脉的格尔敖包沟和默勒赫图沟及其支沟，有数千幅之多，最大的面积达400平方米。迄今发现保存较好的巨幅岩画首推格尔敖包沟中段的一幅，整个岩画画面高约15米，宽约5米，画面内有连续50个以上的个体图案。默勒赫图沟附近的浑迪沟内有一幅高1米、宽3.50米的岩画，刻有一列行进中的驼队，驼背上骑有人，驼队间尚有骑马者和步行者。阴山岩刻是人类在没有文字之前绘画或刻制在石头上的图画，是当时文化的最大载体，是世界性的一种古代文化现象。阴山岩刻是世界上最早、最大的岩画群之一。

【兵团文化红色旅游景区】 兵团文化红色旅游景区位于磴口县乌兰布和农场境内，2009年建立，是全国唯一一个在原址上利用原有建筑建立起来的兵团文化基地，也是内蒙古自治区第一个以兵团文化为主题的红色旅游景区。景区由三层建筑的内蒙古兵团博物馆、兵团战士雕像、石浮雕、大礼堂以及周边建筑群等组成。兵团博物馆中收藏毛主席语录、战士往来信函、纪念图文影像资料、生产生活用品、通信医疗设施等750余件展品。景区展示兵团人在内蒙古“屯垦戍边，亦兵亦农”的奋斗过程中所树立的“艰苦奋斗，屯垦戍边，奉献青春，坚韧不拔”的兵团精神，成为引导和教育后人传承兵团精神的一块重要文化阵地，也是重要的爱国主义教育基地。

【乌兰布和沙漠】 乌兰布和沙漠位于磴口县城西南，南临黄河，是中国八大沙漠之一。乌兰布和蒙古语意为“红色的公牛”，沙漠总面积近1万平方千米，在磴口县境内面积达2846平方千米，占全县总面积的68.30%，构成磴口县主要的地貌特征。沙漠地势由南偏西倾斜，属平缓沙丘，有利引黄灌溉，海拔在1028～1054米。

【万泉湖】 万泉湖位于阿拉善盟阿拉善左旗敖伦布拉格产业园区与巴彦淖尔市磴口县两地交界地段，主要项目有万泉明珠观光塔、敖包祈福地标、沟心庙宗教朝圣区、万马奔腾马术娱乐区、光伏农业生态大棚、沙生植物生态保育区、垂钓休闲区、观鱼岛、天然游泳吧等。景区总占地面积3.33万亩，水域面积1.60万亩，陆地面积1.73万亩。万泉湖景区2016年被评为国家AAA级旅游景区。

【纳林湖】 纳林湖位于磴口县纳林套海农场境内，距磴口县城40千米，是一个由黄河故道加风蚀作用而形成的自然湖泊。纳林湖原名敖勒逊湖，因位于纳林套海农场境内，后人们称其为纳林湖。“纳林”的蒙古语意为“狭长”，因其外形像月亮，纳林湖也称“月亮湖”。南北宽1.50～2.50千米的667公顷水域，其中明水面积335公顷，约占50%，最深处达6米，平均水深

2.50 米，纳林湖是乌兰布和沙漠中较大的淡水湖之一。2013 年，纳林湖被评为国家 AAAA 级旅游景区。

【蒙牛工业园区】 蒙牛工业园区位于磴口县巴彦高勒镇北，是国家 AAA 级旅游景区。景区色调以蓝、白、绿为主，给人以清新、洁净、舒适的感觉，透过透明开放式的观光走廊可零距离地感受现代工业流水生产线。

【黄河三盛公地质博物馆】 黄河三盛公地质博物馆位于磴口县巴彦高勒镇东，建筑面积约 1360 平方米，以磴口县境内黄河、沙漠、湖泊、山脉等地质特点为核心，辐射出巴彦淖尔国家地质公园各园区的地质特色。展厅有巴彦淖尔国家地质公园概况、巴音满都呼恐龙景观、乌兰布和沙漠湖泊景观、三盛公景区、地球科普知识、4D 影院等。

【南湖湿地】 南湖湿地位于磴口县巴彦高勒镇东南，靠近黄河总干渠南端，是黄河总干渠在南部流经城区的主要节点，总占地面积约 945 亩，其中水面约 567 亩。

【北海湿地】 北海湿地位于磴口县城北区，占地面积约 2150 亩，其中水面面积约 1448 亩，约占总面积的 67%，蓄水量达 261 万立方米。是磴口县防洪、防涝及居民节假日郊游、休闲娱乐的重要场所。

【狮子山佛岭】 狮子山、佛岭位于磴口县沙金套海苏木境内的狼山山脉之中。一座像一尊仰面朝天的卧佛，称佛岭；另一座像一头仰天长啸的雄狮，称狮子山。

【秦汉长城】 秦汉长城位于磴口县沙金套海苏木境内阴山西端的布都毛德沟口内 1 千米处，有一段保存较好的石长城，秦汉长城为石砌长城，城长千余米，始筑于秦朝，重修于汉代。这段长城的南墙前还有 2 个面积不一的土筑方城，城东有大小不等的 6 间房屋石基，城北的山峰上有 3 座烽燧，用岩石和黏土组合，用草绳编织连接而成，经两千余年风雨剥蚀，残高仍有 3 米多。

【朔方郡与 3 座汉代古城遗址】 磴口县境内有 3 座汉代古城遗址，位于沙金套海苏木西南 3 千米处的窳浑县城、原哈腾套海苏木南 6 千米处的三封县城和补隆淖镇西南 3.50 千米处的临戎县城。3 座古城都处在乌兰布和沙漠之中，每一座古城周围数千米乃至十数千米处，都有大量的汉代古墓。古城和古墓群大量出土汉代的陶器、铁器、青铜器和货币以及多种生活用品和农作物种子等，这些文物与中原地区出土的汉代器物的种类大体相同。

【天鹅湖】 天鹅湖位于磴口县沙金套海苏木境内的乌兰布和沙漠腹地，是一个由黄河改道而自然形成的湖泊，天鹅湖水域宽广，总面积约 800 亩。每年的 3 月中旬，成千上万的天鹅如约而至，一直到 5 月中旬，天鹅才成群结队飞离此地。10 月初，天鹅又如期返回，一直停歇到 12 月湖面结冰时起程，再飞向南方。

【京藏高速公路磴口黄河大桥】 京藏高速公路磴口黄河大桥位于磴口三盛公黄河水利枢纽工程北 3 千米，桥始建于 2002 年，2004 年竣工通车，属双向四车道高速公路大桥。该高速公路大桥是贯通华北与西北交通大动脉上的咽喉要塞。大桥在巴彦高勒镇东郊连跨包兰铁路、110 国道和黄河总干渠，横跨黄河的主桥长达 1772 米。

【三盛公黄河铁路大桥】 三盛公黄河铁路大桥位于磴口县巴彦高勒镇东南 2.5 千米处，是包兰铁路线上的重要桥梁。三盛公黄河铁路大桥为双线运行桥，南侧的钢架铁桥始建于 1959 年，1961 年竣工通车。大桥 11 个巨型桥墩，把重达千万吨的桥梁托起。钢架在全长 700 余米的桥身上焊接成一条宽阔的钢铁巷道。整座桥梁巍峨壮观，成为华北通往西北之咽喉要道。大桥北侧的混凝土结构桥是包兰铁路复线营运的配套大桥。

【磴口县光伏产业园区】 磴口县光伏产业园区位于磴口县工业园区规划区西侧，利用乌兰布和沙漠充足的光照资源，将能源利用和沙漠治理相结合，充分利用光资源，带动农牧渔业发展。在畜牧、水产养殖过程中产生的有机粪便，通过还田进行有机田再造。磴口县光伏产业的建设和发展模式，对推动供给侧结构性改革，促进一、二、三产业融合发展起到引领示范的作用。

【千亩沙漠水稻田】 仁创千亩沙漠水稻田位于磴口县工业园区西侧，是一个集水稻种植、光伏发电、水产养殖、生态观光于一体的生态农业综合项目。2017 年初，磴口县与北京仁创科技集团合资成立巴彦淖尔市仁创生态海绵农业科技有限责任公司，利用“生泰保水砂”种植技术进行沙漠改造及盐碱地改良，并打造千亩光伏沙漠有机水稻试验示范基地和盐碱地改良试验示范项目，计划将磴口县打造成国际“砂产业”论坛的永久性会址，实现沙漠变良田、沙漠变绿洲。由于沙漠具有昼夜温差大的特点，在这里种植的水稻胶原蛋白和糖分积累非常丰富，产出的大米口感更好。为了有效利用生态空间，提升经济效益，沙漠水稻田里养殖淡水鱼、泥鳅、螃蟹，还在全市范围首创性地投放小龙虾种苗，为改变河套地区以鱼为主的水产养殖结构做出有益尝试。

【沙漠葡萄庄园】 帝泰农林开发有限公司位于沙金套海苏木温都尔嘎查（原市林业局基地），是磴口县引进在乌兰布和沙区开展酿酒葡萄种植比较成功的企业之一。本着“多采光、少用水、新技术、高效益”的宗旨，主要开展有机酿酒葡萄种植和酿酒业务，通过产品创新、营销创新、质量创新、管理创新，达到把磴口葡萄酒的产业规模做大、质量做优、品牌做精的目的。

【磴口县电子商务产业园】 磴口县电子商务产业园位于磴口县河套大市场，园区配有 1 个基地，即商务办公基地；8 个中心，即特色产品展示、创业孵化、网商运营、培训交流、视觉营销、仓储物流、农业信息化服务、农产品检验检疫等八大中心。园区作为磴口地区电子商务核心区，将逐步实现电商配套产业的全覆盖，成为周边地区电商创客的重要聚集区。

（袁瑞琼）

广播电视服务

【概　况】 磴口县广播电视服务中心位于磴口县巴彦高勒镇贺兰管区西沙巷，设 2 处广播电视转播台，分别是磴口县广播电视转播台和包尔盖广播电视转播台。电视机房设在磴口广电中心办公区，面积 150 平方米，发射塔高 82 米。2019 年，发射机房有 1 千瓦电视发射机 4 部，其中 2 部转播中央电视台 12 套节目，1 部转播包括中央电视台综合频道、中央电视台军事农业频道、内蒙古汉语卫视频道、内蒙古蒙语卫视频道、巴彦淖尔新闻综合频道、磴口自办节目；1 部转播内蒙古蒙汉语节目。广播电台机房设在磴口广电中心办公区，面积 150 平方米，有 1 千瓦调频广播发射机 3 部，分别转播内蒙古蒙汉语节目和自办节目；300 瓦调频广播发射机 3 部，1 部转播中国之声广播节目，1 部转播内蒙古交通之声，1 部转播中央蒙古语节目。

【机构设置】 磴口县广电中心内设电台、电视台、包尔盖转播台、技术室、播出室、新闻中心、农村电影放映站、户户通管理中心和办公室等机构。

【新闻宣传】 2019 年，进一步整合采访编辑力量，优化制作播发流程。重点策划打造“中华人民共和国 70 周年献礼”系列节目，组织开展主题宣传、深度报道，为全县各项工作营造浓厚的舆论氛围。创新性地开展广播电视工作，加强磴口新闻和民生类节目创新工作，加强自办节目的活力，努力实现新闻、专题等栏目品牌化。重点围绕县委、县政府中心工作，紧跟重要决策部署和群众关注的热点难点问题，加强新闻策划，面向基层，全力做好新闻宣传报道，提升磴口新闻的质量。开办《习近平扶贫论述摘编》《牢记习近平总书记嘱托坚定不移走以生态优先绿色发展为导向的高质量发展新路子》《思想再解放笃行新发展理念，推动高质量发展大学习大讨论》《壮丽70年奋进新时代》《强党建促振兴惠三农百日行动》《生态优先，绿色发展》《初心辉映党旗红》《不忘初心、牢记使命》等栏目，重点讲好磴口故事，传播好磴口声音，全面反映贯彻落实中共十九大精神的重要举措，为促进磴口经济社会跨越式发展营造良好的舆论氛围。保持与自治区、市广播电视台等上级媒体的联系和沟通，建立新闻外宣线索素材库，定期向中央及自治区、市电视台、电台等媒体记者发送磴口旅游、生态治理、产业规划等相关素材线索，邀请上级媒体到磴口采访报道重大节庆赛事活动、生态经济等特色产业发展，增强新闻信息提供的主动性。截至2019年12月上旬，广播电视台在中央台播稿3条，在内蒙古台播稿88条，在市台播稿205条。

【服务民生】 2019年，加大广播电视“户户通”维修服务，保证全县农牧民收看电视节目；为了保证节目的正常高效播出，3—4月，对中心发射台和包尔盖转播台广播电视发射设备及馈管做维修及维护保养；4月，更换专用变压器高低压隔离装置、低压负荷主线，检修高低压接地及机房配电柜相关装置，购置中1编码器2台，更换卫星接收机4台，增配光纤收发机2台；在机房内安装桥架，同时对天线硬馈部分进行加固，确保发射机正常运行；针对广播发射机功率低于正常值现象，经查发现散热分机出现故障，联系厂家订购备用发射机2部；对运行中的发射机各单元进行除尘处理，确保发射机正常工作；对发射塔进行维护保养。购置防火墙和病毒安全网关；购买数字调音台、防5G干扰设备、8路电源时序器、广播电视节目自动切换器，确保庆祝新中国成立70周年广播电视安全播出。

【农村电影放映】 2019年，引进100余部优秀影片，深入全县各农牧区、街道、社区、广场放映电影550余场。

【新媒体建设】 2019年，每日把磴口新闻上传到微磴口，扩大磴口新闻的影响力，把磴口76频道发送到电信、联通平台，方便群众观看，把有影响力的新闻发送到中央台、“草原云”、“学习强国”、巴彦淖尔磴口微博、磴口云App、腾格里新闻蒙点号，努力打造影响力强、功能先进的权威主流新媒体。

【安全管理】 2019年，落实安全播出责任制，实行分管领导带班、值班制度，每周二组织各部门负责人进行安全大检查，确保单位用电、设备运行、财物等安全。不断完善广电安全防范体系建设，确保广播电视安全播出和安全传输“双安全”。制定《磴口县广播电视服务中心机房安全应急预案》，成立安全播出工作领导小组，与相关股室、相关人员签订《磴口县广播电视服务中心安全播出责任书》，严格落实重要节日、重大播出保障期及各重要敏感期领导带班制度，加强排查和整治，全力做好各项重要保障期的安全播出工作。

【安全保密和扫黑除恶工作】 2019年，全体干部职工严格按照《中华人民共和国保密法》和县委有关保密文件要求，完成保密工作各项任务。为贯彻落实县扫黑除恶专项斗争的安排和部署，展示县委、县政府扫黑除恶、净化社会环境的坚强决心，县广播电视台发挥新闻舆论作用，做好扫黑除恶宣传工作，在全社会大力营造“全民动员、人人参与”的浓厚舆论氛围。明确各股室责任分工，加强宣传报道工作，充分利用媒体优势，为扫黑除恶工作提供良好的舆论氛围。利用广播电视台滚动播放扫黑除恶标语，面向全县开展宣传，在《磴口新闻》中播放全国扫黑除恶专项斗争应知应会知识解读65期，在广播电视台循环播放2000余条扫黑除恶标语，播出330余次扫黑除恶宣传动画片。及时跟踪报道扫黑除恶工作开展情况，确保整个扫黑除恶专项工作人人知晓，营造浓厚的扫黑除恶工作氛围。在广播电视媒体及时滚动播报中央扫黑除恶第15督导组公告，开办《中央扫黑除恶督导在内蒙古》栏目，转发自治区主要媒体刊播中央督导组工作动态及在盟市下沉督导组工作动态。电视台公布扫黑除恶举报方式，并报道《磴口县首例恶势力犯罪案件公开宣判》新闻。利用农村电影公益展映活动，深入全县92个嘎查村及分场播放扫黑除恶电影，通过各个渠道对扫黑除恶专项斗争工作进行宣传，使扫黑除恶专项斗争工作深入人心。

（菅瑞军）

广电网络

【机构设置】 内蒙古广播电视网络集团有限公司磴口分公司内设综合部、客户部、工程运维部3个部门。

【经营指标】 2019年，公司经营收入总金额为571.58万元，其中基本收视维护费收入163.42万元，增值业务收入110.97万元，政企业务收入21万元，多种经营收入275.72万元，传媒业务0.47万元。

【网络维护与建设情况】 2019年，完成7个新建小区的双光纤接入工作，覆盖住户1316户。根据业务发展需要，完成国际丽城、林业局平房、四完小平房的双光纤改造工程。实现光纤覆盖率92%，覆盖住户13400户。其中覆盖2162户的3个小区、5个平房区实现双光纤双向网业务；覆盖9566户的84个老旧小区、4个平房区，实现双光纤单向网业务。完成东方宾馆、中建一局磴口项目部、信息宾馆、三盛大酒店4处专网光纤接入工作。架设光缆1670米，均开通数字电视及宽带业务，覆盖用户2235户。在干线通达村镇大闸处，为路顺加油加气站开通专网业务，实现Wi-Fi全覆盖，打造首个农村有线数字电视及网络加油站。

【安全传输】 2019年，完成8400多小时安全播出，保证春节、“两会”、五一国际劳动节、国庆70周年等重大节日安全播出，在各个重要播出任务期内严格遵守重要播出期工作要求，加强防范措施，全面检修设备，认真履行值带班和上报制度，完成上级公司下达的各项播出任务，停播率控制在指标范围之内。为确保国庆70周年期间机房安全传输，对前端干线机房的设备及运行进行全面检查，更换QAM调制器1台，同时添置防爆盾牌、头盔、防刺服等安防器材。本地前端机房新增机柜、OLT设备各1台，干线机房新增中兴9700天地通设备1台。干线网全年完成车巡约4200千米，步巡100多千米。按期完成GIS地理信息系统平台的干线路由、标石、标牌打点定位及平台资料录入及干线路由线路绘制工作。为确保国庆70周年大庆期间线路安全，公司领导轮流跟车，实行双车对向巡线3天。

【安全生产监管】 2019年，按照“党政同责”“一岗双责”制度，由分公司主要领导组成安全生产小组，为公司安全生产工作提供强有力的组织保障。充分完善机房管理制度、岗位职责、值班制度、消防制度、抢修制度、安全播出工作手册，并做到制度上墙。同时还修订《安全播出应急预案》，使安全防范能力进一步提高。加强人员安全管理教育，尤其是播出机房严禁闲杂人等入内。对机房、办公室、营业厅及室外供电系统的安全性进行定期检查，确保电路系统的安全。机房进行防雷、接地测试，指标符合要求；防火、防盗、防破坏安全设施到位。机房除配备灭火器外，还安装烟雾报警器、监控摄像头，24小时有人值守，并且配备防爆电击抓捕器，机房防盗门及门禁系统正常，保持随时上锁，严格按照要求对出入机房人员进行登记。对在建工程进行安全隐患排查，落实高空和上杆作业、野外操作等安全防范措施。

加强防范措施，对于安全问题实行定人、定时、定岗、定责，确保各项工作安全有序进行。

（陈 静）

报 纸

【概 况】 2019年《磴口时报》出版30期，编辑128个版面，刊登稿件896篇。《磴口时报》围绕县委、县政府的中心工作，重点对县委、县政府各类重大会议、重大决策部署、重大经济项目及全县性的重大活动、重要工作进行及时宣传报道。同时，通过系列报道、专题、专栏、图片等多种形式，宣传磴口县贯彻中共十九大精神、中华人民共和国成立70周年、学习贯彻习近平总书记在全国宣传思想工作会议上的重要讲话精神、县委十五届五次全委（扩大）会议及开展“不忘初心、牢记使命”主题教育工作情况、“脱贫攻坚”工程、县内各项重大会议精神和重要工作部署，对各项工作起到积极的舆论引导作用。

【新闻报道工作】 1—2月，报道第四届冰雪民俗节活动；组织策划2个版面，重点报道全县“强党建、促振兴、惠三农”百日行动开展情况及春节期间各部门、各单位开展的走基层、送温暖活动；组织策划1个版面，报道元宵节期间的社火、文艺演出活动。

3—4月，报道磴口县第五届黄河三盛公流凌旅游文体活动开展情况，并开设专栏，刊登2018年度“最美黄河三盛公流凌景观”主题摄影大赛获奖作品；组织策划1个版面，报道全县各单位庆祝三八国际妇女节活动情况；策划1个版面，重点报道磴口县机构改革涉及单位挂牌；报道“舌尖上的磴口”第五届“黄河鱼”健康美食烹饪大赛情况。

5—6月，重点报道磴口县新闻战线开展增强“四力”教育实践工作穿越乌兰布和沙漠集中采访活动情况，策划4个版面，报道来自基层的第一首新闻产品；开设《中央扫黑除恶督导在内蒙古》专栏，报道磴口县扫黑除恶工作开展情况；重点策划报道2019磴口县乌兰布和沙漠全国汽车越野挑战赛暨沙漠纵队第六届年会活动。

7—8月，重点报道全县纪念建党98周年暨“不忘初心、牢记使命”做新时代的奋斗者主题党日活动情况；策划2个版面的党建工作专题，庆祝中国共产党建党98周年；策划组织2个版面多角度、全方位地报道第27届华莱士节系列活动。

9—10月，策划1个版面，报道磴口县各部门各单位认真开展“不忘初心、牢记使命”主题教育；策划1个版面，制作图表《不忘初心牢记使命攻坚克难砥砺前行奋力谱写磴口绿色高质量发展华彩篇章》。

11—12月，29～30期报纸组织策划2期特刊共12个版面，全方位、多角度报道县委十五届六次全委扩大会议及第十七届人大常委会第三次会议、政协第十届委员会第三次会议。策划1个版面，刊登《中共磴口县委员会关于巡视整改情况的通报》。

（张玮超）

新华书店

【机构设置】 磴口县新华书店内设业务部、财务部、门市部。2019年，全年销售额387万元。

【基础设施建设】 2019年8月，磴口县新华书店改扩建业务库房1栋，总建筑面积为374平方米。

（辛 丽）

工　业

工业园区

【机构设置】 磴口县工业园区管委会内设规划建设科、项目科、招商科、综合办公室、工业园区党工委办公室。

【概　况】 2019年，全年生产总值完成54亿元，实现税收1.6亿元。

【重点企业】 2019年，入驻园区并正常运行的重点企业有内蒙古华润金牛热电有限公司、蒙牛乳业（磴口巴彦高勒）有限责任公司、泰顺兴业（内蒙古）食品有限公司、华油天然气股份有限公司、青岛昌盛设施农业光伏项目、中电投一期和二期光伏发电项目、内蒙古山路能源集团有限责任公司、磴口县国电电力光伏发电公司、内蒙古利川化工有限责任公司、内蒙古乌兰布和乳业有限责任公司、佳格食品（中国）有限公司、内蒙古蒙牛圣牧高科奶业有限公司、内蒙古黄河工贸集团、磴口县腾达物流有限公司、仁创沙漠水稻项目、磴口光伏小镇项目等。

【基础设施】 2019年，完成投资2.52亿元。按照环保及园区长远发展要求，工业园区完成自来水管道、排污管道、供热管网铺设工程，完成金牛电厂脱硫脱硝工程，新建固废填埋场及可利用工业废渣堆场一座，污水处理厂建设完成，完成工业园区集中污水处理、集中工业废渣处置两项环保销号工作，工业园区实现企业污水集中统一处理。园区进行道路建设、道路绿化、供电线路建设工作。园区承载能力进一步增强。

【项目建设】 2019年，昴日新材料二期、泰顺公司技改搬迁、蒙牛公司技改、巴彦淖尔市阳泰公司竞价光伏发电等项目顺利入驻园区，宇乐化工项目开始启动，园区产业更加健全。中电投、国电、国华、蒙华、青岛昌盛等光伏企业的不断发展，不仅让光伏产业逐步形成规模，也进一步推动园区“光伏+”创新发展模式的不断深入。

【招商引资】 2019年，磴口百万千瓦光伏治沙基地项目实施项目启动仪式，将于2020年组织实施项目建设工作，推动乌兰布和生态治沙产业的进一步发展。

【安全生产】 2019年，工业园区内企业的安全生产主要由县应急管理局管理。同时，工业园区管委会内部专门成立以袁海文为组长、郝存柱为副组长、各科室负责人为成员的安全生产专项领导小组。安全生产专项领导小组负责协助应急管理局的各项检查活动，在节假日对各企业进行检查以及通报各企业加强安全生产责任意识和其他安全生产相关的宣传等方面的工作。

（吴　东）

黄河工程管理局

【机构设置】 内蒙古自治区黄河工程管理局内设

党委办公室、办公室、人事科、计划财务科、工程建设管理科、水政保卫科、水文实验站、沈乌管理所、枢纽管理所、总干渠管理所、枢纽通行收费站、黄河三盛公水利景区办、枢纽维修养护站、后勤与退休人员管理科、生态防护站。

【灌区供水】 2019年，三盛公水利枢纽向各灌区供水66.14亿立方米，其中北总干渠59.66亿立方米，沈乌干渠3.41亿立方米，南岸干渠3.07亿立方米。

【水 文】 2019年径流量396.4亿立方米，拦河闸上最高水位1054.60米，最低水位1050.83米；磴口（二）站最高水位1061.51米，最低水位1059.16米，平均含沙量0.406千克/立方米。

【防凌防汛】 分洪情况。2019年2月27日至3月25日，枢纽三座水闸先后实施分凌，供水量4.67亿立方米。6月28日至8月14日，枢纽三座水闸先后实施分洪，分洪水量共计2.79亿立方米。

【工程建设】 维修养护建设工程。2019年完成闸门防腐处理及启闭机维护保养、枢纽工程零星维护、拦河闸下游左岸背水侧压渗及防风林带供水系统、巴彦高勒（南）站左岸断面标准化建设等28项，工程投资450万元。自筹岁修工程。全年完成总干渠右岸背水侧压渗、三盛公水利风景区水科普乐园二期硬化工程、库区左岸导流堤限高架制安等38项工程。工程投资598万元。专项投资资金。自治区下拨的专项经费，2019年特大防汛费40万元、防汛待储费20万元、拦河闸下左岸险工续抛工程20万元、三盛公水利枢纽库区围堤10+800千米～11+000千米段险工抢险经费60万元、2019年分凌水毁工程修复项目100.03万元，全年完成计划内投资240.03万元。安全鉴定。2019年8月开始组织召开安全评价报告审查会议，9月完善鉴定成果，由水利厅出具该次三盛公水利枢纽安全鉴定项目报告书。黄河水利委员会黄河水利科学研究院出具完整的安全鉴定报告（共十七册）。

【发 电】 2019年，三盛公一期水电站累计发电912.30万千瓦时，一期电站完成售电量845.75万千瓦时；三盛公二期水电站累计发电5099.45万千瓦时，二期完成售电量4964.11万千瓦时。

【旅游景区建设】 2019年全年三盛公水利枢纽风景区完成以下项目：滑雪场分期收购、基础设施改造维修、设备购置等项目，完成投资约31.96万元。

（王 印）

机电工程处

【机构设置】 内蒙古黄河工程局股份有限公司机电工程处内设办公室、党委办公室、人事科、财务科、生产科、计划科、技术科、质安科、保卫科。

【工程建设】 2019年新增3项工程项目，阿拉善盟葡萄墩—腾格里工业园区供水工程（补充合同）、乌梁素海生态补水工程烂大渠新建提水泵站、伊金霍洛旗掌岗图景观水系开元路工程。

自揽工程13项，石门子水库除险加固工程闸门及埋件制作安装、巴彦淖尔市环境保护监测站三盛公水质自动站建筑防护及安装工程、闸门防腐处理及启闭机维护保养项目、三盛公水利枢纽拦河闸闸门除锈防腐项目、内蒙古黄河铬盐历史铬渣堆场重度污染土壤治理工程中混凝土工程、包头市东河水库维修养护项目、黄河内蒙古河套灌区续建配套与节水改造项目（五）施工第一标段金属结构及机电设备安装工程、三盛公水电站技术供水系统改造及跌水闸远程控制改造工程、额济纳旗达来呼布镇污水处理厂扩建工程、鄂尔多斯市西金矿冶有限责任公司零星维修工程、京津风沙源治理二期工程磴口县（2018年）水利水保项目施工第三标段、土默特左旗五一水库2×50吨固定卷扬式启闭机更换钢丝绳工程、黄河内蒙古河套灌区续建配套与节水改造工程、2018年项目总干二、三枢纽更新改造设计施工总承包项目金属结构设备及安装工程。

尾留工程4项，扎兰屯农业综合开发苇莲河中型灌区节水配套改造项目施工一标段、额济纳旗达来呼布镇污水处理厂扩建工程、包头市东河水库维修养护项目、内蒙古阿拉善腾格里经济技术开发区供水工程一标段。全年完成产值为1749万元。

【资质就位】 2019年，不断促进生产经营活动的规范和发展，三体系的认证、压力容器制造许可证、起重机械安装许可证、水工金属结构制造许可证、金属结构专业防腐资质证全部通过认证工作。

【劳动保护】 2019年，在职职工的保险（五险）全部缴纳，共计2516083.54元。缴纳退休人员大额医疗保险、基本医疗保险共计223357.04元。

（王爱梅）

企业选介

【华润内蒙古磴口金牛煤电有限公司】 华润内蒙古磴口金牛煤电有限公司是由华润电力工程服务有限公司和冀中能源邢台矿业集团有限责任公司共同投资建设的合资企业，注册资本金为5.52亿元，合资公司按照华润电力的管理模式开展工作。项目建设2×300兆瓦等级燃煤空冷供热发电机组，总投资20.1亿元（包含预留未完工程，不含增值税进项税额）。项目厂区占地面积256000.29平方米，土地使用权证于2014年2月取得。全年发电量完成38.09亿千瓦时，同比升高4.35亿千瓦时；上网电量完成34.91亿千瓦时；负荷率完成78.84%，同比持平；年机组平均运行8053.14小时，同比升高786.29小时；年利用6349.27小时，同比增加756.13小时。全年供电煤耗完成339.11克/千瓦时，同比升高0.49克/千瓦时。全年综合厂用电率完成8.34%，同比升高0.18%。2019年，居民热网供暖总面积达到256万平方米，其中合营面积189万平方米，自营面积67万平方米，与2018年相比，供暖面积增加15万平方米。

【国家电投集团磴口光伏发电有限公司】 国家电投集团磴口光伏发电有限公司是国家电投集团内蒙古新能源有限公司自主开发的光伏项目，分一期20兆瓦和二期50兆瓦两个项目。站址位于内蒙古巴彦淖尔市磴口工业园区西侧，占地面积约1700亩，距磴口县政府所在地巴彦高勒镇约10千米。

截至2019年12月31日完成发电量12110.98万千瓦时；利用小时数1762.23小时。磴口一期完成发电量3328.92万千瓦时；磴口二期完成发电量8782.06万千瓦时。

【巴彦淖尔市农垦神舟光伏电力有限公司】 神舟电力巴彦淖尔市30兆瓦光伏发电站容量为30兆瓦，系统由30个1兆瓦光伏发电分系统组成。每个1兆瓦光伏发电分系统由2个500千瓦光伏发电单元系统组成；每个光伏发电单元系统主要由1个500千瓦太阳电池方阵和1台500千瓦逆变器组成；项目共由58个500千瓦光伏发电单元系统组成；每个光伏发电单元是由4400块240瓦的多晶硅光伏板经串并联后出的直流电经汇流箱汇流至各自相应的直流防雷配电柜，再接入逆变器直流侧，通过逆变器将直流电转变成交流电。每1个光伏发电单元系统中的2台逆变器输出的交流电由一台1000千伏安升压变压器将电压从0.27千伏升至35千伏，经该箱式升压站升压到35千伏后，通过35千伏集电线路送至纳林套海35千伏变电站。

（赵亚东）

【磴口县国电光伏发电有限公司】 磴口县国电光伏发电有限公司是以太阳能发电为主的新能源企业。磴口电站装机容量为50兆瓦，含1座110千伏升压站，接入工业园区110千伏南滩变电站。

公司在国家相关政策的引导下，充分调动社会资源，及时调整发展思路和引进先进的生产技术，用科学高效的发展思路来推动企业的不断前行。从电站的设计、施工、调试、投运始终贯穿着先进优质的发展脉络。电站投产发电以来运行平稳，光电转化率常年保持在高位运行。

自2015年并网发电以来，每年都超额完成各项发电任务。超产率一直维持在5.6%左右，创造利税1000余万元，并为当地政府解决部分适龄人员的就业问题，多次受到当地政府和股东的表扬和嘉奖。

公司引导光伏发电企业在光伏发电板下种植沙生植物。利用光伏板遮阴效果在沙地上种植沙生植物的方式既可以减少风天沙尘对光伏面板的影响，也能为沙漠增绿，实现生态、经济效益的双赢。同时也解决部分农区居民的就业问题，提高光伏发电附加值。

（张　浩）

【国华巴彦淖尔（乌拉特中旗）风电有限公司磴口分公司】 国华道勒光伏电站隶属于国家能源集团国华投资国华巴彦淖尔（乌拉特中旗）风电有限公司磴口分公司，位于磴口县巴彦高勒镇百万级光伏治沙基地。于2014年开工，2015年并网发电，已投运5年。电站并网装机容量20兆瓦，远期规划100兆瓦。国华道勒光伏电站每年可向电网提供清洁能源3315万千瓦时，可节约标准煤约10154吨，减少二氧化碳排放约2.84万吨，减少二氧化硫排放约315.51吨，减少烟尘排放约26.04吨，减少二氧化氮排放约49.82吨。

2019年全年发电3706.216万千瓦时，总产值2482.15万元，实现安全生产1785天，完成税金583.41万元，实现利润1437.94万元，超额完成年度目标。严格执行公司安全生产方针，未发生各类安全事故及环境污染事故，做到人员“零伤害”、火灾“零风险”、环保“零违规”、职业病“零事件”、机组“零超停”的目标，全面完成安全2019年生产、环保任务。

（郝　波）

【巴彦淖尔市鑫盛太阳能科技有限公司概况】 巴彦淖尔市鑫盛太阳能科技有限公司，系经磴口县市场监督管理局批准设立的有限责任公司。经营范围：太阳能发电、售电；太阳能发电系统技术咨询；合同能源管理服务；光伏发电设备销售；太阳能光伏发电系统设计、制造、安装（承装、承修、承试供电设施和受电设施除外）、建设、维护、管理服务；农业温室大棚技术开发、建设、管理服务。巴彦淖尔市鑫盛太阳能科技有限公司磴口农业科技大棚30兆瓦光伏发电项目位于内蒙古巴彦淖尔磴口县工业园区，装机容量30兆瓦，占地1216亩，总投资3.6亿元。通过光伏农业科技大棚，实现了棚上绿色发电、棚下高效种植的有机结合。园区定位为光伏发电、有机农业、循环农业、休闲观光旅游产业综合体。2019年，巴彦淖尔市鑫盛太阳能科技有限公司发电量为5009.35万千瓦时，产值35651145.99元，销售额35739641.57元（含农业88495.58元）。

以棚上太阳能发电、棚下生态种养为产业模式，以沙漠生态修复、新农业产业发展为己任，以科普示范、生态发展、三产融合为亮点，形成以蚯蚓循环农业、沙漠生态修复、有机绿色农业、特色品牌育苗、休闲观光旅游为产业布局，成长为集园区运营、创客孵化、产业链实体投资为一体的新型农业产业综合体。

（李　悦）

【巴彦淖尔华油天然气有限责任公司】 巴彦淖尔华油天然气有限责任公司成立于2009年8月20日，位于内蒙古自治区巴彦淖尔市磴口县工业园区，占地面积75910.2平方米，注册资本1亿元。2019年有1座日处理天然气30万立方米的液化天然气工厂，加气站5座，巴彦淖尔地区磴口县油气合建站1座、乌拉特后旗青山镇液化天然气加气站1座、乌拉特前旗液化天然气加气站1座、乌拉特中旗川井镇液化天然气加气站1座，甘其毛都口岸液化天然气加气站1座，液化天然气运输车队1个，有液化天然气槽车21辆。公司主要有三个业务板块，分别为液化天然气生产、运输、终端销售。巴彦淖尔华油天然气有限责任公司有员工154人，其中党员11人。2019年1月，中石油昆仑能源有限公司实施属地化管理，巴彦淖尔华油天然气有限责任公司管理权由原昆仑能源四川分公司转交中石油天然气股份有限公司天然气销售内蒙古分公司全面接管。2019年度，巴彦淖尔华油天然气有限责任公司实现利润–797.44万元，上缴税金429.55万元，其中包含增值税275.95万元。2019年3月18日，巴彦淖尔华油天然气有限责任公司原料气落实到位，液化天然气工厂单罐复产成功。2019年4月1日起，液化天然气工厂充分利用上下游批零一体化优势，采用代加工模式，实现单罐满负荷生产。工厂全年安全稳定运行265天，共处理天然气7405.51万立方米。巴彦淖尔华油天然气有限责任公司4座运营加气站累计销售天然气12524万立方米，2019年7月15日，磴口液化天然气"万吨站"仅用时197天实现连续七年销量破万吨。

（陈艳荣）

【内蒙古利川化工有限责任公司】 内蒙古利川化工公司2019年立足硫化碱资源优势，以自产的硫化钠为主要加工原料，投资7000多万元实施硫化碱循环经济技术改造项目，该项目年产10000吨高端硫化染料硫化黑生产线、1500吨硫化蓝生产线。3000吨含硫农药中间体甲硫基乙醛肟生产线正在建设之中。

2019年，利川公司主产品硫化碱市场价格大幅度滑落，市场价格由2018年的每吨3000元，下降到1900元，同比下降36.7%，出现亏损运行。2019年生产硫化碱19500吨，实现产值7400万元，实现销售收入9530万元，上缴税金320万元，实现利润–40万元。亏损的主要原因为产品市场价格已接近生产成本，加之新建项目固定资产投资较大，导致公司财务费用和管理费用增加。

2019年，总投资7232万元的硫化碱循环经济技术改造项目，年内完成固定资产投资2100万元，重点建设力甲硫基乙醛肟生产线、染料硫化蓝生产线，同时完成项目安全条件评价报告、项目工艺技术方案设计等，项目完成总工程进度60%以上。

（边　果）

【蒙牛乳业（磴口巴彦高勒）有限责任公司】 蒙牛乳业（磴口巴彦高勒）有限责任公司（以下简称蒙牛磴口工厂）是内蒙古蒙牛乳业（集团）股份有限公司下属的全资子公司，蒙牛磴口工厂隶属于常温事业部生产管理中心，以加工常温液态奶为主，有生产线13条，其中，TBA/22250S 3条、TBA/22250B 2条、A3–200s 2条、TPA/A3CF250E 6条，生产能力956吨/日，年产值32亿元。主要生产学生奶、利乐包纯奶、特仑苏纯奶、特仑苏有机奶等多款畅销产品。产品主要辐射安徽、北京、上海、浙江等销售大区。

2019年，蒙牛磴口工厂重点进行预处理车间无菌罐、缓冲罐升级改造，特仑苏生产线自动包装机的安装，立体库升级改造，最终形成智能化工厂生产线技术改造，实现生产智能制造数字化工厂建设目标，使老工厂焕发出产业发展新活力，为打造全国重点有机奶生产基地奠定基础，并发挥天赋河套品牌优势，做强有机奶产业集群。2019年，产品年生产能力达到327776.06吨，实现产值32亿元，主营业务收入264192.64万元，利润达21697.82万元，缴纳税金871.61万元。

（何　敏）

【内蒙古蒙牛圣牧高科奶业有限公司】 内蒙古蒙牛圣牧高科奶业有限公司坐落于巴彦淖尔市磴口县坝楞工业园区，工厂总占地面积222亩，是国家AAA级工业旅游景区。公司在职职工约420人。2019年共有有机加工厂2座，生产线15条，主要生产液体奶系列产品，包括液体乳、调制乳、发酵乳三大系列，年产能达31万吨。

2019年5月17日，内蒙古圣牧高科奶业有限公司被内蒙古圣牧高科牧业有限公司以49%、内蒙古蒙牛乳业（集团）股份有限公司以51%分别控股，内蒙古圣牧高科奶业有限公司更名为内蒙古蒙牛圣牧高科奶业有限公司。之后，总投资1.13亿元对生产线及其附属车间设备进行改造升级，其中生产线新增2条、改造6条、减少3条，通过整合生产线总计有15条，日产能达到941吨。设备开产率由23%提升到65%以上。2019年，全年总产量44986吨，产值7.53亿元，销售总额6.24亿元，利润总额-3.4亿元，上缴税金470.45万元。

（聂　霞）

【内蒙古乌兰布和乳业有限责任公司】 原内蒙古乌兰布和乳业有限责任公司创建于1979年初，并于2018年11月将全部资产（包括乌兰布和商标）整体一次性转让给河南省木伦河食品集团。新公司沿用内蒙古乌兰布和乳业有限责任公司名称，注册资金为1.3亿元。

公司在2019年1—3月，投入约3000万元进行技术改造，改造5000多平方米的生产车间1个，使之更符合食品安全和消防安全的国家标准，更新6条旧生产线，形成13条全新生产线年产能5.5万吨的生产能力，4月中旬通过各项验收，获得生产许可。2019年4月18日正式开机生产，其间，用工160～230人，生产产品13969.7吨，产值7505万元，实现销售收入5109万元，获得利润300万元，上缴税金800多万元。

（石东波）

【内蒙古中粮番茄制品有限公司】 内蒙古中粮番茄制品有限公司（简称内蒙中粮番茄）是中粮糖业下属分公司，公司为中粮集团收购山东九发项目，公司固定资产1.04亿元，注册资金为6666万元，自收购进入中粮集团旗下以来，依托高素质管理平台，利用集团资金优势，不断完善硬件设施和管理，成为集团旗下优质企业之一。主营业务为大包装番茄酱生产加工。主要产品为36%～38%CB番茄酱，规格为200升无菌袋桶装番茄酱、1000升吨箱番茄酱。

公司拥有从意大利引进的意大利ING.A.ROSSI公司的日处理新鲜番茄1500吨生产线2条，形成日处理鲜番茄3000吨，年产番茄酱2万吨的生产能力。

公司产品出口厂代号为“F18”，产品质量主要从感官、理化指标及微生物三个方面进行检验。所产“屯河”牌番茄酱酱体细腻，色泽鲜艳，最大限度地保留了番茄原有的品质和风味。产品主要销往欧洲等地区。

2019年8月5日开磅，8月6日开启2#线，8月12日双线开始生产，截至9月26日结束生产，累计生产天数51天，累计生产自然吨16133.134吨，标酱20584.23吨。完成计划的101.3%，实现产值0.9亿元，实现利润400余万元。

（徐霍勇）

【泰顺兴业（内蒙古）食品有限公司】 泰顺兴业（内蒙古）食品有限公司位于磴口县巴彦高勒镇西郊，于1995年4月，由泰国太上企业集团有限公司在内蒙古巴彦淖尔市磴口县投资建立的外商独资企业，注册资本850万美元。公司有4条意大利进口番茄酱生产线，2条番茄丁生产线，1条番茄汁生产线，1条辣椒酱生产线。日处理番茄原料3000吨，日生产番茄酱500吨，日生产番茄丁100吨，日生产番茄汁35吨。日处理辣椒原料250吨，日生产辣椒酱240吨。公司通过了ISO 22000食品安全管理体系认证。聘用合同工89人，生产季节时雇用临时工220多人。公司高级技术管理人员10余人，熟练操作工60多人，大中专以上学历60多人，部分技术人员从事番茄等蔬菜、水果罐头加工已有二三十年的宝贵经验，尤其对番茄的加工生产积累丰富的经验和精湛的技术。公司的主要产品有番茄酱、番茄丁、整粒番茄、番茄汁、西红柿丁和辣椒酱。产品主要销往日本、韩国等国和东南亚、中东、澳洲等地及中国台湾地区。2019年，公司共生产番茄制品和辣椒酱9000吨，产值6000万元，销售总额6000万元，利润总额1200万元，上缴税金347万元。2019年，公司投资5000多万元进行技改搬迁，新厂位于磴口县巴哈公路西、金牛大道北，新工厂进行合理设计，利用金牛煤电公司的蒸汽作为生产热源，生产废水排入城市下水道管网由污水处理厂集中处理，减少对环境的污染。新工厂基础设施已建设完成，一条番茄酱生产线已完成安装调试，计划2020年7月全部搬迁完成。

（杨战胜）

【巴彦淖尔市昴日新材料有限公司】 巴彦淖尔市昴日新材料有限公司是太阳能光伏产业，专业从事非金属矿物制品的研发、加工、生产与销售。2019年，从业人数100人。硅芯、硅粉销售营业额15867.9万元，工业生产电力消费10248476千瓦时，月加工能力25000根硅芯。公司一期年产500吨高效硅芯项目已建设完成，并已进入试运行投产阶段。生产产量直线上升，已投入5条生产线，占地约13亩。

（陈　杰）

【内蒙古和瑞包装有限公司】 内蒙古和瑞包装有限公司成立于2016年，是宁夏和瑞包装有限公司的分公司。公司注册资金2000万元，总占地面积30亩，在职职工120余人。拥有自动化程度高的生产加工设备，可日产水印包装纸箱6万只，彩印包装纸箱15万只，彩印包装附件35万个。

2019年，企业总资产达9830万元，年度生产水印包装纸箱1053万只，彩印包装纸箱2677万只，彩印包装附件11859万个，实现年产值1.07亿元。为蒙牛乳业（磴口巴彦高勒）有限责任公司、内蒙古蒙牛圣牧高科奶业有限公司、巴彦淖尔伊利乳业有限责任公司等提供辅料选配服务。

（聂黎明）

商　贸

商　务

【机构设置】 2019年磴口商务贸易服务中心由原隶属磴口县经商信局管理事业单位，调整为隶属磴口县工业和信息化局管理事业单位。内设办公室、市场运行监测股、外经外贸股、流通产业股、市场体系建设股、电子商务产业办公室。

【对外贸易】 2019年，新增对外贸易经营者备案出口企业6家，全县外贸企业共46家，对外贸易目标任务为1385万美元，实际完成1390万美元，占全年任务总数的100.36%。2019年，利用外资78万美元。

【电子商务发展】 2019年，通过线上销售华莱士瓜30万千克、长山药40万千克、有机大米1500件、沙漠玉米1.2万件、石磨面粉1000件，电商产业园企业及创客线上销售本地特色农产品累计3500万元，全县电子商务交易额1.2亿元。全县53个镇村级电子商务服务站运行良好，截至2019年12月底，全县嘎查村分场通过电商产业园收寄、中转的全国各地包裹快递件数达10万多件。开展“淘宝开店教程基础”“如何做好微商”“新媒体与社交电商”等内容的电商培训累计19期2600余人次。

【市场建设】 2019年，成品油市场管理办依据《内蒙古自治区成品油市场管理细则》的要求，加大对县辖区共24家加油站的成品油市场监管力度，规范加油站设置和经营行为，维护成品油市场健康有序发展。同时积极推进实施全县加油站油罐防渗漏池和双层罐改造工作，全县所有加油站全部完成双层罐改造工作。

【应急储备】 2019年，进一步加强市场运行监测，按时上报各类生活必需品的价格和销售情况，为上级决策及时提供准确科学的监测数据。制定并完善《磴口县生活必需品市场供应突发事件应急预案》，认真做好大型超市、生活必需品批发零售企业的商品储备供应工作，确保在应急情况下商品的充足供给。瓶装饮用水、方便食品、小包装面粉和食用油等应急储备物资储备量达1500吨。

（陈金宝）

贸易促进

【机构设置】 磴口县贸促会内设4个股室，分别是办公室、综合规划股、农业产业招商股、第三产业及能源招商股。

【招商引资工作】 2019年，全县引进国内（区外）到位资金9300万元，引进区内（市外）到位资金6.013亿元。全年接洽客商100多人次，签订投资协议3项，协议引资额约8亿元。实施招商引资重点项目20项，其中续建项目14项，新建项目6项，重点洽谈项目9项。

（张志国）

供销合作

【基层社重组升级】 2019年，恢复重建苏木镇空白基层社4个，改造提标基层社1个，沙金基层社、渡口基层社被评为国家级标杆社，内蒙古正丰农牧业养殖农牧民专业合作社被评为全国供销系统农民专业合作示范社。磴口县供销社获全市供销系统综合业绩考评一等奖，全系统统计同工种竞赛优胜单位。恢复重建和提标改造的5个基层社整体经营状况持续向好，全系统基层合作经济组织通过入社、入会等方式联结带动农牧户达1.1万户，总体涉及种植业、养殖业、农资经销等多个行业，合作方式由单一的商品流通向生产加工、土地流转、资金互助等多种生产要素结合的方式转变。

【经营服务】 2019年，县供销社扶持发展社有企业6家。

【品牌化培育】 2019年，领办创办农牧民专业合作社3家，领办专业合作社联合社1家，涉及种植业、养殖业、加工业、流通业、农资经销、服务业等多个行业，合作方式由过去单一商品流通向生产加工、土地流转、资金互助等多种生产要素合作的方式转变，合作社和农民利益联结机制巩固发展。培育申报总社级标准的示范社2个，1家专业合作社被评为国家级示范社。

【服务网络】 2019年，申报“新网工程”项目3个，重点推进县城农畜产品批发交易市场建设，实现县有日用消费品配送中心，苏木镇有基层供销社综合超市，嘎查村有综合服务社的日用消费品和农副产品购销市场体系。升级改造日用消费品配送中心2个，新建、改造拥有电子商务功能的村级综合服务社32家、农资直营店16家、农副产品交易市场2个，磴口县供销系统农资供应量占磴口县农资使用量的75%以上。争取上级支持为5个苏木镇基层社配备“供销E店”村级第三屏5台（套），完成行政村电商服务站站点和快递物流的全覆盖，在承接网上代购、代收发快递、便民缴费、发布货运信息和开展部分金融业务等服务农业发展方面发挥作用，推动“工业品下乡、农产品进城”，促进优质农副土特产品线上线下同步销售。

【村级综合服务社】 2019年，改造提标完善村级综合服务社23个，实现村级综合服务社连锁经营服务网点全覆盖。有4家被评为区级五星级综合服务社，7家被评为市级四星级综合服务社，培育发展2个总社级标准的村级综合服务社“星级社”，实现村级综合服务社连锁经营服务网点全覆盖。

【基层社恢复改造】 2019年，探索发展农村牧区合作金融，开展农信担保和代办金融业务，及时解决周边农户春季购买农业生产资料和生活资料资金困难等问题。

【领办创办合作社】 2019年，领办创办农牧民专业合作社3个，领办创办专业合作社联合社1家。

【脱贫攻坚】 2019年，组织引导系统内商贸企业、农产品批发市场、连锁超市等流通企业与贫困地区开展产销对接，建立长期稳定的产销关系，多渠道销售贫困地区农产品。在贫困村社建设县级电商营运中心，支持贫困地区发展农村电商。推动供销网络参与消费扶贫，通过多种形式优先采购贫困村社农产品。帮扶慰问包扶村贫困户5户，已按要求帮扶全部脱贫。推进农产品标准化生产、规模化经营，提高贫困地区农产品附加值。

（王兴荣）

烟草专卖

【机构设置】 磴口县烟草专卖局内设综合办公室、客户服务部、专卖管理股、内管派驻组。

【经济指标】 2019年，卷烟销售累计4571.37箱，完成年度计划4495箱的101.7%，同比减少

163.13 箱，降幅 3.45%；销售收入完成 11854.55 万元，同比减少 245.8 万元，降幅 2.03%；不含税毛利额完成 2985.62 万元，同比增长 5.65 万元，增幅 0.19%；单条值完成 103.67 元，同比提高 1.49 元，增幅 1.46%。

【打击贩售假烟】 2019 年，查获案件 50 起，案值 11.04 万元，其中查获一起 2 万元以上真烟大要案，查获卷烟 3.5 万支，案值 2.27 万元；一起 1 万元以上假烟案件，查获卷烟 0.22 万支，案值 1.1 万元，市场净化率 97% 以上。

（刘 鲲）

石 油

【机构设置】 中国石油内蒙古巴彦淖尔市磴口县经营部内设综合办公室。下设东升路加油站、东风路加油站、朝霞路加油站、南绕城加油站、补隆加油站、隆盛合加油站、五团加油站、沙金加油站、巴音乌拉加油站、黄土档加油站、富强加油站。

【业绩指标】 轻油。成品油销售总量完成 18445 吨，同比 15671 吨增加 2784 吨，增幅 17.77%；完成全年计划 18010 吨的 102%。其中汽油销量为 6080 吨，同比 6840 吨减少 760 吨，减幅 11.11%；柴油销量为 12365 吨，同比 8831 吨增加 3534 吨，增幅 40.02%；单站日销量 5.74 吨。

非油。非油销售额完成 482.30 万元，同比 342.71 万元增加 139.59 万元，增幅 40.73%。完成全年计划 450 万元的 107%。其中，润滑油累计销售 57.73 万元，同比 78.95 万元减少 21.22 万元，减幅 26.88%；小商品累计销售 424.57 万元，同比 263.76 万元增加 160.81 万元，增幅 60.97%，其中完成化肥销售 177.25 万元。

直销。直销完成 2894 吨，同比 2453 吨增加 441 吨，增幅 17.98%。

（杨佳丽）

金 融

中国人民银行磴口县支行

【机构设置】 中国人民银行磴口县支行内设综合业务部、金融管理部、综合办公室、纪检监察审计室。

【加强扶贫再贷款的管理】 2019年，为磴口联社发放扶贫再贷款16000万元。对扶贫再贷款贷后检查2次，针对检查和核查中发现的问题及时提出整改建议和意见进行整改。收回再贷款13340万元，再贷款余额控制在核定限额内。

【企业生产经营资金】 2019年，磴口支行联合金融机构对接30户龙头企业，进行融资需求调查，并对其中5户企业发放贷款2280万元。

【金融扶贫】 2019年，各金融机构发放金融扶贫贷款202户，贷款总额773.52万元。

【农村产权抵押担保贷款】 2019年，开展林权、水域、滩涂等贷款业务。林权抵押贷款4户，贷款余额4800万元。累放6户，累放金额6500万元。

【夯实金融服务基础工作】 2019年，推动普惠金融工作，切实改善农牧区支付结算环境。引导农村信用联社、农业银行、邮政储蓄依托农村超市、村委、农资产品经销点，在农牧区大力建设银行卡助农取款服务点。在全县5个乡镇（苏木）和5个农场共设置115个助农取款服务点，安放POS机和致富通115台（其中，致富通57台，取款转账没有手续费）。助农取款2056笔，金额786万元，转账1881笔，金额2137.5万元。农牧区发放“惠农卡”“富民卡”“社保卡”累计8.02万张。通过“社保卡”发放城乡居民社保累计16.64万笔，金额2286万元，通过“惠农卡”代发财政涉农补贴款项34.39万笔，金额2.29亿元。推动农牧区现金服务示范区工作，4家现金服务示范点运行正常。在辖区现金投放58282万元，同比减少12%，回笼资金35239万元，同比减少35.45%，净投放23043万元。夯实国库基础工作，及时准确办理各级预算收入的划分和报解。2019年，办理各级收入148468笔，完成各级收入6.59亿元，同比增加1.38%。畅通国库支出渠道，保障预算支出及时准确划拨。办理支出20997笔，划拨资金24.5亿元，同比增加16.66%。积极落实减税降费政策，共办理各项预算收入退库2725笔，金额0.2亿元。落实“放管服”，开设账户绿色通道。采取T+1的（限时）模式，基本确保用户在3天的时间完成开销户、变更账户。2019年7月22日，组织辖内各金融机构完成取消企业开销账户审批程序，企业开销账户在各金融机构线下就能完成。提高征信服务水平，规范征信业务操作。继续推广应收账款融资服务平台。2019年，磴口县融资服务平台注册用户数26个，其中，企业用户16个，各级金融机构用户8个，个人用户2个。应收账款融资服务平台得到社会各界的认可，累计融资3.28亿元。查询信用报告8253次，其中，企业查询 118 次，司法查询 12 次，个人查询 8123 次。

（张志强）

中国工商银行磴口支行

【概　况】 2019 年，中国工商银行磴口支行实现利息收入 1858.76 万元，中间业务收入 850 万元，实现拨备前利润 1254 万元，人民币各项存款余额 88897 万元，人民币各项贷款余额 38665 万元。对公存款时点增量市场占比第二，储蓄存款时点增量市场占比第一。

【机构设置】 中国工商银行磴口支行所辖 2 个网点：营业室及东风支行，内设对公经营业务部、个人经营业务部和综合办公室。

【信贷管理】 2019 年，落实贷后管理职责，规范企业、个人贷款双人调查、双人见客谈话、严格贷款用途真实性审查和贷后跟踪检查制度。对新增贷款明确专人全程跟踪，对住房按揭贷款、企业的生产经营状况、销售款项回笼情况等随时监控。对个人贷款逾期的客户，组织专人提前电话或上门催收。

【社会服务】 2019 年，中国工商银行磴口支行党支部建立“送温暖、献爱心”和走访慰问长效机制，制定《“帮扶共建、履行社会责任”活动实施方案》。定点扶贫帮扶对象磴口县沙金苏木哈业乌苏嘎查，对扶贫对象进行力所能及的全面调查帮扶。党支部、工会积极组织青年员工参加义务献血活动。

【金融业务】 2019 年，开展“走百家商户，访万家客户”活动，积极支持县域小微企业发展，助力民营经济发展，为壮大磴口区域经济开展贡献力量。大力拓展手机银行业务、代发工资、信用卡、电子银行产品的营销工作。

【内控管理】 2019 年，成立内控管理、节假日期间重点业务案件防范检查、内控评价、内控应急预案等领导小组，层层签订内控管理、安全保卫责任状。采取现场与非现场、定期与不定期检查、专项检查与常规检查相结合的“立体式”检查方式。定期召开案件防范分析会，加大风险点的排查力度和责任追究力度。坚持对员工思想行为动态进行细化管理。

【服务管理】 2019 年，磴口支行党支部强化“以客户为中心”服务理念，通过加强渠道建设、创新服务举措、强化服务管理和注重金融消费者权益保护等措施。在网点营业大厅电视循环播放反假币、反洗钱、反非法集资等金融知识，在大厅设立便民服务爱心区、残疾人专用通道、贵宾专柜、烈属及军人专柜、客户意见簿和意见箱，并向客户提供免费无线网络等。开展“反电信诈骗”“普及金融知识”活动。

【金融安全体系建设】 2019 年，通过视频、发放宣传折页等形式，向广大客户揭示电信、ATM、网银欺骗等常见犯罪手法，帮助客户增强辨假防骗能力。通过通报典型案例事件，开展警示教育，做好防抢、防盗、防诈骗和防火灾事故为重点的安防工作，不断增强员工风险防范意识。每日巡查布控、门窗、落锁、安全防范设备是否到位，确保辖区网点安全无事故。定期开展应急演练。把防抢劫、防盗窃、防火灾作为演练重点，不定期对各网点的监控设备、安防设施、ATM 自助设备、110 联网报警系统运行管理情况按规定和要求进行检查，确保磴口支行安全稳健运营。

（孔祥瑞）

中国农业银行股份有限公司磴口县支行

【机构设置】 中国农业银行股份有限公司磴口县支行，全行共 50 人，所辖 3 个营业网点：营业室、通达支行、金穗支行，内设综合管理部、财会运营管理部、客户部、风险管理部 4 个部室。加强干部选用力度，完成 3 个营业网点内勤行长和营销副行长的选聘工作。突出政治功能，加强基层党组织建设，营业网点全部单独设立党支部，实现纪委书记专职化，战斗堡垒作用进一步增强。

【金融服务】 2019 年，磴口农行各项存款余额为 103249 万元，较年初增加 27930 万元，增量系统内排名第二，同业（四行比较）排名第一，市场份额 40.98%，排名第一。其中储蓄存款余额为 54556 万元，较年初增加 4999 万元；对公存款余额为 48693 万元，较年初增加 22931 万元，增量系统内排名第二，同业（四行比较）排名第一。各项存款日均余额为 82817 万元，较年初增加 7349 万元，其中储蓄存款日均余额为 52814 万元，较年初增加 6380 万元；对公存款日均余额为 30003 万元，较年初增加 969 万元。

2019 年，各项贷款余额为 27730 万元，较年初增加 3962 万元，增量同业排名第一。信贷服务能力显著提升。加大信贷投放力度，截至 2019 年末，累计投放小微企业流动资金贷款 5580 万元，累计投放个人类贷款（含三农贷款）2.4 亿元。在 2019 年春天行动中，仅 1 月末就投放惠农 e 贷 1.17 亿元，在全区排名第二位，惠农贷款实现苏木镇全面覆盖。加大扶贫贷款发放力度，发放精准扶贫贷款 80 户，金额为 300 万元。2019 年 7 月末，超额实现县域每个苏木镇涉农贷款投放额平均不低于 1000 万元，每个行政村涉农贷款投放额不低于 100 万元“千乡千队、万村百亿”金融支持脱贫攻坚目标。加大小微企业的金融服务力度。主动对接圣牧草业，为公司上游 19 户客户发放个人农村生产经营贷款 1825 万元；成功为磴口县医院发放首笔中期流动资金贷款，贷款授信 1500 万元，首次发放 400 万元，有效缓解县医院购药资金紧张形势。提高“惠农卡 + 电子渠道”的基础服务，设立惠农（民）金融服务点 57 个、电子机具行政村覆盖率 60%。发放惠农卡 1.2 万张，惠农卡沉淀个人存款 0.4 亿元，疏通城乡金融服务“毛细血管”，为农牧户贷款转型发展奠定基础。与内蒙古鼎新融资担保有限责任公司和内蒙古农牧业融资担保有限责任公司等 2 家农担公司进行合作，充分发挥财政金融协同支农优势，就农牧户贷款提供保证担保业务合作事项达成合作协议。发放新农 E 贷 31 户，金额 1870 万元。

2019 年，磴口农行实现中收 571 万元，盈利 823 万元。全行员工收入净增 76 万元，综合绩效考评由上一年度的第 6 位上升至全市农行第 4 位，上升 2 个位次。

【加强内控管理】 2019 年，磴口农行内控评价等级为一类行。获得总行级安全保卫先进单位的光荣称号。

（孙艳红）

中国建设银行股份有限公司磴口支行

【机构设置】 中国建设银行股份有限公司磴口支行内设营业部、客户部、综合管理部，主要经办企事业单位和居民存款、发放贷款、国内外结算、票据承兑和贴现、代理保险和代理收付款、外汇买卖及代理、个人贵金属、金融理财、发行及代理发行兑付承销买卖金融债券和政府债券、从事同业拆借、银行卡等业务。岗位设置行长、副行长、营运主管各 1 名，客户经理 2 名，全行人员 16 人。

【存款情况】 2019 年，全口径存款时点余额为 43754 万元，较年初新增 2608 万元，增幅 6.34%，高于巴彦淖尔分行增幅 4.98%；一般性存款时点余额为 42691 万元，较年初新增 5746 万元，计划完成率 115.36%，一般性存款日均余额为 39270 万元，较年初新增 1853 万元，计划完成率 40.44%。对公存款时点余额 6945 万元，较年初新增 977 万元，计划完成率 51.68%，增幅 16.38%，高于巴彦淖尔分行增幅 -8.69%；对公存款日均余额 5762 万元，较年初新增 -2357 万元，计划完成率 -127.22%。个人存款时点余额为 35746 万元，较年初新增 4769 万元，计划完成率 154.33%，增幅 15.39%，高于巴彦淖尔分行增幅 15.19%；个人存款日均余额为 33507 万元，较年初新增 4211 万元，计划完成率 154.24%。

【贷款情况】 各项贷款余额 11881 万元，较年初下降 328 万元，计划完成率 -11.65%，其中对公贷款余额 2275 万元，比年初下降 788 万元，个人贷款余额 9606 万元，比年初增加 460 万元，增幅 5.03%，信用卡贷款余额 5365 万元，比年初增加 797 万元，计划完成率 83.85%。

【中间业务】 2019 年，实现中间业务净收入 409 万元，比上年同期增加 62 万元，增幅 17.87%，完成全年任务 548 万元的 74.60%。个人手机银行新增活跃客户 6590 户，完成率 106%；个人网银新增活跃客户 193 户，完成率 36%；个人短信金融客户净增 761 户，完成率 54%；企业网银新增活跃客户 171 户，完成率 71.25%。企业短信客户净增 76 户，完成率 190%；网联支付交易客户 18612 户，完成率 95%；悦生活场景净增 6 户，完成率 300%。有个人客户 40365 户，对公客户 570 户，单位结算账户新增 144 户，党群服务平台签约上线 12 户，安心养老平台签约上线 4 户。信用卡客户新增 613 户，POS 商户新增 120 户。代理发行国债 254 万元，代理中央及自治区、县级财政业务 21240 万元，代理贷款 8600 万元。

（李　莉）

中国农业发展银行磴口县支行

【机构设置】 中国农业发展银行磴口县支行内设办公室、客户业务部和会计结算部。

【业务经营】 2019 年末，磴口县支行各项贷款余额为 35731 万元，各项存款余额为 22034 万元，日均存款余额为 24068 万元；累计实现中间业务收入 1.36 万元；各项业务收入 1.742 万元，成本收入率为 36.35%，资产利润率为 2.1%。

【营销新项目】 2019 年，支行已与磴口县黄河风情特色小镇建设项目法人进行项目对接，承贷主体已在支行开立基本存款账户，该项目已入选 2017 年全国优选旅游项目库，项目采用 PPP 模式实施，由政府授权出资代表磴口县城镇发展投资有限公司与社会投资者重庆金点园林有限公司组建项目公司实施，政府授予项目公司特许经营权。项目总投资为 6 亿元，其中项目资本金 1.2 亿元，由政府出资及社会投资者筹集解决，申请旅游扶贫中长期贷款 4.8 亿元，通过对该项目的建设，推动地方旅游事业的发展。乌兰布和沙漠整治项目。2019 年支行贷款客户磴口县沙业兴农业综合治理有限公司与北大新世纪公司已初步达成合作意向，2 家公司计划共同出资成立公司，合作项目内容主要包括建设 10 万亩蒙中药材的种植、精深加工及高端产品销售产业链，推广发展 10 万亩油沙豆产业的种植、加工及销售产业。2019 年底，进行市场调查及方案设计阶段。小微企业流动资金贷款项目。磴口县包尔盖农牧业科技发展有限责任公司位于磴口县包尔盖农场，该公司立足当地优势资源，推进牧草业和畜牧业同步发展，农场苜蓿种植面积为 2.3 万亩，年产干苜蓿 2.3 万吨，能够为该公司产品发展提供充足的货源，地方政府也给予其资金帮助，2019 年财政部门向该公司拨付专项资金 491 万元，用于建设育羊基地及相关配套设施，其中，育羊舍 300 平方米、羊舍 850 平方米、贮草棚 500 平方米、贮料间 400 平方米、彩钢结构贮草棚 8200 平方米。黄河流域生态保护项目。项目由巴彦淖尔市淖尔开源公司管理，中国建筑一局集团中标实施，工程建设期为 2019—2021 年 3 年。2 项工程总投资 6.43 亿元，其中，国家投资 2.57 亿元、地方自筹 3.86 亿元。

【促进存款新突破】 2019 年累计营销账户 20 户，累计营销存款 304 笔，金额 16546 万元，其中，营销非贷客户存款 261 笔，金额 7722 万元；营销贷款企业及上下游客户存款 39 笔，金额 3685 万元；营销财政存款 4 笔，金额 5139 万元，占比 31.06%。

（孙亚红）

磴口县农村信用合作联社

【机构设置】 2019 年，磴口县农村信用合作联社共有营业网点 21 家，其中营业部 1 家，信用社 12 家，分社 8 家，分别为营业部、北滩分社、联合分社、东风路分社、学府信用社、政务中心分社、粮台信用社、河套市场信用社、三盛公信用社、乌兰布和分社、坝楞信用社、渡口信用社、补隆淖信用社、协成信用社、哈腾套海信用社、隆盛合信用社、公地信用社、沙金信用社、包尔盖分社、纳林套海分社、巴彦套海分社。

【业务经营】 2019 年，全辖信用社资产总额 306259 万元，负债总额 278424 万元，所有者权益 27835 万元。各项存款余额为 253373 万元，各项贷款余额 259641 万元，涉农涉牧贷款占比 88.20%，小微企业贷款占比 56.98%，全年上缴利税 556 万元。

（苏虎娃）

中国人寿保险股份有限公司磴口支公司

【机构设置】 中国人寿保险股份有限公司磴口支公司 2019 年 9 月三定改革后设置为 5 个部门，分别为经理室、大个险部、机构业务部、客服部、综合部。

【业务概况】 2019 年，保费收入 6938.4 万元，其中长险保费 6615.3 元，短险保费 322.1 万元，银行保险业务 217 万元，投保人数 53602 人，各类给付 2395.08 万元。

2019 年，全县精准扶贫业务交由人寿保险公司一家承保，共收保费 77.18 万元。2020 年，已和扶贫办签订扶贫保险业务协议，依然由人寿保险公司一家承保，预计保费 76.46 万元。

（冯　煜）

中国人民财产保险股份有限公司磴口支公司

【机构设置】 中国人民财产保险股份有限公司磴口支公司内设经理室、出单中心、理赔管理部、财务会计部、农业保险部（保险扶贫部）、商非团队、综合部。

【业务概况】 2019 年，保费收入 5286.22 万元，其中车险保费 1650.61 万元，非车险保费 278.2 万元，农险保费 3357.41 万元，赔款支出 2415.54 万元。

（马　洪）

中华联合财产保险股份有限公司磴口县支公司

【机构设置】 中华联合财产保险股份有限公司磴口县支公司内设经理室、理赔室、农险科、收付岗、签单岗、综合内勤岗。

【业务概况】 2019 年，中华联合财产保险股份有限公司磴口县支公司共收保费 2109 万元，共赔款累计 1069.67 万元。

（徐立翔）

安华农业保险股份有限公司巴彦淖尔市磴口县支公司

【机构设置】 安华农业保险股份有限公司巴彦淖尔市磴口县支公司内设经理室、农业保险部、商业保险部、综合管理部。

【业务概况】 2019年，安华农业保险股份有限公司巴彦淖尔市磴口县支公司共收取保险费1402.39万元，赔款金额704.96万元，2019年向磴口县财政缴纳税金9.89万元。

【经营险种】 经营车辆保险、农业保险、财产损失保险、责任保险、信用保险和保证保险、短期健康保险和意外伤害保险，经中国保险监督管理委员会批准的其他保险业务。在承保中央政策性种植险保险业务的基础上，开办设施农业保险业务。2019年温室大棚保险业务市场份额在全县占比68%。公司开发并独家承办全县番茄保险、渔业保险等地方政策性保险业务。

（侯京奋）

通信　邮政

中国移动

【机构设置】 中国移动通信集团内蒙古有限公司磴口分公司内设综合部、市场部、网络部、集团客户部，包含9个小班组，即综合班组、市场班组、集团客户班组、网络班组、中高端客户班组、巴彦高勒营业厅、渡口营销中心、纳林套海营销中心和隆盛合镇营销中心。

【业务经营】 经营基本语音业务、互联网宽带、手机上网、手机支付、手机阅读、无线音乐俱乐部、12580信息查询、音频视频及集团专线、校信通、警务通、云MAS和直播及云产品等业务。

【设施建设】 2019年，该公司有约2471千米通信光缆、236个基站。通信号段有134、135、136、137、138、139、147、150、151、152、157、158、159、182、183、187、188、198。

【通信覆盖】 2019年，磴口县城区、乡镇所在地，高速公路网络覆盖率100%，国道、省道、铁路、A级旅游景点覆盖率均达到99%以上。关注农村牧区通信需求，完成4G网络覆盖建设任务。

【网络建设】 完成15处宽带远程接入服务器建设任务并形成放号能力，全力保障市场宽带远程接入服务器业务发展。完成综合业务接入光缆建设18.485千米。完成本地网光缆建设6.08千米。完成汇聚机房选址1处，管道建设2.8千米。配合县工信局完成资料上报。通过县公安局网信中心全年网络信息安全检查。100%完成与铁塔的电表过户及租赁基站合同的交接工作。完善大账电费的缴纳工作，剔除退网设备的用电信息。磴口县城区小区92个，其中覆盖移动宽带小区74个。

【业务统计】 2019年，用户数8.51万户，营业收入5423万元。

（姜淑红）

中国联通

【机构设置】 中国联通巴彦淖尔分公司磴口公司内设集团客户部、社会渠道网格、电子渠道网格、驻地网网格、农村营销中心、建设维护部、自有营业厅、综合支撑中心。

【业务经营】 经营GSM和WCDMA制式移动网络业务、固网本地电话业务、国内通信设施服务业务、固定位国际长途业务、网络托管业务、国内因特网虚拟专用网业务、语音信箱业务、传真存储转发业务、因特网接入服务业务和信息服务业务，经营无线数据传输业务，经营与通信及信息业务相关的系统集成、设备生产销售、设计施工业务、电信卡的制作、销售、客户服务、移动语音及数据等多种通信单位内业务。

【设施建设】 磴口联通4G移动网络覆盖全县城区、乡镇及村社、高速公路、国道、省道、乡道、铁路沿线，高速宽带百兆光纤入户建设，30家营业网点延伸到城区、乡镇及村社，网上营业厅、手机营业厅、短信营业厅等提供多方面的服务。通信号段有130、131、132、155、156、176、185、186、166、145。

【业务发展】 公司围绕打造千兆光纤小区，通过进小区业务宣传，现场为用户办理业务，优化光纤设备，解决用户在使用中出现的问题。与腾讯合作，推广腾讯大王卡业务线上及线下业务。开展“民工返城、学生返校”春季营销工作，推广线上办理业务，用户足不出户即可办理各种联通业务。为推动农村宽带业务发展，光纤改造到户，制定专属农村用户政策，“一村一策”。2019年推出沃云创新型业务，实现微信点餐、党建工作、智慧大棚、智慧酒店等业务。

（那文斌）

中国电信

【机构设置】 中国电信股份有限公司磴口分公司2019年有员工18人。下设城区营销中心、政企客户部、网络部、乡镇营销中心、财务及1个自有营业厅。

【业务经营】 经营移动语音、数据、固话、宽带和多媒体业务及电路、互联网+、云业务等，除提供基本语音业务外，还提供互联网宽带、手机上网、手机支付、手机阅读、无线音乐俱乐部、信息查询、音频视频等多种业务。

【设施建设】 网络覆盖帮助客户实现“无时无刻、无处不在”的沟通与交流。20多个营业网点延伸到乡镇农村，实现“一乡一店，一村一人”的目标。网上营业厅、空中充值等服务举措，方便客户。通信号段有133、153、189、180、181、177、199、191。

【通信覆盖范围】 全县城区、乡镇所在地建设4G基站81座，高速公路网络覆盖率达到100%，国道、省道、铁路、A级旅游景点覆盖率均达到99%以上。为边远行政村和自然村建设光纤入户，覆盖47个行政村。

【业务发展】 除提供基本语音业务外，还不断开发推广新的增值业务，短信、彩信、彩铃、语音杂志等新业务。手机支付、信息查询、音频视频以及音乐俱乐部、手机报等业务推动手机终端集合越来越多的功能。

（柴小茹）

邮 政

【机构设置】 中国邮政集团有限公司内蒙古自治区磴口县分公司内设综合办公室、市场营销部。下设4个中心，即金融业务中心、包裹快递中心、渠道平台中心、集邮与文化传媒中心；9处金融网点，其中城区6处，即东风邮政储蓄营业所、广场邮政储蓄、钢铁路邮政储蓄营业所、火车站邮政储蓄营业所、振兴路邮政储蓄营业所、朝霞路邮政储蓄营业所，农村3处，即哈腾套海邮政储蓄营业所、纳林套海邮政储蓄营业所、隆盛合镇邮政储蓄营业所；9处农村委代办网点，即渡口邮政代办所、补隆淖邮政代办所、协成邮政代办所、公地邮政代办所、沙金邮政代办所、小关井邮政代办所、乌兰布和邮政代办所、巴彦套海邮政代办所、包尔盖邮政代办所。

【邮政储蓄】 2019年，加大发展储蓄余额、理财业务、代发工资、资金归集、POS机、手机银行、网上银行等业务，金融资产规模6.84亿元，资产总规模绝对值列全市第5位，储蓄余额4.04亿元，理财保有量2.39亿元。

【寄递业务】 2019年，实现全国70个主要大城市次日递，所有地市以上城市3日内寄达。拥有投递人员26人，投递车辆20辆。全年快递包裹达20万件，同比增幅100%，华莱士节期间，与电商园区合作成功向全国寄递华莱士3万件以上，带动产能达140余万元，在全国范围打响磴口华莱士的美誉。继续深化与政务市场合作，寄递公文3317件、二代身份证2315件、法院文书2459件。较上年业务量的快速提升，最后一千米和第一千米的服务能力不断提升。

【集邮与文化传媒】 2019年，对接县委宣传部、县委组织部、县机关工委、县旅游与文化体育局，联合组织策划“不忘初心、牢记使命”暨“观邮展、听党史”庆祝建国70周年集邮文化博览会活动，近千名党员参加活动，受到机关企事业单位的好评。全年新邮预定年册1273套，销售两会、改革开放40周年等政治题材邮册50册。函件业务组织推进宣传项目落实，在旅游旺季为纳林湖景区发布新媒体广告，为交警大队发布交通安全宣传媒体1期，为中国邮政储蓄银行发布金融安全宣传媒体3期。为消防队进行政讯通宣传，在建制村建立并维护34块政讯通宣传栏。报刊业务全年累计发行投递报刊117万份，其中党报党刊94480份。

【渠道平台】 2019年，依托便民服务，代收通信费、水费、电费等各类生活缴费。深入警邮合作项目，在邮政网点可以办理车驾管业务。进一步落实政府“放管服”工作举措，加强驻政务中心工作，解决群众最后一千米的服务问题。9处金融网点均开通代开税票业务台席，为磴口县税收便利发展贡献邮政的力量。

【基础能力建设】 2019年，在上年邮政投入50多万元对磴口县47处建制村实现通邮服务，打通县域、乡镇、村级投递运输渠道，建制村党报党刊每周投递三个频次的基础上，进行提档升级，服务标准、要求规范化得到提升，为9个农村普服网点制作标准化公示栏，对补隆、公地、五团进行装修改造，3处农村普服网点开通电子化支局。全面普及强化普服4项基本业务的办理能力，所有普服网点人员的业务能力都有不同程度的提升。

（苏　畅）

苏木镇　农场

巴彦高勒镇

【概　况】 2019年，辖区总人口65561人，其中城镇常住人口59956人；农业人口24913人，另有流动人口5538人。总人口中，男性33370人，占50.9%；女性32191人，占49.1%；17岁以下8110人，占12.37%；18～59岁43376人，占66.16%；60岁以上14075人，占21.47%。总人口中，以汉族为主，达58880人，占89.8%；有蒙古族、回族、满族、朝鲜族、达斡尔族、壮族、苗族、维吾尔族、畲族、侗族、彝族、瑶族等16个少数民族，人口6681人，占总人口10.2%。超过千人的少数民族有回族，回族达3844人，约占少数民族总人口的57.54%。2019年，全年出生526人，出生率为7.0‰，人口自增率3.0‰。

【自然条件】 气温。2019年，平均气温较常年偏高1.2℃。巴彦高勒镇2019年平均气温10.1℃，较常年偏高1.3℃；极端最高气温为37.0℃，出现在7月25日；极端最低气温为-20.2℃，出现在12月31日。2019年出现4天35℃以上高温天气，全部集中在7月（4日、20日、25日、26日）。四季平均气温变化中，春季（3—5月）、夏季（6—8月）、秋季（9—11月）较常年偏高2.0℃、0.9℃、1.8℃，2018年后冬（1—2月）和2019年前冬（12月）较常年偏高0.4℃、0.6℃。

降水。2019年降水量为87.9毫米，较常年偏少55.4毫米。降水主要集中在4—8月，占全年降水量8成。

日照。2019年日照时数为3098.5小时，较常年偏少115.1小时。从四季分布来看，2018年后冬（1—2月）、春季和2019年前冬（12月）较常年偏多9.1小时、7.5小时和20.1小时；夏季、秋季较常年偏少70.9小时、80.9小时，5月、6月因降水偏多，日照较常年偏少30.1小时、66小时。

风速。2019年平均风速2.7米/秒，与常年持平。2019年前冬（12月）较常年偏大0.1米/秒。2019年巴彦高勒镇出现14天大风天气，较常年偏多4.6天，大风天气主要集中在春季（5天）、夏季（4天），占全年大风天气6成以上。

水文。境内河道属黄河流域，从巴彦高勒镇南部二十里柳子至北粮台村，长30千米，流域面积5.8平方千米，年均流量1090立方米/秒，主要支流有东一支渠、乌审干渠等。

自然灾害。2019年，受强冷空气和对流云团影响，5月11日午后，巴彦高勒镇出现短时雷雨天气，葡萄基地降水量1.1毫米。11日中午到夜间，出现大风、沙尘暴天气，极大风速达8～10级，巴彦高勒镇最大风速19.1米/秒，最小能见度412米。12—13日，磴口县大部分地区最低气温小于2℃，巴彦高勒镇最低气温4.0℃，地表最低温度2.7℃。

【机构设置】 2019年，巴彦高勒镇辖6个社区居民委员会，5个村民委员会和1个牧民嘎查，分别是镇南社区居民委员会、西环社区居民委员会、钢铁社区居民委员会、贺兰社区居民委员会、和平社区居民委员会、南开社区居民委员会，北粮台村民委员会、北滩村民委员会、城关村村民委员会、旧地村民委员会、南粮台村民委员会，沙拉毛道嘎查。下设55个居民小组、29个村民小组。

【农牧业经济】 2019年，农作物总播种面积3.9万亩，粮食产量2229万千克，畜禽饲养总量11.8万只（头）。建成以旧地村为中心的盐碱地改造示范区和以沙拉毛道嘎查为中心的沙漠生态治理示范区。6个嘎查村集体经济全部达到5万元以上，达到10万元以上的3个。农作物投保面积1.8万亩，投保金额8.5万元，农业保险理赔金额15.3万元。开展农业科技培训15场次，受益农牧民达到1800人。

【第三产业经济】 2019年，巴彦高勒镇境内景点游客接待100万余人次，旅游业收入达2000余万元。

【工　业】 2019年，个体工业202家，从业人员369人，实现总产值2133亿元。

【商　业】 2019年，全镇有饮食业、服务业等各类服务网点3691户，从业人员6941人，实现营业收入3.1亿元。

【城镇建设】 2019年，城区完成城建投资4亿元，建成全民健身中心、西区广场2.3万平方米。改造水厂住宅楼等5个老旧小区、卫干校二期等5个老旧平房区，完成棚户区改造住户327户。改造供热主管网6.5千米，消除城区供热隐患。建成封闭式生活垃圾压缩转运站4座。新增园林绿化面积4万平方米。

【美丽乡村建设】 2019年，完成投资1000万元，建成全县首座农村生活污水处理厂，建成垃圾收集转运站1处，铺设污水管网20千米，全镇农牧区共有公厕29座、水冲厕所7座，卫生厕所户数达到1108户，卫生厕所覆盖率65%以上。投资620万元，新修磴二路、旧地、北滩村油路15.5千米。投资118万元，完成旧地新村美丽乡村建设项目。2019年，出动护林员及干部1440余人次，对境内林带、主干道内林地进行补植和绿化，栽植乔灌木58.2万株，全年整改林业图斑225个2581.3亩，加大对乱开乱垦行为的治理和惩戒力度，减少图斑整改存量，控制增量，全镇林木覆盖率大幅提升。

【文化事业】 2019年，联合共建单位开展职工台球比赛、扫黑除恶知识竞赛、趣味运动会、老年人棋牌比赛、红色教育点观摩等文体活动50余次，参与全县70周年主题大合唱、“不忘初心、牢记使命”知识竞赛、华莱士节赛龙舟等活动，并取得良好成绩。全镇开展的特色活动在自治区新闻媒体播放2条、巴彦淖尔市媒体播放14条、县级媒体播放26条，各类宣传报道先后刊登在《巴市日报》29篇、《磴口时报》68篇，微信公众平台推送信息335期502条，推送一周动态45期，巴镇夜读37期。

【广播电视】 2019年，巴彦高勒镇29个村民小组全部通有线电视，有线电视普及率98%。6个村安装远程教育平台。8个社区居委会安装远程教育平台和就业平台。

【医疗卫生】 2019年，全镇有社区卫生服务室8所，村卫生室13个，卫生技术人员280人，病床225张。农村安全饮用水普及率96.65%。城乡医疗保险参保人数2.2万人，收取医保费用756万元。全面普及落实二孩政策，开展卫计宣传教育活动62场次，发放宣传材料1万余份，药具2000余个。

【社会保障】 2019年，采用“一卡通”发放低保、五保、长寿、三无人员、困难残疾人生活补助金、电价补贴、取暖补贴等2223.5万元，发放农村医疗救助、临时救助等245万元。发放耕地地力保护补贴款71.4万元。全年发放退役士兵地方经济补助、优抚对象医疗补助、义务兵家属优待金等。建成退役军人服务中心7个、退役军人信息采集点2个及武装器材库与民兵之家，完成全镇退役军人信息采集工作及光荣牌发放工作。

【社会维稳】 2019年，"扫黑除恶"专项斗争持续保持高压态势。设立扫黑除恶固定宣传牌40余块，发放宣传资料3万余张。摸排收集线索90条，全部梳理办结。组织开展法治宣传活动20余次，发放法律书刊1000余本，宣传资料6000余份，接待法律咨询110人次，办理法律援助案3起。

【脱贫攻坚】 2019年，城关村特色餐饮项目、北粮台村钢架大棚项目正式运行，带动21户贫困户脱贫致富，增加村集体经济收入4.2万元。建成南粮台村精养鱼池50亩、发展经济林种植45亩，预计每年增加村集体收入2万余元，全镇村集体经济全部达到5万元以上。聚焦脱贫成效，"十项清零达标"专项行动全部完成，为贫困户申请小额贷款15户。完成光伏小镇水电路、绿化、取暖等基础设施建设，全面启动光伏小镇易地搬迁工作，完成全县贫困户安置21户42人。设立公益岗位8个，吸纳8名贫困户实现就业。全面完成自治区巡视、扶贫开发成效反馈问题整改工作。全镇714户1398名贫困人口实现脱贫全覆盖，提前一年完成脱贫攻坚任务。

【污染防治】 2019年，投资6.4亿元，在巴彦高勒镇沙拉毛道嘎查二十里柳子社进行防沙治沙和生态修复示范工程，平整沙地5万亩，完成作业路124千米，栽植梭梭、经济林、景观林5万亩，接种肉苁蓉6.5万亩，工程治沙初见成效。扎实开展农业"四控"行动，新型肥料使用面积5000亩，水肥一体化智能施肥面积1460亩。全镇渠道砌衬40.5千米，膜下滴灌面积1.1万亩；建成"四控"回收点6处，回收废旧农膜、农药瓶2500余千克。严格落实"河湖长制"，开展河湖"清四乱"专项行动，清理河道及两岸垃圾180余吨，清淤疏浚河道、排沟23千米。全年接到环保督查举报案件3起，全部整改到位。

【防范化解重大风险】 2019年，通过压缩各项政府支出，严格审计核减、多方筹措资金、资产抵顶、整合项目资金、财政拨款等方式，全年化解存量债务2176.7万元，没有产生增量债务，促进经济社会持续健康平稳发展。各社区、嘎查村集中开展"百日攻坚"行动，围绕生产、食品药品、道路交通安全等重点领域开展排查86次，排查各类安全隐患133项，全部立行立改，全镇未发生较大安全事故。

【创卫工作】 2019年，各社区与共建单位以每周五固定卫生清扫日为抓手，出动干部4500余人次，开展环境大清扫280余次，清扫城区卫生死角190余处、大型陈旧垃圾堆放点5处，清理垃圾6800余吨，清理38个住宅小区"僵尸车"4500余辆。聘请专业灭鼠公司，对城区进行无死角灭鼠，鼠疫发生以来，组织社区、村委会工作人员开展鼠疫防控入户排查30余次，为群众免费投放灭鼠药，有效控制疫情蔓延。开展义诊、健康知识讲座等活动50余次，在各主要街路安装路标指示牌100余块，安装创卫宣传栏128个，发放创卫宣传手册2万余份，形成创卫浓厚氛围，卫生县城顺利通过自治区验收。各社区以羽毛球、乒乓球、台球、舞蹈室、健身房等活动阵地为载体，全年吸纳1万余人次到社区进行体育锻炼。富源广场、人民公园、南湖、北海、西翠湖健身步道、健身器械等基础设施不断完善，健步行、骑行等人数不断增加，居民健康素养逐步提升。

【"放管服"改革】 2019年，全面完成"一卡通"清理，解决发现问题29个。建成便民服务中心（代办点）12个，吸纳在职党员、居民志愿者等100余人开展上门代办服务，全年受益群众1500人次，打通联系服务群众的"最后一公里"。

【依法行政】 2019年，整治乱贴乱画、乱搭乱建、乱堆乱放等市容"顽疾"26处，开展辖区内宗教场所专项排查20余次，整治问题40余起。

【社区服务】2019年，社区建成少数民族服务中心2个，设立党员示范服务岗6个、少数民族双语服务岗4个，各社区服务中心累计接待群众2万人次，吸纳乒乓球、秧歌队、羽毛球、书法协会等20个团体在社区活动。社区排查危房户1063户、特危房户114户，劝离转移212户，新建和改建危房户350户。登记就业需求人数288人，帮助解决就业150人。统计、核实10个小区住户无不动产权证情况，申请县政府帮助解决1179户小区不动产登记证办理。投资58万元，建成社区居家养老中心1个、残疾人康复训练室1个，弱势群体服务载体更加多元化。投入资金14万余元，对全镇700余名困难群众进行慰问。

【人大工作】2019年，巴彦高勒镇在西环、南开、贺兰、和平4个精品社区设立“两代表一委员”工作室，使人大代表履职实现专房专用，并逐步配齐电脑、打印机等办公设备，为代表履职尽责创造良好条件。人大代表履职信息、办事流程、监督电话等全部上墙，广泛接受群众监督，把每月10日作为“两代表一委员”工作接待日。接待群众500余人次，收集群众意见建议20余条，协调相关部门全部办结。巴彦高勒镇有市人大代表6名，县级人大代表58名，镇级人大代表69名，实现代表履职有人员、有场地、有制度的“三有”目标。充分落实人大代表票决制。镇人大代表将民生实事项目的征集、决定、监督、评价等诸多环节引入人代会制度，发挥人代会主渠道作用，让政府决策由“为民做主”变为“由民做主”，从倾听群众声音变为为基层发声。发放民生实事项目工程征集表100余张，初步确定民生项目4个。

（赵家慧）

补隆淖镇

【概　况】补隆淖镇位于磴口县东北部，南接巴彦高勒镇，西连乌兰布和、哈腾套海农场，北与隆盛合镇相邻，东与渡口镇隔总干渠相望。镇域总面积77平方千米，辖7个行政村37个村民小组，总耕地41489亩，人口7592人，有汉族、回族、满族、蒙古族、藏族、朝鲜族、彝族7个民族，少数民族以回族居多，回族人口1315人。

【农　业】补隆淖镇种植业以小麦、玉米、葵花、蜜瓜、番茄种植为主，蜜瓜种植业为特色种植业，在补隆淖镇有悠久的历史，曾被国务院特产办命名为“中国华莱士蜜瓜之乡”。镇内交通便捷，京藏高速公路、包兰铁路、110国道由北向南纵贯全境，乡村小油路覆盖率达90%以上。全镇有卫生院1个，村卫生室6个，卫生技术人员10人，卫生服务体系健全；有小学1所，在校教师19人，学生35人，适龄儿童入学率100%；拥有移动通信基站4座，联通基站2座，移动网络覆盖率100%；有镇级综合文化活动室1个，村文化室7个，社火文艺队伍4支；集镇建设已成规模，集镇有个体工业户38户，商户149家，占地10000平方米的农贸交易市场1个，其中，独具特色的清真餐饮食堂有36家；农产品销售网站与全国联网，发布信息、搜集信息迅速，电子政务畅通。

【农牧业】2019年，全镇总播种面积40233亩，钢架大棚种植面积2500亩，全镇畜牧业继续向规模化、标准化方向发展，养殖业以肉羊、奶牛为主，建成规模化养殖场9处，全年牲畜出栏1.7万头（只）。建成设施农业2500亩、高标准示范农田3000亩，探索建立“党支部+企业+专业合作社+贫困户”发展模式，通过能人带动、扶贫车间、收益分红、庭院经济等方式，打造千亩西红柿种植“红色产业”、蜜瓜发展“甜蜜产业”等生产基地，促进一二三产业融合发展，实现农畜产品全年梯次上市、线上线下同步销售。销售西红柿及其产品237.5万千克，各类瓜品582.5万千克，农民增收2000余元。全年有效防控非洲猪瘟、鼠疫、红蜘蛛等病情灾害，组织开展农民适用技术和技能培训30余次，推广普及新品种、新技术，严格落实“四控”（即控肥增效、控药增害、控水降耗、控膜提效）措施。

【林　业】 2019年，栽植金叶榆、垂柳、新疆杨、国槐等各类苗木4621株，栽植小榆树苗12.9万株，栽植经济林木825株。完成村庄沿线、高速公路、铁路沿线林木病虫防治5.4万余株。完成整改栽植镇内涉及的疑似非法占用林地图斑140个，销号17个。

【生态环境】 2019年，全镇配备专用车3辆，垃圾转运箱、收集桶3100个，聘用保洁员11名，建成垃圾转运站3处。推进厕所革命，建成污水处理站1座，完成户改厕289户，全镇卫生厕所普及率66%。在各村集中开展环境卫生整治200余次，签订“门前三包”责任书200余份，规范整顿集镇、瓜果市场秩序20余次，转运农村生产生活垃圾1442.5吨。集中整治二排干、东风渠、东一支沿线环境卫生30千米，清理河道垃圾393吨，治理乱占、乱堆、乱建71处。落实绿色防控7000亩，化肥、农药使用量较往年大幅减少。建成高标准示范农田3000亩，年节约水量6万立方米，节约水费2万余元。设立废旧农膜及农药包装有偿回收站点3处，累计回收5000千克，回收率70%。全镇畜禽粪污资源化利用率90%。

【基础设施】 2019年，投资424.5万元，完成友谊村小型污水处理设施建设、友谊村社区服务中心改建、夹道村阵地扩建、团结村委会院落硬化、夹道村设施农业基础设施完善、新河村标识牌设置6项人大代表票决民生实事项目。投资32.4万元，在夹道村衬砌毛渠1.2千米；投资400万元，在团结村实施完成3000亩高标准农田建设，衬砌农渠2.7千米，新开沟渠27条，总长20千米，配套渠系建筑物36座，利用风积沙改良中度盐碱地900亩，修建农机便道25.5千米。

【社会民生】 2019年，全镇参加城乡养老保险居民3309人，享受60周岁以上养老金待遇领取人数1455人；城乡合作医疗参合率99%，参加新农保1855人。卫生健康工作常态化开展，广泛宣传二孩政策。全年发放最低生活保障等政策性资金1174.9万元。通过一卡通发放各类民政补贴20030人次，累计828.32万元。为全镇残疾人发放辅助器材70余件。

【扫黑除恶】 2019年，补隆淖镇召开“扫黑除恶”专项斗争工作推进部署会8次，领导小组工作调度会6次，全体领导干部集中学习扫黑除恶专项知识5次，进行理论测试2次。全年补隆淖镇摸排扫黑除恶线索24条，针对频繁出现的村民拖欠、拒交水费线索，专门成立水费清欠领导小组进行催缴，催缴水费9户，剩余2户拒交水费人员已协调水利部门移交至县司法部门申请起诉处理。利用村务公开栏、院落围墙等有利位置，张贴宣传条幅100余条、宣传海报80余张，发放“致全县人民群众一封信”和“扫黑除恶”应知应会知识等宣传彩页8000余份，在镇微信公众号发布“扫黑除恶”相关内容40余条。结合各村党支部主题党日活动，开展“扫黑除恶弘扬正气”主题宣讲16场次。

【脱贫攻坚】 2019年，全镇392户619名建档立卡贫困人口全部脱贫，贫困村全部脱贫摘帽。补隆淖镇聚焦脱贫攻坚重点难点和“两不愁三保障”问题解决，以“清零达标”为抓手，凝聚全镇合力，全年争取上级投资509.26万元，落实产业扶贫33人，教育扶贫12人，就业扶贫11人，光伏扶贫124人，生态扶贫31人，资产收益113人，综合保障329人，基本医疗、住房安全、饮水安全实现全覆盖。补隆淖镇还通过政府奖补、农户自筹的方式，在新河村、夹道村和黄土档村试点发展“庭院经济”，辐射带动建档立卡户19户30人，户均增收2000元。与内蒙古汉垦地农产品有限公司深入合作，投入300万元在夹道村建成西红柿种植产学研一体化扶贫产业园，建成西红柿深加工车间，购置年产3000吨西红柿生产线1条，辐射带动建档立卡户139户213人，户均增收4500元，带动村集体经济收益10万元。

（张　鹏）

渡口镇

【概　况】渡口镇辖新地村、东地村、永胜村、南滩村、城西村、城东村、南尖子村、大滩村8个村民委员会，56个村民小组，常住人口5262户13030人，其中汉族12145人、回族683人、蒙古族182人、满族5人、藏族4人、土族4人、土家族3人、布依族1人、哈尼族1人、达斡尔族1人、羌族1人。镇政府驻城东村，距离磴口县城13千米。

【农　业】2019年，渡口镇耕地面积8.9万亩。可利用草地面积1.2万亩，林地面积1.5万亩。粮食作物以小麦、玉米为主，主要经济作物有葵花、番茄、甜瓜等。2019年共播种小麦873.9亩、玉米23435.09亩、葵花47839.8亩、葫芦9893.4亩、蔬菜365.71亩。

【畜牧业】2019年，渡口镇奶牛存栏1800头，黄牛存栏350头，正常运行奶站由12家整合为4个养殖牧场。肉羊存栏4万只，猪存栏2200头，鸡存栏5万只。全年出栏牲畜1万头（只、匹）左右，出栏率达30%。

【林　业】重点完成村社硬化巷道、别磴线、堤防公路两侧的绿化提标任务，种植各类树木15920株，完成林业疑似违法图斑调查、销号、补植和签订补植协议工作。

【环境整治】2019年动用保洁员32人次、党员义务劳动245人次，动用挖掘机16台次、四轮车41台次、铲车8台次，对全镇境内的渠道排沟与村庄周边进行彻底清理，形成镇、村、社齐抓共管的长效机制。镇村两级河长通过“河长通App”实现巡河全覆盖，全年巡河120次，清理沟渠9条，清淤排沟27千米，清运垃圾6500余千克。

【脱贫攻坚】2019年，砌衬渠道14千米，整修砂石路5.4千米、水泥路2.3千米，建成6000平方米农贸交易市场1处，在一期钢架大棚建成运行基础上再投资250万元建成二期钢架大棚46座、温室4座，占地106亩，基本形成渡口镇扶贫产业园区规模化、集中化，为渡口镇之后产业结构调整起到示范带动作用。投资14万元建成光伏扶贫项目1处，预计每年增收2万~3万元。

【社会维稳】2019年，调处化解52起矛盾纠纷。制作扫黑除恶固定宣传标语62条，印制并发放宣传单10000份，发放调查问卷200张，召开扫黑除恶专项斗争工作推进会10次，在人员密集处及各村广泛张贴扫黑除恶宣传海报，在各村设立扫黑除恶专题宣传栏。开展线索摸排工作以来，摸排出一般矛盾线索9条。

【社会民生】2019年，为渡口镇低保户1154户1598人发放保障金358.63万元；为城镇低保户19户20人发放保障金11.53万元；为46名五保户发放五保供养补助27.57万元，分散五保户护理人员5人补助1.81万元；为7名孤儿发放孤儿保障金8.25万元；为老复员军人、烈士遗属、参战人员、60周岁以上退役士兵发放抚恤和生活补助，为5名义务兵家属发放优待金。

【基础设施建设】南滩、永胜高标准农田5000亩项目全部竣工。完成1万亩土地深松项目。投资105万元的农村厕所改造项目基本完成，改善全镇8个村700多户农户的生活条件。

（杨　阳　谭胜男）

隆盛合镇

【概　况】隆盛合镇地处磴口县东北部，乌兰布和沙漠边缘。全镇辖14个行政村，87个村民小组，面积200平方千米，人口17900人，耕地

12.3 万亩。镇政府所在地合同村距县城 52 千米，距杭锦后旗旗府所在地 28 千米，距临河区府所在地 63 千米。青协线、陕哈线、110 国道、京藏高速公路穿境，公路交通十分便利。与杭锦后旗双庙镇、头道桥、二道桥 3 个镇、哈腾套海、巴彦套海、纳林套海 3 个农场、沙金苏木、补隆淖尔镇相邻，地缘优势明显，已成为周边乡镇、农场的农产品集散和购物中心，年农产品交易量达到 5000 万千克以上，年出口创汇 300 万美元。全镇有番茄厂 1 家、脱水菜企业 6 家，奶牛、肉羊养殖场 18 个，流通大户 106 户，从业人员在 1000 人以上。

【机构设置】 隆盛合镇内设党政综合办公室、基层党的建设办公室、乡村振兴办公室、社会事务办公室、平安建设办公室、党群服务中心、综合行政执法局、综合保障和技术推广中心。

【脱贫攻坚】 2019 年，全镇有建档立卡贫困户 465 户 753 人，其中产业扶贫 339 人，资金入股 170 万元，分红 203 人，教育扶贫 26 人，社会保障兜底 344 人，所有贫困人口全部实现脱贫。

【农　业】 2019 年，隆盛合镇总播种面积 13.22 万亩。其中，小麦 13975 亩，玉米 56391 亩，葵花 32011 亩，葫芦 9076 亩，番茄 6516 亩，脱水菜 4097 亩，瓜类 10163 亩。全镇设施农业面积 2 万亩，其中温室 300 亩，亩均收入 4 万元，大棚 12700 亩，亩均收入 8000 元，小拱棚 7000 亩，亩均收入 3500 元。大棚两茬作物种植新品种新技术发展迅速，为农民增收拓宽渠道。番茄种植面积 4000 亩，亩均收入 3000 元。青椒、辣椒等脱水菜种植面积 3000 亩，亩均收入 4000 元。发展适水产业，养殖水面 5000 亩，品种日趋丰富，产量不断增加。发展中草药材基地建设，新增枸杞、黄芪、甘草种植 350 亩。奶牛养殖增收稳定，年效益达 400 万元。新增养鹅户 7 户，养鹅 4 万只，其中种鹅 1 万只，商品鹅 3 万只，效益达 50 万元。完成全年的畜牧防疫工作，全镇无疫情发生。金马湖国际垂钓中心全年共举办各类赛事、活动 3 场次。完成全年灌溉工作。开展农村土地承包经营权确权登记颁证工作，确权到户土地 13.7 万亩。

2019 年，民兴村扶贫产业园区在扩大再生产和完善基础设施建设的前提下，带动贫困户 41 户 70 人致富增收。

【人居环境】 2019 年，栽植各类树木 3 万株，森林覆盖率进一步提升。在全镇推行厕所革命，完成 750 户户内水冲厕所改造。在协成村、新地村、海子沿村、同兴村建垃圾填埋场 4 处，全镇新增垃圾转运站 12 座；以政府购买服务的方式，将中心集镇协成、公地 2 个村镇的环境卫生保洁工作交由第三方公司承担，对人口集中区的垃圾进行收贮转运。在民兴村扶贫产业园区建设集中连片的 2000 亩“四控”项目区，辐射带动周边地区实现水肥一体化生产，减少使用农药 300 千克、化肥 10 吨、地膜 5 吨、节水 1000 立方米。在海子沿村引进有机肥加工厂 1 家，推进畜禽废弃物循环利用。在全镇开展废弃农药瓶及饮料瓶换取生活日用品活动，14 个村换取农药瓶及塑料瓶 6800 千克，大幅减少农药对土壤、空气和水体的污染。深入落实河湖长制。对全镇 5 条支渠、4 条排水干渠、所有海子集中开展“清四乱”专项行动，落实河长 1 号令，严格防范、严厉打击破坏河湖生态环境的违法行为，形成长效管护机制。

【社会民生】 2019 年，发放低保金及救助金 757.9 万元、养老保险 671 万元、耕地地力保护补贴资金 540.7 万元、农机补贴 292.6 万元、玉米生产者补贴 303.5 万元，农业保险缴费 45.8 万元，理赔 108.6 万元。农村医保参保率达 92.6%。加强优质服务。镇医养院开工建设，将于 2020 年 8 月底建成。村集体经济发展势头强劲，全镇 14 个村，5 个村集体经济收入 10 万元以上，其余村集体经济收入均达到 5 万元以上。成功举办隆盛合镇第八届农民文化节，现场参加人数达

1000余人。2个农民艺术团、14支秧歌队、14支广场舞队，在全镇开展文艺演出、竞赛等活动52场次。

（白雪峰）

沙金套海苏木

【概　况】 2019年，沙金套海苏木辖12个嘎查，分别是包勒浩特嘎查、温都尔毛道嘎查、召滩嘎查、巴音乌拉嘎查、巴音毛道嘎查、那仁宝力格嘎查、巴音布日格嘎查、巴音温都尔嘎查、哈业乌素嘎查、巴彦套海嘎查、巴音宝力格嘎查、阿茨嘎查，下设52村民小组。总人口10145人，其中，农业人口7945人、牧业人口2010人、有流动人口190人。总人口中，以汉族为主，达8095人，占80%，少数民族2050人。

【农　业】 2019年，沙金套海苏木完成播种面积52.70万亩，种植品种涉及玉米、葵花、葫芦、番茄等多种农作物，其中玉米种植补贴227409亩；培育和发展绿色有机农作物，苏木境内土豆、花生、甘草等特色经济作物种植面积持续扩大。开展农业“四控行动”，示范户创建活动涉及上报24户，有机化肥面积1.3万亩，测土配方施肥面积2.39万亩，农药绿色防控面积1.02万亩，回收残膜面积3.41万亩，发展滴灌控水面积2.81万亩，在那仁宝力格、巴音毛道、包勒浩特建立3个集中废旧残膜、农药瓶、废弃化肥袋回收点。

【林　业】 2019年，造林13.7万株，在阿茨嘎查完成精品示范样板通道绿化和设施农业及养殖小区绿化各1处，绿化造林7600株；在那仁宝力格嘎查农畜产品交易市场完成绿化造林2300株；在温都尔毛道嘎查集体地新造林4000株；在5个嘎查通道造林13800株；在召滩、温都尔毛道嘎查退耕补植梭梭4万株。

【畜牧业】 2019年，沙金套海苏木发展规模化养殖，季末存栏牛65390余头，存栏羊152521只，存栏生猪5012头、骆驼3100峰。苏木发展规模化养殖，其中，阿茨嘎查6600平方米养殖场建设完成。防疫密度100%。

【水　利】 2019年，水利方面完成建设三分干、四支渠砌衬渠道27.5千米，修筑各类水工建筑412座，完成那仁宝力格六支渠水权置换渠道砌衬24.3千米。修筑各类水工建筑378座，新打水源井2眼，维修管道23千米，新建扬水站2处，维护农村饮水工程3处。

【生态旅游】 2019年，在巴音宝力格嘎查牧民新村继续完善赛马场周边配套设施，新建瞭望塔1座、篮球场健身场地1座，牧民新村生态绿化提质升级，春季造林栽植乔木1.9万株。年初，举办“祭火神”蒙古族祭祀活动；6月，在乌兰敖包举行磴口县祭祀乌兰敖包活动；8月17日，举办沙金套海苏木牧民新村第二届那达慕大会。

【脱贫攻坚】 2019年，沙金套海苏木有贫困户460户837人，其中，正常脱贫456户830人，未脱贫4户7人。申报实施沙金套海苏木活畜交易市场扶贫产业项目。申报实施巴音乌拉饲草料防灾应急扶贫储备库项目。购买廉租房7户14人，光伏小镇7户14人，全部实现入住。

【环境整治】 2019年，在巴音宝力格嘎查实施多项牧民新村建设项目，其中，新建篮球场、瞭望塔各1处；在牧民新村补植原生态植被1.9万株。在各嘎查开展垃圾清理整治行动12次，建设完成垃圾回收点12个。完成240户厕所改造工作，建设完成1座水冲式乡村公共卫生间。成立各嘎查乡村治理工作委员会，以嘎查乡村治理工作委员会的名义落实“门前三包”责任书，建立农牧民诚信评价体系，完善乡村治理工作；制定各嘎查集中打扫卫生时间，各嘎查按照计划定期开展卫生清理工作。

【重点项目】 2019年，阿茨扶贫产业园区建设完成，阿茨扶贫产业园区项目争取扶贫项目资金221.6万元，在第二独贵龙新建7500平方米养殖场1处，1000平方米草料房，30栋1350平方米标准化羊圈和接羔房，活动场地2700平方米，消毒防疫房30平方米，道路硬化1930平方米，大门、围墙220平方米；争取扶贫项目资金89.7万元，新开集体土地50亩，建成钢架大棚43座；实施“一事一议”项目，投资53万元新建扬水站、晾晒场各1处；投资49万元新建农产品交易市场1处；实施移民区连片扶贫项目，为嘎查农户新建110亩钢架大棚，新打5眼机电井，新建4个变台，新架设高压线2千米、低压线2千米。

【扫黑除恶】 2019年，建设完成苏木政府和12个嘎查宣传阵地；定期组织12名嘎查成员入户走访群众，开展涉黑涉恶线索摸排工作，填写摸排记录表，接到县公安局交办案件4件，收到群众举报3件，自行排查出4件，通过调查核查，案件线索属于一般矛盾纠纷，均已处理完成。

【社会民生】 2019年，投资35万元，在温都尔毛道嘎查、巴音温都尔嘎查建成2个社区民生服务项目，对340名贫困户开展就业培训。从贫困户中选择有劳动能力、环保意识较强、工作态度认真负责人员25人，新增为公益性岗位作为乡村卫生保洁员。各类农牧业补贴全部采用“一卡通”的形式发放。重新核定低保户1004人、分散供养32人，高龄补贴121人。

【社会保障】 2019年，全苏木人口养老保险缴费2714人，居民养老保险参保率96%；基础养老金全部发放到位，发放率100%。成立工作组，对未参加居民养老保险的人员进行登记备案，全部登记完成。

（胡 宇）

乌兰布和农场

【概 况】 乌兰布和农场北与哈腾套海农场相依，南与磴口县巴彦高勒镇相连，西与沙金苏木相接，东有磴青高速公路、110国道、包兰铁路，G6与G7连接线穿场而过，交通便利，城郊优势明显。全场下辖8个农业分场，土地总面积27万亩，其中耕地7.4万亩，林地3.7万亩，水面1.8万亩。农场有天然湖泊20多个，发展旅游、水产、养殖业潜力大。2019年，农场生产总值完成26782万元，其中，第一产业完成18270万元，第二产业完成5200万元。第三产业完成3312万元。固定资产投资完成207万元，人均纯收入完成16045元。常住人口3534人，男女性别比例为1.25∶1。

【机构设置】 乌兰布和农场内设政工科、经营管理科、财务科、办公室、人居环境服务中心和卫生健康服务中心，设8个分场27个生产队。

【农 业】 2019年，全场总播种面积68709亩。其中，玉米种植34083亩、葵花种植20565亩、小麦种植1787亩、葫芦种植9061亩、瓜类种植3213亩。

【畜牧业】 2019年，全场实现牲畜存栏40772头（只）。其中，羊26817只，牛238头，猪13461口，大牲畜256头。

【生态环境】 2019年，投资28万余元，在二分场居民区新建水冲厕所1座，完成厕所革命改造140户；拆除违章堆放4处、面积550余平方米；实施亮化工程，安装路灯80余盏；农场工作人员与清洁人员共同清除垃圾、杂草枯枝落叶2200余吨。完成污水管网4800米入户新建工程。向环保部门争取资金305万元，完成场部2.8千米排污主管网铺通，解决场区排污问题。投资5.6万元在各生产队建设垃圾填埋点26处，投资14万元在二分场新建垃圾转运站1座，在场部投放垃圾桶35个，配垃圾车1台，增加保洁员10人，其中，场部增加2人，分场增加8人，加强环境卫生清理工作。向上级争取保洁员公益岗位，加大全场垃圾清理力度，根据需要及时开展机械整治环境卫生，全年垃圾清理费用支出约32万元。7月至8月初，组织护林员用机械喷洒农药

2 次共计 12 天，有效预防天牛蔓延。

【脱贫攻坚】 2019 年，动员 21 人对贫困户 48 户 89 人及其他常住户进行入户核实，对贫困户档案资料进行进一步完善。经农户确认、驻村工作队和分场党支部核实、民主评议及农场、分场两级公示，农场动态研判的结果是户内减少人员 3 人，截至第四季度动态调整后，农场建档立卡脱贫（享受政策）人口 47 户 86 人。脱贫人口在安全住房、安全饮水、安全用电、电视信号覆盖、网络信号覆盖、教育保障、医疗保障和稳定收入或最低生活保障 8 个方面均已得到落实。全场 47 户 86 人实现年度脱贫巩固提升，有劳动能力贫困户金融扶持覆盖率达 85%，农场贫困户全额参加城乡居民基本医疗保险人数 86 人，贫困户全额参加城乡居民基本医疗保险人数占全场贫困人口总数比例 100%。全场贫困户全面落实大病救助，实现大病救助覆盖率 100%。

【金秋助学】 2019 年，奖励应届考入本科大学生 10 人，发放助学金 7600 元，连续 15 年对农场职工群众子女高考录取本科大学生进行助学金发放。

【文化阵地】 2019 年，全场有群众文艺队伍 6 支，活动广场 9 个。

（吴健强）

巴彦套海农场

【概　况】 2019 年，巴彦套海农场完成生产总值 5991.66 万元。其中，第一产业完成 4361.78 万元，第二产业完成 0 元，第三产业完成 1629.88 万元。一、三产业比为 72.8∶0∶27.2，人均纯收入 11780 元。农场总人口为 2365 人，总户数 938 户。汉族居多，有蒙古族、回族、满族、土家族等少数民族。

【机构设置】 巴彦套海农场内设政工科、财务科、经营管理科、集镇卫生监督管理科、办公室、社会保障服务中心、矛盾排查调解中心。下设一、二、三、四、五、六、七、八、九分场，机械队十个农业分场。

【农　业】 2019 年，全场总播种面积 42000 亩，其中小麦种植 872 亩、玉米种植 19740 亩、葫芦种植 7500 亩、高粱种植 1500 亩、葵花种植 9500 亩、辣椒种植 600 亩、瓜类种植 800 亩、其他农作物种植 1488 亩。为全场 4564.5 亩葵花、5347 亩玉米办理农业保险，金额共计 44471.35 元。农场为了改变农业种植结构，秉承绿色环保、生态有机的宗旨，依托“天赋河套”品牌，按照“四控”要求、绿色无公害种植标准，采用农合硒瓜果蔬菜专用肥做底肥、农场有机肥厂生产的有机沼液肥滴灌追肥，在六分场集中连片种植辣椒 600 亩，二分场连片种植西瓜 500 亩，九分场种植有机富硒“巴甜王”西瓜 300 亩，作物长势良好，依附“天赋河套”品牌，销往北京、上海等地，提高农业效益，增加农民收入。

【畜牧业】 2019 年，全场畜禽存栏 11260 头（只）（农户分散圈养），其中羊 7293 只、散养生猪 198 头、牛 43 头、禽 3610 只、其他 116 头（只）。防疫密度 100%。

【林　业】 2019 年，完成春季造林 710 亩。对疑似毁林图斑，农场及时成立领导小组，组织工作人员实地核查、摸底调查，严格按照上级有关部门要求在规定时间内进行全面整改。

【农田水利工程】 2019 年，农场配合禹兴水利工程施工单位完成东二斗延长渠渠道衬砌工程；在县水利局的支持下，完成机械队扬水站新建工程；在县交通局的支持下，完成西四斗渠新建承重桥梁 1 座，打通农场田园综合体产业大道，也为周围居民出行提供方便；完成一、二分场高标准农田土地整改项目及盐碱地改良铺沙，新建排干工程；完成三、六分场实施田间路改造、毛渠清淤工程。认真贯彻县水务局关于河长制工作文件精神，强化责任目标，建立农场、分场两级河长制组织领导机构，建立健全档案台账、督导检查制度、信息报送制度；制定完成辖区内河流、湖泊、水库河长制工作目标问题责任清单；严格查处乱堆乱放、乱垦、乱围湖泊现象；按时报送相关材料；严格执行河湖长巡查制度。保证河湖无污染、无白色及生活垃圾倾倒现象发生。

【脱贫攻坚】 2016年识别建档立卡贫困户28户71人，后经动态调整，有正常脱贫户19户36人。巩固已脱贫人口的脱贫成果，把产业扶贫作为主攻方向，2019年，农场利用财政扶贫资金（163万元）及自筹资金（140万元）与巴彦淖尔市益群生态扶贫农牧业发展有限公司合作建设年出栏1万头育肥猪项目，工程完工，已投入运营。

【社会保障】 2019年，巴彦套海农场纳入城乡居民最低生活保障151户278人，其中农村最低生活保障60户114人，城市最低生活保障91户164人。享受困难残疾人生活补助58人，其中城市户困难残疾人生活补助49人，农村户困难残疾人生活补助9人。享受重度残疾人护理补贴26人。按照计划生育网上办证流程办理发放一胎生育服务证5人，二胎生育服务证8人。组织开展各类宣传、慰问活动15次。

【环境整治】 2019年，新建旱地蹲式厕所8座，完工并投入使用；场党委带头，科室包片对全场环境卫生进行无死角清理；配备分场环境清理保洁员8名、垃圾清运车辆1台，建立环卫保洁管理、垃圾处理流程、保洁人员管理制度，做到日清理、月收集。

【招商引资】 2019年，益群生猪养殖场为增加产值，购买种猪1200余头。二期工程建设投资6000万元，主体工程正在建设。星华牧业养殖场购买1200余头奶牛来提高产奶量；牧场绿化栽植松树260株、杨柳树8000余株。投资1000万元，建设占地50亩有机生物肥厂，用于盐碱土壤的改性、改良。由中商国能集团有限公司占股70%，巴彦套海农场（磴口县巴彦套海农牧业科技发展有限公司）占股30%，注册成立的“中商国能（内蒙古）现代农业发展有限公司”在巴彦套海农场场部投资建设行政服务中心及其配套设施，主体工程已完成。引进巴彦淖尔蒙香猪农牧业有限公司，投资20亿元，建设总占地2800亩、年出栏200万头生态养猪场，实现深加工建设项目。

（杨新义 韩彩凤）

哈腾套海农场

【概　况】 2019年，哈腾套海农场人均可支配收入14890元，完成生产总值10800万元，农牧业总产值16619万元。农场辖区面积98平方千米（14.7万亩），有耕地6万亩，林地2万余亩，湿地水面0.8亩。下设10个农业分场，其中场部设在十分场，总户数为1105户，总人口为2850人。

【农牧业】 2019年，农场总播种面积6.33万亩，种植玉米22917亩、制种玉米767亩、小麦1458亩、葵花26670亩、小甜瓜类6262亩、西瓜2120亩、葫芦2058亩、青椒175亩、甘草300亩、牧草609亩。设施农业种植面积480亩。牲畜存栏32300只，其中肉羊28500只，防疫密度98%。与县粮油公司达成玉米统收统储协议。全年通过举办培训、现场观摩、示范带动等措施，新增大棚近200栋。大棚二茬种植、小拱棚甜瓜套种葵花、平膜甜瓜套种葵花种植近万亩，成为农户增收的最主要方式，也是农场产业发展的重点方向。在十分场新建扶贫产业园1处，完成流转土地200亩，新建温室2栋2.6亩，大棚78栋80亩，农场经营大棚36栋、大田100亩，按照每栋温室1.5万元、大棚每亩2000元可收取租金19万元，每个分场拨入集体经济1.9万元，改变分场集体收入空白局面。结合毁林补植工作，发展梭梭嫁接苁蓉和庭院经济林产业，探索中草药、经济林发展的有效模式，补植梭梭521亩、枸杞58亩、山杏270亩。

【**科技投入**】2019年，开展以“四控”为主的农业生产环境清洁行动，推行节本增效、节能降耗生产模式，推进农牧结合、生态循环，落实畜禽粪便、农作物秸秆、农膜等废弃物的资源化利用和无害化处理。在控肥增效方面，新建测土配肥中心一处，全场新型肥料推广应用19000多亩，增施农家肥、有机肥24000多亩，小麦种植1458亩，麦后复种绿肥600亩。化肥用量同比上年减少50吨。新建投资600万元有机肥生产厂一处。建立农场耕地土质数据库，推进检测站建设。在控药减害方面，农场与巴彦淖尔市翔泰农业有限公司签订无人机飞防植保合作协议，降低农药使用量，回收药瓶。统防统治面积31000亩，绿色防控面积45000亩，其中集中飞防8000多亩，减少农药用量0.24吨。新建农药包装废弃物回收点一处，回收废旧药瓶2吨，农药包装废弃物回收率90%以上。在控水降耗方面，全面推广膜下滴灌和水肥一体化，水肥一体化面积达到5000亩以上，耕地深松11000亩。在控膜提效方面，全面推广使用新国标农用地膜，使用新地膜25000亩。新建废旧地膜回收点一处。在秸秆综合利用和畜禽粪污治理方面，组织农户开展秋收，同步开展秸秆粉碎还田和秸秆加工转化饲草料工作。园区全部使用测土配方肥和农家肥，使用新国标农用地膜，采用膜下滴灌和无人机打药，打造哈腾套海农场“四控”示范园区，带动全场打造绿色有机种植基地。发挥基层党组织在产业中的领导带动作用，按产业组建合作社，规范种植技术标准，发挥产业大户示范作用等，提高组织化程度。加大适应农牧业技术推广力度，建成规范种植示范区，强化科技培训，推广标准、规模种植养殖。推进农牧业信息化建设，依托电商平台，利用好“互联网+”模式，在信息、科技应用和产品销售等各方面实现创新发展。

【**环境整治**】2019年，组织发动群众集中开展环境卫生清理整治活动；农场雇佣10名保洁员定期开展垃圾清运；采用政府购买公益岗位形式，安排6名贫困户人口从事10个分场环境卫生保洁工作；通过集体经济、资产收益补贴的方式，从正常脱贫户中设立卫生保洁员35名，划定分场卫生保洁范围。按照河湖长管理的要求，积极开展河道、湖泊的清理整治。争取财政“一事一议”项目，实现所有分场的新能源照明。污水处理方面，已铺设八、十分场的排污主管道，向财政申报“一事一议”污水处理厂项目。垃圾处理方面，根据居住区域，确立3个垃圾临时存放处，分别在三、七、十分场，覆盖所有住户。厕所建设方面，农场有常住户873户，完成水冲厕改造120户，有卫生厕所353户，有公厕31座，新建公厕1座。着力解决好“脏乱差”问题，全面开展垃圾清理、污水治理、厕所革命、村庄绿化、河湖治理等环境建设与综合治理，发展生态经济，开展“四控”行动，做到生态保护与经济社会发展相统一，实现农场经济社会持续发展。

【**脱贫攻坚**】2019年，对正常脱贫户27户39人逐户宣传扶贫金融信贷政策530项，对符合贷款条件的4户放款13万元，全部用于发展生产；从正常脱贫户中设立公益岗位6个，卫生保洁员35人，划定分场卫生保洁范围，负责集镇、分场环境卫生保洁；为丧失劳动力的6人申请办理光伏扶贫补贴。加强驻村工作队管理。组织工作队5人参与产业发展、基层组织建设、扫黑除恶等工作，全程参与农场各项工作，充分发挥其作用。做好产业扶贫项目实施工作。全场组建43人的产业指导员队伍，定期对70户有耕地、72户从事肉羊养殖贫困户提供种养殖技术指导。与内蒙古草原宏宝食品有限公司签订高于市场的收购价和最低保护价的肉羊收购协议，将72户肉羊养殖贫困户纳入朝乐蒙合作社，实行农户养、合作社销售、公司收购的方式，打造农企利益联结机制，降低肉羊养殖风险。同时组织扶贫办、生产科、财务科对扶贫项目资金、公告公示等实施办法进行集中学习；对温室、大棚、电子商务3个扶贫项目的实施情况进行自查，完善施工日志、监理日志、土地流转协议等档案资料；围绕督查组提出的具体问题，及时整改；开展清零达标专项行动。协调职能部门集中开展产业项目、危房改造、用水用电、易地搬迁、数据系统、基本医疗等“清零达标”专项行动。围绕县督查组反馈的问题，全面对标整改，加强档案的分类建档、数据真实、台账齐全等工作。协调供电部门开展水源地配套电力设施工作。

（杨涵静）

包尔盖农场

【概　况】 2019年，包尔盖农场辖地总面积13.18万亩，有耕地面积5.7万余亩，林地面积2万余亩。包尔盖农场总户数2148户，总人口4602人，汉族占95.2%，蒙古族、回族、满族、壮族、黎族、畲族6个少数民族103户。农场农工占主体，以耕种土地为生，自主经营，自负盈亏，是一个以农业为主的国有企业。

【经济发展】 2019年，农场以种植业为主体，畜牧养殖业、林业为辅助产业，相互协调发展。全年土地租赁费用回收380万元，比上年增长120万元。工资及运转支出近527万元，不包括社保费单位承担部分。农场经济收入主要来源于土地租赁费用收取，占农场总收入的95%，林业及其他收入仅占5%。家庭农场经济收入主要来源于种植业和打工，其中种植业占65%、林牧业占15%、打工服务业占20%。种植作物主要为优质牧草（苜蓿）、玉米、美葵、小麦等。

【农　业】 2019年，全场农作物总播种面积5.7万亩，其中粮食1.8万亩，经济作物2.3万亩，牧草种植1.6万亩。订单种植面积0.6万亩，占总播种面积10.5%；培肥地力2.1万亩，占总播种面积36.8%；激光平地1.8万亩，占总播面积31.6%；全部实施测土配方施肥。为农场3.7万亩农作物办理农业保险，入保农作物占总播面积65%。通过农场扶持、农户协作参与，在上年生产的基础上，分别由农户与甘肃牧草经销商、种植业大户与圣牧高科签订集中连片苜蓿生产承包合同。在一、三、五、十分场分别建成6500亩、3000亩、2000亩和1500亩的优质苜蓿生产基地。

【畜牧业】 2019年，农场畜牧业以私有羊为主，全场实现牲畜存栏19172头（只）。其中，羊18525只，牛172头，生猪292只，大牲畜183头。在春秋两季对存栏牲畜全部强制注射“五号病”疫苗，防疫密度达100%。

【林　业】 2019年，林业以人工造林为主，生有极少部分天然林。春季植树造林14500株，完成林带浇水任务5次，彻底清理道路两侧林带枯死树木，并建立长效管护机制，聘请13名管护人员。

【项目建设】 2019年，由包尔盖农场为主体成立包尔盖农牧业科技发展有限责任公司，公司注册资金1000万元。农场收储牧草9000吨，可为农场增加集体经济收入150万元。农场采取贫困户苜蓿种植统一管理、农户养殖基础母羊、农场收购羔羊等模式，有效提高贫困户的收入。农场引进投资130万元的测土配肥站一处，年产测土肥4000吨，可为80000亩土地提供化肥。由于采用测土配肥选择性用肥可控制亩用化肥数量减少30%以上。农场在原麻纺厂院内利用旧车间建成废弃农药瓶、袋收贮站45平方米，建成废弃地膜收贮站800平方米，用于收购、储存农药瓶、袋和废弃地膜。农场争取到137万元的盐碱地改造项目资金，项目已经投标完成，下一步进入施工环节。

【商　贸】 2019年，依托巴哈公路，餐饮、商铺、修理等产业发展到70处。

【社会保障】 2019年，落实参保职工315人。社会低保、新型农村养老保险、新型农村合作医疗以及城镇居民医疗保险实现全覆盖。为全场74位长寿老人发放长寿金。开展居民保障性住房业务办理。

【重大项目】 2019年，农场通过项目捆绑整合，新建包尔盖农场扶贫产业园区，总占地面积500亩，产业园区主要分为三部分，农畜产品深加工园区、养殖园区、饲草料仓储园区。农场针对贫困户和边缘户制定产业发展帮扶政策，组织成立“苜蓿银行”，对精准贫困户和边缘户种植的苜蓿，农场统一管理、收购、销售，将产生的利润，全部让利于贫困户，预计亩均可增收300～500元。农场针对精准贫困户和边缘户出台肉羊养殖扶贫协议，采取农户养殖基础母羊、农场收购羔羊并进行统一管理、代养、销售，直线育肥产生的利润，全部让利于贫困户，每只基础母羊年均可增收300元以上。购买50只基础母羊作为产业发展帮扶基金，贫困户和边缘户发展动力不足时，可向农场提出申请，农场从基金中免费借给贫困户3～5只基础母羊进行养殖，期限为1～2年，待期限届满后将基础母羊再归还到基金中。扶贫产业园建成后可安置15～20名贫困户到园区工作。

【困难救助】 2019年冬季，对全场416户特别严重困难户、一般困难户展开不同程度的救助。为低保户、残疾人、三无人员、孤儿发放燃煤补贴，办理年检手续，使其生活得到保障。为残疾人办理人身意外伤害保险。按照上级工会要求，救助贫困职工家庭应届大学生。

（代润平）

纳林套海农场

【概　况】 2019年，纳林套海农场总面积5832公顷（87480亩），其中，耕地3.19万亩（其中职工农户898户共承包耕地2.79万亩，其他中长期合同14户共4020.5亩），园地495.5亩，林地2600亩，宅基地584.3亩，企业建设用地37.8亩，交通用地498.9亩，湖泊水域1.149万亩，其余为盐碱地或沙丘宜林地。农场下设7个行政分场，11个居民片区。全场常住人口801户2159人，户籍人口1333户2972人，有汉族、蒙古族、满族、回族、壮族、苗族、土家族、藏族等民族。农场农林牧副渔全面发展，主要农作物有小麦、玉米、纳林甜瓜、葵花、番茄、籽瓜及青贮玉米。纳林套海农场被农业部农垦局确定为全国农垦20家无公害农产品示范基地农场和质量追溯系统试点农场之一。农场所产纳林甜瓜系列农产品以其优良的品质获得农业部产品安全质量中心颁发的无公害农产品认证证书。农场境内纳林湖，长10.8千米，宽2.6千米，平均水深3.5米，总面积3万亩（其中西湖面积1.8万亩，东湖面积1.2万亩）。

【经济发展】 2019年，全场总播种面积3.19万亩，其中职工农户承包耕地2.79万亩。应收土地管理费1952341.6元，回收1856351.2元，完成全年任务的95%。农场种植业结构进一步优化，其中，种植甜瓜10955亩、玉米10108亩、葵花6546亩、小麦876亩。纳林甜瓜种植面积大幅增加，亩效益显著提高。

【乡村振兴】 造林绿化。2019年，农场组织动员干部职工在一分场、十一分场完成植树造林1.2万株。

控水。示范区种植纳林甜瓜4600亩（五分场2000亩、六分场2600亩）。全部采用开沟起垄覆膜节水措施，从沟中浇水，达到有效的节水目的，可节水30%，同时降低田间湿度，减少病虫害发生率，提高纳林甜瓜的商品率。

控药。计划在园区实施蜜蜂授粉及绿色防控技术。磴口县农技推广中心、巴市植保站、中国植保研究所到农场进行甜瓜农药减施技术培训，免费发放杀菌剂1号400支，使用杀菌剂1号浸种有效降低甜瓜苗期果斑病的发生，采用黄篮板、杀虫灯诱杀防虫技术，全场挂黄蓝板1万多个，每50亩挂置1盏杀虫灯诱杀成虫，有效降低病虫害发生率，病虫害防效达80%以上，可减少化学农药施用量35%以上。

控膜。废膜回收再利用。按照农牧业科技局

的要求，农场与磴口县蒙禹农牧业发展有限公司洽谈地膜回收再利用。秋后该公司将派人到农户地里回收滴灌带、地膜等。农药瓶回收6000个260千克。

控肥。五、六分场农户自购牛粪2000余车，约6万立方米，全部用于种植纳林甜瓜，实施减氮控磷项目4600亩，有效减少化肥使用量，按照常规用肥量约减少化肥使用量20%。同时改善纳林甜瓜的品质。

【美丽乡村】 2019年，四分场美丽乡村建设项目总投资230万元，其中农场农户自筹30万元，财政拨款200万元。经过公开招投标项目由内蒙古嵘安建筑工程有限公司中标施工。工程安装高杆路灯76盏，栽桧柏、金叶榆、山桃、山杏等树木5000余株，播种波斯菊6700平方米，新修水泥路1175平方米，工字砖方砖硬化3400平方米，安装道牙3400米，新修廊架4个、凉亭1座、小桥1处、卫生厕所1座，工程全部完工。

【脱贫攻坚】 2019年，对农场所有建档立卡贫困户118户209人进行拉网式排查，认真开展“回头查、回头看”工作，经过排查确认，除4户分散取水户缺水质检验报告问题外，全部清零达标。九分场有4户建档立卡贫困户使用压水井分散取水，疾控中心已提取水样进行检验，未出检验报告。驻村工作队管理及金融扶贫小额信贷工作情况。农场党委根据纳林套海农场脱贫攻坚工作实际，将5名队员优化调整，合理划分，成立3个工作队，由3个联合工作队统一负责三大片的脱贫攻坚工作，同时加强对驻村工作队的管理，充分发挥驻村工作队的作用。同派出单位主要领导沟通，驻村工作队员同原单位脱钩，不再兼任原单位的工作。加强对驻村工作队考勤考纪管理，所有工作队队员统一到场部签到，驻村工作队员有事履行书面请假手续。按照驻村工作队的八项职责，驻村工作队队员除完成脱贫攻坚工作外，还参与分场产业发展规划制定、分场支部组织建设、扫黑除恶、基层微治理等工作。

2019年，有劳动能力发展产业户经调查动态调整，稳定脱贫3户6人，2019年继续扶持的产业发展户16户29人，其中6人在外继续打工，23人继续发展自主产业。对扶贫项目库项目档案进一步进行完善，完善分场申报材料，完善项目公示公告资料，在建项目完善施工日志、监理日志。项目库中的项目都由县发改局做可行性研究报告。

2019年，按照县扶贫开发领导小组的安排部署，农场组织分场干部、驻村工作队对104户175人建档立卡贫困户进行摸底排查，户内减少3人，全部属于自然死亡减员（六、七、九分场），稳定脱贫3户6人，已上报县扶贫办，等待批复。

【旅游服务业】 2019年，大力支持旅游业发展。纳林湖生态旅游新建部分游览设施，完成景区整体提升改造工程。利用纳林湖国家AAAA级旅游景区的品牌优势，发展采摘、餐饮、住宿等服务业。农场发展有采摘园5家、农家饭店6家、农家乐5个、便民超市12家，为游客吃、住、行、购提供方便条件。

（李海龙）

附　录

组织机构及负责人名录

县级组织机构与负责人

县级领导机构

中国共产党磴口县委员会

书记：李建军

副书记：樊　文　杨建林　赵峻岭

常委：弓建刚　张光存（7月免）　李　山
　　闫永生　梁　景（蒙古族）
　　韩志业（5月免）　秦　霞（5月任）
　　任海韬　陶奋山　王书成

磴口县人大常委会

主任：仲向明

副主任：武世强　朝格图（蒙古族）
　　姜吉荣　秦　霞（女，6月免）
　　赵军伟（6月任）

磴口县人民政府

县长：樊　文

副县长：弓建刚　黄永利（蒙古族）
　　温志红（女）　韩志业（6月任）
　　张树林　马海波（回族）
　　史永景（挂职）

政协磴口县委员会

主席：刘　峰

副主席：赵多义　包嘎尔迪（蒙古族）
　　李君霞（女）

县纪监、审判、检察机构

中共磴口县纪律检查委员会

书记：李　山

副书记：张　勇　王义宏

常委：赵军元　陶　飞　张有政　闫淑花

中共磴口县监察委员会

主任：李　山

副主任：张　勇　王义宏

委员：刘记宁　张有政　闫淑花　任　岳

磴口县人民法院

院长：陈宏武

副院长：郭治文　李　东　苏义龙　苗金龙

纪检组组长：刘　勇

磴口县人民检察院

检察长：王新平

副检察长：徐先成　卢红冰（女）　史埃云

党组书记：王新平

党组成员：徐先成　卢红冰　史埃云

庞 梅（女，满族） 许文刚
马绍云（回族）

县委工作机构及直属单位

办公室
主任：陶奋山（5月任） 韩志业（5月免）
副主任：池慧茹（女，4月免） 李玉梅（女）
刘 鹤（3月免） 宿 元（3月任）
柳培富（3月任） 戈 明（3月任）

组织部
部长：梁 景（蒙古族）
副部长：何承刚（4月免） 李 瑞（蒙古族）
石 碏（3月免） 李占英（4月免）
柴雪峰（女，11月免）
黄云龙（蒙古族，11月任）
王志国（4月任）
刘浩宇（11月任）

宣传部
部长：闫永生
副部长：贾新霞（女） 贺秀峰（女）
赵丽霞（女） 翟介君（10月任）
李 栋（10月任）

统战部
部长：陶奋山（4月免）
秦 霞（女，5月任）
副部长：李白玲（女，3月免）
赵志刚（蒙古族，10月免）
伊拉特（蒙古族，4月任）
柴雪峰（女，11月任）
贾飞雄（11月任）

政法委
书记：任海韬（女）
副书记：翟红兵 贺有才（4月免）
池慧茹（4月任）
唐永刚（10月任）

机构编制委员会办公室
主任：李占英
副主任：张拥军 王集欣（10月免）

事业单位登记管理局
局长：李秀梅（女，10月免）
副局长：马 文（回族）

机关工委
书记：李晓燕（女）
副书记：樊忠林 张再军

巡察办
主任：官泊达
副主任：马忠生 刘国防（借调）

党校
常务副校长：尤利民
副校长：李文斌 马玉军（11月免）

档案局（馆）
局长：信宝成
副局长：李文军

县人大常委会工作机构

办公室
主任：吴战义（10月免） 郭 华（10月任）
副主任：刘爱萍（女）

财政经济工作委员会
主任：赵 勇

民族侨务外事与教科文卫工作委员会
主任：张小平（10月任）

副主任：梁　红（女，10月任）

监察和司法与社会建设工作委员会
主任：郭　华（10月免）
　　　李　筠（女，10月任）
副主任：李　筠（女，10月免）
　　　　叶树果（10月任）

人事代表选举工作委员会
主任：孙丽英（女）

农牧业与环境资源和城乡建设工作委员会
主任：何承刚（10月任）

县人民政府工作机构及直属单位

办公室
主任：吕红兵
副主任：马　克（11月免）
　　　　陈建来（11月免）　石建华
　　　　刘学勤　甄世俊（11月任）
　　　　刘　强

信访局
局长：高　勇（3月免）　宿　元（3月任）
副局长：庞海滨（4月免）

机关事务管理局
局长：刘　晓
副局长：张满忠

政务服务局
局长：石　碏（3月任）
副局长：梁世晨（4月任）

公安局
局长：黄永利（蒙古族）
政委：张永平
副局长：邢永胜　张智强　李　楠
纪检书记：陈　涛

司法局
局长：孟巴特尔（11月免）
　　　冯惠升（11月任）
副局长：刘小娟（女）　高振东（11月免）
　　　　尹军才（11月任）

人力资源和社会保障局
局长：何承刚（11月免）　余　寒（11月任）
副局长：许荣华（11月免）
　　　　李秀梅（11月任）　杜　蒙
　　　　徐海军（11月任）

社会保险事业管理局
局长：叶德荣
副局长：彭海军（11月免）
　　　　王子坤（11月任）
　　　　赵晓飞（4月免）　王　霞（女）

医疗保障局
局长：梁存贵
副局长：杨　森　李凡敬（女）

就业局
局长：高义文（11月免）　刘宏宝（11月任）
副局长：李海燕（女）　孙　瑞

民政局
局长：刘宪峰
副局长：赵志刚（蒙古族）
　　　　丁玉英（回族，女）

扶贫办
主任：郝　伟（11月免）　高义文（11月任）

副主任：樊伶俐（女）

发展和改革委员会

主任：佘　寒（11月免）郝　伟（11月任）

副主任：马建伟（3月任）王一滨　陈　波

李　刚（2019年11月免）

马　克（2019年11月任）

民族事务委员会

主任：苏雅拉达来（蒙古族）

副主任：庞海滨（4月任）

工业和信息化局

局长：张忠朝（11月免）

孟巴特尔（11月任）

副局长：邬举皇　郭海龙　张银山

市场监督管理局

局长：贾　军（11月免）张忠朝（11月任）

副局长：刘志刚（4月任）孙　志（4月任）

石　宇（11月任）马红霞（女）

吴慧玲（女）甄世俊（11月免）

杜　峥（11月任）

周艳娥（女，11月任）

应急管理局

局长：李　昊（3月任）

副局长：唐培宾　尉海云　高振东

赵军元（2019年5月任）

审计局

局长：彭义荣（11月免）崔耀中（11月任）

副局长：孟学峰　侯玮昀

姚兴福（11月任）

纪检组组长：刘怀清

统计局

局长：崔耀中（11月免）刘海军（11月任）

副局长：梁世晨（4月免）

王集欣（2019年11月任）

白　雪（女）

农牧和科技局

局长：张长路（3月免）袁　彦（3月任）

副局长：张振业（蒙古族）李锁军

呼格吉勒（蒙古族，11月任）

恩和毕力格（蒙古族，11月任）

防沙治沙局

局长：高　勇（3月任）

副局长：韩应联（3月任）张丽华（5月任）

寇　峰（10月任）

纪检组组长：柴玉虎

水利局

局长：李介钧（3月免）贾　军（10月任）

副局长：柳永光（10月免）

张　俊（4月免）

邓永光（10月任）

赵志敏（10月任）

交通运输局

局长：冯惠升（11月免）彭义荣（11月任）

副局长：赵　耕　张广清（3月免）

闫俊田（11月任）

石　岩（11月任）

住房和城乡建设局

局长：刘海军（11月免）薛　茂（11月任）

副局长：刘　健（4月任）

庄彦青（4月免）

张　勇（4月免）

石　宇（11 月任）
刘纪芳（11 月任）
梁存杰（11 月任）

城市管理行政执法局
局长：李国渊
副局长：袁小叶　杜瑞忠（11 月免）
白亚西（11 月任）
杨文忠（11 月任）

财政局
局长：汪俐坪
副局长：石宏宇（11 月免）
李爱军（11 月免）
李　建（11 月免）　白　芸
马　盈（11 月任）

国有资产监督管理局
局长：李　健

教育局
局长：田金龙（2 月免）
王维清（3 月任）
副局长：杜俊生　朱伯强
马玉军（11 月任）

卫生健康委员会
主任：许晓东（女）
副主任：张永胜　吴　静（女）
张　静（女）
工会主席：马　东
纪检组组长：刘云成

文体旅游广电局
局长：郑　亮（3 月任）
副局长：董永峰（3 月任）　李浩宇（3 月任）
李晓燕（女，3 月任）
袁瑞琼（女，3 月任）

磴口县退役军人事务局
局长：乌兰花（女，蒙古族，3 月任）
副局长：刘　荣（女，3 月任）
吴建军（达斡尔族，11 月任）

政协磴口县委员会工作机构

办公室
主任：马逸勋（兼）
副主任：汪　勤（女，12 月任）

学习和提案委员会
主任：赵国琴（女）
副主任：李月芬（女）

经济和资源环境委员会
主任：邱瑞芳（女）
副主任：敖特根其木格（女，蒙古族，12 月任）

民族宗教侨务群团社会法制委员会
主任：杜林泉
副主任：陈丽珍（女）

文史教科文卫体委员会
主任：李　军
副主任：艾　乐（3 月免）
刘兴龙（12 月任）

社会团体

县总工会
主席：苏日嘎拉图（蒙古族）
副主席：王永维　郭　刚（11 月任）

共青团磴口县委员会
书记：李　泽
副书记：陈　红（女）

县妇女联合会
主席：卢　敏（女）
副主席：金格玛（女，蒙古族）
　　　　韩永芬（女，10 月任）

县科学技术协会
书记：张相国
主席：张广清（3 月任）
副主席：杨　杰（10 月任）

县工商业联合会
主席：郭常春
副主席：谢政德

县文学艺术界联合会
主席：贺秀峰
副主席：姜有智

县残疾人联合会
理事长：乌兰花（女，蒙古族，3 月免）
　　　　郭丽萍（女，4 月任）
副理事长：樊军林　彭海军（11 月任）

县红十字会
常务副会长：王桂琴（3 月任）
副会长：杨根喜　席　伟（11 月任）

垂直管理单位

生态环境局
局长：王晓东
副局长：杨　勇　马建东　马　清

自然资源局
党组书记、局长：王剑琪
党组成员、副局长：巴　生（达斡尔族）
　　　　　　　　　米　强　杜震东
党组成员：郭　源　王　尊　王雪寒

税务局
局长：郭　军
副局长：魏向东　郭子琴（女，蒙古族）
　　　　王惠亭　张洪文　邬利清　马睿彦
纪检组组长：曹永刚（蒙古族）

气象局
局长：马　跃
副局长：杨　志
纪检书记：岳　瑞（女）

武警中队
中队长：安家宋
指导员：侯超仁

消防大队
教导员：李　亮（9 月免）
　　　　弓元庆（11 月任）
大队长：徐巨龙

交警大队
大队长：韩　强（12 月免）
　　　　宝　海（12 月任）
教导员：郭兴旺

县企事业单位

自然保护局
局长：郜秉信
副局长：李文成　张　勇

乌兰布和灌域管理局
局长：何宝成
副局长：吕子华　樊利文

农业综合开发项目建设中心
主任：温建军
副主任：武建忠

火车站
站长：杨彦新
书记：郭　强
副站长：张艳红

巴运磴口汽车站
站长：刘迎春（4 月免）　霍利军（5 月任）

高速公路收费所
所长：胡玉军（6 月任）
副所长：郑金玉（蒙古族）　王　星　张　捷

道路运输管理所
所长：王英伟
副所长：辛卫国　陈　炜
副书记：许生荣

房屋产权交易中心
主任：张雁冰
副主任：宫再禧（11 月任）

公共资源交易中心
主任：崔少军
副主任：刘　青　李　刚

公积金中心
主任：霍喜平

环境卫生管理所
所长：梁存贵（3 月免）　孟　翔（3 月任）
副所长：孟　翔（3 月免）　卢利军（4 月任）
　　　　满都日娃（11 月任）
　　　　王学胜（11 月任）

园林绿化管理所
所长：杨国山
副所长：赵卫星　杨　军
支部书记：李卫忠

疾病预防控制中心
主任：李爱军
书记：崔少军（4 月免）
副主任：杨绍雄

卫生计生综合监督执法局
局长：郝恒宇

烟草专卖局
局长：贺玉萍（女）
副局长：李发茂

内蒙古自治区黄河工程管理局
局长：陈新忠（10 月任）
副局长：陈新忠　许　广　边海涛

内蒙古黄河工程局股份有限公司机电工程处
党委书记、处长：丁　伟
党委副书记：王当师
副处长：张　飞　王海军
总工程师：罗志宏
总经济师：秦永刚
总会计师：冯占林

中国林业科学研究院沙漠林业实验中心
主任：章尧想（2 月免）　卢　琦（3 月任）
副主任：贾玉奎　郝玉光（3 月任）
　　　　张景波（8 月任）

巴彦淖尔市电业局磴口县供电分局
局长：贺士明
副局长：徐俊平　段晓斌　王　东

中国石油内蒙古巴彦淖尔磴口县经营部
经理：宋学军
副经理：高海斌

第一完全中学
书记、校长：王永恒（8月免）
王巧娥（女，9月任）
副书记：孙煜峰（9月任）
副校长：董志勤（9月任） 全河军（9月任）
周丽梅（女，9月任）
魏雅婷（女，9月任）

诚仁中学
书记、校长：陈明彬（9月免）
李宏伟（9月任）
副书记：王永琴（女）
纪检书记：王世红
副校长：李宏伟（9月免） 邢晓东（9月免）
陶发成（9月免） 宋学斌（9月任）
宋文海（9月任）
石 瑶（女，9月任）

实验小学
书记、校长：张立忠
副校长：孟庆芳（女，8月免）
唐利清（8月免）
陈文萍（女，9月任）
王秀玲（女，9月任）
杜永平（9月任）

第二完全小学
校长：唐利清（9月任）
书记：汪克平（10月任）
副校长：吴清芳（女，9月任）
潘春霖（女，9月任）
马永平（回族，9月任）

第三完全小学
校长：王红静（8月免） 丁晨光（9月任）
书记：孙志德
副校长：吴清芳（8月免） 黄 芳（9月任）
丁晨光（8月免） 陈金平（9月任）
任丽霞（8月免） 陈金平（9月任）

幼儿园
书记、园长：陈丽珠
副园长：高文忠 赵海燕（9月任）
马梅霞（9月任）

广播电视服务中心
主任：马喜翔
副主任：王志贵

内蒙古广播电视网络集团有限公司磴口分公司
总经理：杨润平
副总经理：潘凤花

新华书店
经理：赵志龙（4月任）
副经理：丁红玲（8月退休）

商贸中心
主任：尹银才
副主任：张卫锋

贸促会
会长：刘宏宝（11月免） 黄文韬（11月任）
副会长：李庆彦
供销合作社联合社
主任：李 建
副主任：冯永胜

中国人民银行磴口县支行
行长：赵文利（7月免）
副行长：蒙建民（6月免） 耿利忠
纪检组组长：刘淑贤

中国工商银行磴口县支行
行长：关永强
副行长：赵长强　温亚萍（女）

中国农业银行股份有限公司磴口县支行
行长：田斌光
副书记：刘　建
副行长：王军武

中国建设银行股份有限公司磴口县支行
行长：侯瑞新
副行长：庄丽萍（女）

中国农业发展银行磴口县支行
行长：刘燕梅
副行长：石　毅（8月任）

农村信用合作联社
理事长：吴国平（5月免） 兰瑞峰（5月任）
监事长：刘　瑞（7月免） 史万荣（7月任）
主任：管　勇（7月免）
王大明（蒙古族，7月任，11月免）
党委副书记：刘　瑞（12月任）
副主任：巴　图（蒙古族） 香　智（7月任）
孟翠梅（女，蒙古族，7月任）

中国人寿保险股份有限公司磴口县支公司
经理：杨　河
副经理：张　勇　蔺　乐

中国人民财产保险股份有限公司磴口县支公司
经理：香兴福
副经理：张利东

中华联合财产保险股份有限公司磴口县支公司
副经理：刘世界

安华农业保险股份有限公司巴彦淖尔市磴口县支公司
经理：何　庆

中国移动通信集团内蒙古有限公司磴口分公司
总经理：张　云
副总经理：彭智慧（女）

中国联通巴彦淖尔分公司磴口公司
总经理：王　杰
副总经理：杨立志

中国电信股份有限公司磴口分公司
总经理：张容福

中国邮政集团公司内蒙古自治区磴口县分公司
总经理：杨瑞清
副总经理：郝雄博

苏木、镇、农场机构与负责人

巴彦高勒镇
书记：黄晓峰（蒙古族）
镇长：孟　乐
人大主席：杨　森（11月免）
马　忠（11月任）
副书记：马　忠（11月免）
纪委书记：刘陆君（蒙古族，11月免）
武　军（11月任）
组统委员：段丽君（女）
宣传委员：贾飞雄（11月免）

高占国（11 月任）
副镇长：吕 慧（女） 黄文韬（11 月免）
刘培致 陈 顺
朱占新（11 月任）

补隆淖镇
书记：唐东年
镇长：姜永智
人大主席：吴彦杰
纪检书记：王 君
副镇长：刘志才
组统委员：康永丽（女）
宣传委员：张建民

渡口镇
书记：王 毅
镇长：梁志强
人大主席：赵兵元
副书记：李 军
纪委书记：郑熙平（蒙古族）
组统委员：赵彦平
副镇长：张美虹（女）
宣传委员：崔 华
执法局长：陈志恒

隆盛合镇
书记：赵晓锐
镇长：魏赤鸿
人大主席：马振兵
副书记：魏赤鸿 孟祥明
纪检书记：张 军
副镇长：香铭东（10 月免） 尹兆斌
赵志敏（10 月免）
李成亮（10 月任）
组统委员：李成亮（10 月免）
侯彦刚（10 月任）

宣传委员：何 龙

沙金套海苏木
党委书记：杨苏依拉（蒙古族）
苏木达 韩 瑞
人大主席：满都拉（蒙古族）
党委副书记：额日和巴雅尔（蒙古族）
武装部长：张彦杰（11 月免）
赵 军（11 月任）
纪检书记：杨 军
组统委员：巴特尔（蒙古族）
副苏木达：李 斌 李青元（11 月任）
宣传委员 额力格（蒙古族）
妇联主席：李瑞文（女）
纪检副书记：陈建明
综合行政执法局局长：
吉日格勒（蒙古族，11 月任）

乌兰布和农场
书记：贺有才（3 月任）
场长：魏俊杰（3 月任）
副书记：窦永智
纪检书记：田普州
副场长：林 云（蒙古族） 路建成
工会主席：马爱君（回族）

巴彦套海农场
书记：安凯恒
场长：魏俊杰（3 月免） 高学文（3 月任）
副书记：郭秉全
纪检书记：潘 军
副场长：刘建军 刘海荣
工会主席：张有聚

哈腾套海农场
书记：薛 茂（11 月免） 香铭东（11 月任）

场长：刘 刚
副书记：杨建青
副场长：窦建评 甄 旗
纪检书记：武 军（2019年11月免）
工会主席：张建玲（女）

包尔盖农场
书记：黄金龙
场长：刘 勇
副场长：裴光明 刘干勇
纪检书记：刘永生
工会主席：张锁成

纳林套海农场
书记：刘格礼
场长：何立新
副书记：薛 峰
副场长：雷战忠
纪检书记：李建国
工会主席：李果桃

工业园区、企业负责人

工业园区管委会
主任：袁海文
副主任：柳永光 郝存柱

华润内蒙古磴口金牛煤电有限公司
董事长：后永杰
党委书记：王景坤（12月免）
姜卫杰（12月任）
总经理：王景坤（9月免）
董 宇（9月任）
副总经理：王保庆 刘 军
工会主席：范晋红

国家电投集团磴口光伏发电有限公司
法人：薛华武
站长：刘海斌
副站长：王 瑞 杨广川

巴彦淖尔市农垦神舟光伏电力有限公司
执行董事：徐震坤
总经理：徐震坤
监事：田恩民

磴口县国电光伏发电有限公司
总经理：王 新
电站站长：张 浩

国华巴彦淖尔（乌拉特中旗）风电有限公司磴口分公司
总经理：孙金龙
副总经理：王海龙 胡金鹏
纪检书记：刘 骏

巴彦淖尔市鑫盛太阳能科技有限公司
企业法人：张 岩
园区负责人：李 虎
电站负责人：李 悦

巴彦淖尔华油天然气有限责任公司
总经理：邓时进（7月免） 闫炳成（8月任）
副总经理：严小兵 梁 新 王 平
孙德俊（8月免）
安全总监：黄开朗 梁 新

巴彦淖尔市恒泰新能源有限责任公司
董事长：赵 斌
副总经理：苏 海
工会主席：苏 海

内蒙古利川化工有限责任公司
董事长：杨 林

总经理：张清河
副总经理：朱永光　杨皓宇
经理助理：耿利军
财务总监：狄玉霞
工会主席：魏兵红

蒙牛乳业（磴口巴彦高勒）有限责任公司
总经理：张德喜
党支部书记：张德喜
总经理助理：何　敏
运营高级经理：唐显忠
工会主席：李　婷

内蒙古蒙牛圣牧高科奶业有限公司
董事长：陈国清
党委书记：陈国清
副书记：马小杰
总经理：陈国清
纪检书记：包瑞琴
工会主席：马小杰

内蒙古乌兰布和乳业有限责任公司
董事长：王自超
支部书记：石东波
总经理：张拥军
副总经理：李嘉伟
生产厂长：张　杰
工会主席：张　杰
总工程师：李嘉伟

内蒙古中粮番茄制品有限公司
董事长：余天池
董事：余天池　冯新民　胡永雷　贾东雷
　　　韩启新
总经理：冯新民
监事：茅建英
负责人：贾东雷
支部书记：贾东雷
纪检委员：宋　奎
组织委员：高国力
宣传委员：郭建刚

泰顺兴业（内蒙古）食品有限公司
董事长：张典惠
总经理：吴勇进
副总经理：刘福明　于泉海
工会主席：刘福明
总工程师：于泉海

内蒙古磴口县万晨千峰水泥有限公司
集团董事长：马文义
常务经理：郭永红
生产经理：赵振宇

巴彦淖尔市昂日新材料有限公司
党委书记：潘存国
总经理：陈　杰
工会主席：王　斌
总工程师：张勤峰

内蒙古和瑞包装有限公司
执行董事、总经理：聂黎明
监事：杨媛媛
财务总监：邓林学
物控经理：李　宁
生产经理：李艳宾

统计资料

2019年统计提要

表1

项目＼完成情况	计量单位	2019年	2018年	比上年增长%
一、基本情况				
（一）土地面积	平方千米	3676.27	3676.27	—
#农作物播种面积	万亩	121.73	118.79	2.5
（二）苏木镇、农场个数				
苏木	个	1	1	—
镇	个	4	4	—
农场	个	5	5	—
社区居委会	个	8	8	—
村、嘎查	个	47	47	—
分场	个	46	46	—
村民小组	个	261	261	0.0
（三）人口和劳动力				
（1）年末总人口（公安局提供）	人	113089	113670	-0.5
#城镇人口	人	56129	56869	-1.3
其中：农场人口	人	18262	18287	-0.1
乡村人口	人	56960	56801	0.3
农区人口	人	46896	46419	1.0
牧区人口	人	10064	9930	1.3
#男	人	57609	57904	-0.5
女	人	55480	55766	-0.5
（2）总户数	户	49331	49300	0.1
城镇户数	户	23788	23794	0.0
#农场户数	户	8492	8482	0.1
农牧区户数	户	25543	25506	0.1
#农区户数	户	20997	20991	0.0
牧区户数	户	4546	4515	0.7
（3）少数民族人口	人	11175	11177	0.0
蒙古族	人	5138	5118	0.4
回族	人	5332	5352	-0.4
（4）年末常住人口[注1]	万人	11.75	11.71	0.3
#城镇	万人	5.65	5.55	1.8
乡村	万人	6.10	6.16	-1.0
#男	万人	6.11	6.09	0.3
女	万人	5.64	5.62	0.4
（5）社会从业人员	人		65929	-100.0
第一产业	人		40521	-100.0
第二产业	人		4170	-100.0
第三产业	人		22947	-100.0
二、国民经济综合指标				
（一）地区生产总值（现价）	亿元	54.90	50.74	5.8
第一产业增加值	亿元	12.10	11.41	4.1
第二产业增加值	亿元	21.97	19.16	12.4

续表 1

完成情况 项目	计量单位	2019 年	2018 年	比上年增长 %
# 全部工业（占 GDP37.6%）	亿元	19.97	17.22	13.7
建筑业	亿元	2.00	1.94	1.6
第三产业增加值	亿元	20.83	20.17	2.1
一、二、三产业比重	%	22.0：40.0：38.0	22.5：37.8：39.7	—
人均生产总值（可比价增速）	元 / 人	46803	43423	5.4
按年平均汇率折算（同上）	美元	6784	6562	—
（二）固定资产投资	万元	—	—	-43.0
按投资额分：				
5000 万元以上固定资产投资	万元	—	—	-64.8
500 万 ~ 5000 万元固定资产投资	万元	—	—	43.8
按产业划分：		—	—	—
第一产业投资	万元	—	—	125.6
第二产业投资	万元	—	—	9.4
第三产业投资	万元	—	—	-71.0
（三）一般公共财政预算收入	万元	20552	24060	-14.6
分征收部门：				
1. 税务局	万元	15903	15492	2.7
增值税	万元	4788	4308	11.1
其他税收收入	万元	140	5	2700.0
企业所得税	万元	1048	1033	1.5
个人所得税	万元	1060	1576	-32.7
资源税	万元	281	250	12.4
环境保护税	万元	154	137	12.4
地方小税种	万元	8041	7800	3.1
教育费附加收入	万元	391	383	2.1
2. 财政局非税收入	万元	4649	8568	-45.7
从收入性质：				
1. 税收收入	万元	15512	15109	2.7
2. 非税收入	万元	5040	8951	-43.7
公共预算收入占生产总值比重	%		4.74	—
（四）一般公共财政预算支出	万元	153105	158740	-3.5
# 一般公共服务支出	万元	15547	13931	11.6
教育支出	万元	13977	11638	20.1
卫生健康支出	万元	15041	13557	10.9
社会保障和就业支出	万元	28066	32522	-13.7
农林水事务支出	万元	30820	32833	-6.1
城乡社区事务支出	万元	7111	6634	7.2
节能环保支出	万元	6687	9469	-29.4
住房保障支出	万元	8827	10049	-12.2
科学技术支出	万元	124	136	-8.8
三、全体居民人均可支配收入	元	24033	22191	8.3
（一）农村牧区常住居民人均可支配收入	元	19514	17692	10.3
农民人均可支配收入	元	19221	17521	9.7
牧民人均可支配收入	元	20237	18118	11.7
（二）农村牧区常住居民人均消费支出	元	10560	9778	8.0
（三）城镇常住居民人均可支配收入	元	31715	29723	6.7

续表 1

完成情况 项目	计量单位	2019 年	2018 年	比上年增长 %
（四）城镇常住居民人均消费支出	元	17753	17070	4.0
（五）农村人均住房建筑面积	平方米 / 人	37	36	2.8
（六）城镇人均住房建筑面积	平方米 / 人	37	37	0.0
（七）农村居民恩格尔系数	%	34.0	29.0	5
（八）城镇居民恩格尔系数	%	27.0	29.2	2.2
四、金融、保险				
金融机构年末各项存款余额	万元	583921	543571	7.4
住户存款	万元	445802	424581	5.0
# 活期存款	万元	203707	200667	1.5
定期及其他存款	万元	242095	223914	8.1
非金融企业存款	万元	63771	55826	14.2
机关团体存款	万元	63817	47288	–25.9
财政性粗存款	万元	10317	5362	92.4
金融机构年末各项贷款余额	万元	427615	429123	–0.4
住户贷款	万元	314080	317455	–1.1
# 短期贷款	万元	196513	201271	–2.4
中长期贷款	万元	117568	116184	1.2
非金融企业贷款	万元	113535	111668	1.7
保险业务收入	万元	20254	18389	10.1
# 财产险收入	万元	10375	8777	18.2
人寿险收入	万元	9879	9612	2.8
保险赔款支出	万元	6328	5168	22.4
# 财产险支出	万元	4835	2325	108.0
人寿险支出	万元	1493	2843	–47.5
五、社会保障、社会福利				
城镇职工基本养老保险参保人数	人	16932	16649	1.7
城乡居民基本养老保险参保人数	人	32109	30438	5.5
城镇职工医疗保险参保人数	人	17870	17968	–0.5
城乡居民医疗保险参保人数	人	80418	82459	–2.5
工伤保险参保人数	人	11900	9538	24.8
生育保险参保人数	人	12711	8401	51.3
失业保险参保人数	人	6210	6210	0.0
城镇居民最低生活保障救济人数	人	3595	3827	–6.1
农村牧区最低生活保障救济人数	人	8009	7963	0.6
城镇新增就业人员	人	808	750	7.7
失业再就业人员	人	359	190	88.9
城镇登记失业率	%	4.20	3.95	—
六、农牧区经济				
（一）全县农业总产值（现价）	万元	210316.30	193002.33	9.0
农业	万元	99080.00	90407.92	9.6
林业	万元	9380.10	9339.62	0.4
牧业	万元	84694.37	78028.28	8.5
渔业	万元	10053.12	9570.63	5.0
农林牧渔服务业	万元	7108.69	5655.88	25.7
（二）全县总播面积及产量 [注 2]	万亩	121.73	118.79	2.5
1. 粮食作物	万亩	56.50	56.54	–0.1

续表 1

项目 \ 完成情况	计量单位	2019 年	2018 年	比上年增长 %
# 小麦面积	万亩	6.89	5.09	35.4
玉米面积	万亩	47.45	50.84	-6.7
粮食总产	万吨	23.65	23.10	2.4
# 小麦总产	万吨	2.63	1.64	60.4
玉米总产	万吨	20.01	21.26	-5.9
粮食单产	千克 / 亩	419.00	408.59	2.5
# 小麦单产	千克 / 亩	382.00	322.71	18.4
玉米单产	千克 / 亩	422.00	418.21	0.9
2. 经济作物	万亩	58.27	54.72	6.5
油料面积	万亩	41.15	39.87	3.2
# 花葵面积	万亩	38.79	34.51	12.4
油葵面积	万亩	1.88	5.36	-64.9
瓜类面积	万亩	3.88	2.25	72.4
# 蜜瓜面积	万亩	3.51	2.07	69.6
蔬菜面积	万亩	2.51	1.73	45.1
# 番茄面积	万亩	1.43	1.17	22.2
白瓜籽面积	万亩	6.95	6.69	3.9
经济作物产量				
油料总产	万吨	9.00	6.68	34.7
# 花葵总产	万吨	8.52	5.86	45.4
花葵单产	千克 / 亩	220.00	166.00	32.5
油葵总产	万吨	0.40	0.82	-51.2
油葵单产	千克 / 亩	214.00	154.00	39.0
瓜类总产	万吨	7.83	4.04	93.8
# 蜜瓜总产	万吨	6.69	3.60	85.8
蔬菜总产	万吨	10.67	6.96	53.3
# 番茄总产	万吨	6.22	5.06	22.9
番茄单产	千克 / 亩	4354.00	4338.50	0.4
籽瓜总产	万吨	0.92	0.04	2200.0
籽瓜单产	千克 / 亩	132.00	76.00	73.7
3. 饲草作物	万亩	6.96	7.53	-7.6
（三）水果面积	万亩	0.13	0.28	-53.6
# 梨	万亩	0.06	0.10	—
苹果	万亩	0.01	0.14	—
水果总产	万吨	0.23	0.35	-34.3
# 梨	万吨	0.13	0.14	-7.1
苹果	万吨	0.02	0.14	-85.7
（四）全县 6 月末牲畜头数	万头只	36.40	43.78	-16.9
大畜	万头	9.29	8.05	15.4
# 奶牛	万头	8.40	6.81	23.3
当年购进奶牛	万头	0.47	0.25	88.0
小畜（羊）	万只	23.01	33.13	-30.5
生猪	万口	4.08	2.61	56.3
牲畜总增	万头只	34.66	58.88	-41.1
总增率	%	100.14	132.73	-32.59
纯增	万头只	0.94	-0.58	-262.1

续表 1

项目 \ 完成情况	计量单位	2019 年	2018 年	比上年增长 %
纯增率	%	2.68	-1.10	3.78
良种及改良种比例	%	89.16	96.37	-7.21
（五）全县年末牲畜头数	万头只	45.97	48.81	-5.8
大畜	万头	6.36	6.78	-6.2
# 奶牛	万头	6.01	6.11	-1.6
当年购进奶牛	万头	0.25	0.14	78.6
牛奶产量	吨	445548	369519	20.6
小畜（羊）	万只	35.79	36.19	-1.1
生猪	万口	3.83	5.84	-34.4
（六）林业生态建设面积				
1. 人工造林	万亩	5.6	7.6	-26.3
2. 年末实有封山（沙）育林面积	万亩	2.0	1.0	100.00
（七）全县大小湖泊个数	个	160	160	—
# 百亩以上湖泊个数	个	145	145	—
湖泊总面积	万亩	19.56	19.56	—
内陆水域面积	万亩	18.00	18.00	—
（八）农牧业机械总动力	万千瓦	55.27	52.80	4.7
（九）化肥施用量	吨	52708	53718	-1.9
七、工业				
（一）全部工业产值	万元	672165	545382.2	23.2
1. 独立核算工业	万元	664584	521573.2	27.4
# 规模以上工业	万元	609862.5	499505.8	22.1
规模以下工业	万元	54721.5	37376.4	46.4
2. 个体工业	万元	7581.0	8500.0	-10.8
（二）全部工业个数	个	301	330	-8.8
1. 独立核算工业	个	72	57	26.3
# 规模以上工业	个	17	15	—
规模以下工业	个	55	41	34.1
2. 个体工业	个	230	273	-15.8
（三）全部工业实缴税金	万元		10940	-100.0
（四）全部工业从业人员	人	3639	3442	5.7
1. 独立核算工业	人	3254	2949	10.3
# 规模以上工业	人	2245	2065	8.7
规模以下工业	人	1009	884	14.1
2. 个体工业	人	385	493	-21.9
（五）规模以上工业产值构成类型				
按轻重工业划分				
# 轻工业	万元	464403.2	373552.7	24.3
重工业	万元	145459.3	125953.1	15.5
按所有制结构划分				
# 国有控股企业	万元	17184.6	23901.1	-28.1
股份制企业	万元	604612.5	495017.2	22.0
外商及港澳台商投资企业	万元	5250	3795.6	38.3
按主要行业划分				
# 食品制造业	万元	447938.3	366336.4	22.3
化学原料及化学制品业	万元	7208.9	4524.1	59.3

续表 1

项目 \ 完成情况	计量单位	2019 年	2018 年	比上年增长 %
造纸和纸制品业	万元	16464.9	7216.3	128.2
非金属矿物制品业	万元	23092	13936.6	65.7
电力、热力生产供应业	万元	110486.5	97995.9	12.7
燃气生产和供应业	万元	4672	9496.4	-50.8
（六）全部工业增加值	万元	199700	190700	13.7
# 规模以上工业	万元	142052	148298.5	15.3
（七）规模以上工业效益指标				
工业产品销售率	%	84.2	78.2	6
资产总计	万元	601228.2	650562.6	-7.6
负债合计	万元	442430.6	451909	-2.1
主营业务收入	万元	519663.4	390603.9	33.0
主营业务成本	万元	421191.2	320668.7	31.3
销售费用	万元	53643.6	42679.4	25.7
管理费用	万元	12042	12398.7	-2.9
财务费用	万元	9840.3	11501.6	-14.4
营业利润	万元	6033.2	-193081.8	—
利润总额	万元	-1276.4	-191974.5	-99.3
年平均职工人数	万人	0.2	0.2	—
亏损企业	个	6	6	—
亏损额	万元	37618.3	218636.8	-82.8
应收账款	万元	77363.5	277520.6	-72.1
八、规模以上工业能源消耗				
原煤	吨	2192807	1912936	14.6
其他洗煤	吨	8665	8247	5.1
天然气	万立方米	7671	3554	115.8
综合能源消费量	吨标准煤	827713	729737	13.4
九、邮电业				
邮电业务总量	万元	9206	9150	0.6
# 邮政业务总量	万元	1554	1200	29.5
电信业务总量	万元	7652	7950	-3.7
本地固定电话用户	户	6000	12100	-50.4
移动电话用户	户	128300	130000	-1.3
互联网注册用户	户	30370	28400	6.9
十、国内贸易和服务业				
（一）社会消费品零售总额	万元	186923.2	179890.9	3.9
# 批零贸易	万元	150738.1	145966.4	3.3
住宿餐饮业	万元	36185.1	33924.5	6.7
# 城镇	万元	165937.3	158118.4	4.9
农村	万元	20985.9	21772.5	-3.6
人均商品零售总额	元	15935.0	15395.0	3.5
（二）规模以上商贸服务业企业个数	个	9	7	28.6
# 商贸	个	6	4	50.0
餐饮	个	2	1	100.0
批零贸易	个	4	3	33.3
服务业	个	3	3	0.0
（三）规模以上服务业				

续表 1

项目 \ 完成情况	计量单位	2019 年	2018 年	比上年增长 %
营业收入	万元	15834.1	12212.1	29.7
营业利润	万元	597.1	–274.7	—
平均用工人数	人	1950	1410	38.3
十一、文教（教育局提供）				
幼儿园数	所	18	18	—
# 教育部门办	所	14	14	—
幼儿园入园人数	人	497	444	11.9
幼儿园在园人数	人	1676	1843	-9.1
幼儿园离园人数	人	550	799	-31.2
幼儿园教职工人数	人	171	141	21.3
# 专任教师	人	96	85	12.9
普通中学数	所	2	2	—
初中招生数	人	425	482	-11.8
初中在校学生数	人	1485	1550	-4.2
初中毕业生数	人	486	556	-12.6
初中教职工人数	人	371	380	-2.4
# 专任教师	人	266	292	-8.9
高中招生数	人	286	370	-22.7
高中在校学生数	人	1045	1219	-14.3
高中毕业生数	人	468	474	-1.3
高中教职工人数	人	181	185	-2.2
# 专任教师	人	141	166	-15.1
小学校数	所	11	11	—
# 乡村	所	8	8	—
小学招生数	人	508	541	-6.1
小学在校学生数	人	3239	3494	-7.3
小学毕业生数	人	608	622	-2.3
小学教职工人数	人	523	516	1.4
# 专任教师	人	343	343	0.0
学龄儿童入学率	%	100	100	—
十二、卫生（卫健委提供）				
卫生机构数	所	12	12	—
# 医院	所	3	3	—
卫生院	所	7	7	—
疾病预防控制中心	所	1	1	—
卫生计生监督局	所	1	1	—
社区卫生服务中心（站）	所	6	5	20.0
诊所	所	39	38	2.6
村卫生室	个	42	44	-4.5
医疗床位数	张	1091	1123	-2.8
# 医院	张	533	523	1.9
卫生院	张	128	130	-1.5
诊所	张	221	270	-18.1
村卫生室	张	209	200	4.5
卫生技术人员	人	965	926	4.2
# 医院	人	627	630	-0.5

续表 1

完成情况 / 项目	计量单位	2019 年	2018 年	比上年增长 %
卫生院	人	128	120	6.7
诊所	人	112	111	0.9
村卫生室	人	60	65	−7.7
十三、计划生育（卫健委提供）				
出生人口	人	633	513	23.4
死亡人口	人	417	438	−4.8
人口出生率	‰	6.12	5.22	0.9 个千分点
人口死亡率	‰	4.03	4.30	−0.27 个千分点
人口自然增长率	‰	2.09	0.92	1.18 个千分点

说明：常住人口是人口统计中的一个名词。指实际居住在某地区满特定时间（例如在中国的统计中是以半年）的人口总数。常住人口数据由统计部门常住人口变动抽样调查推算